高等院校电子商务专业系列教材

电子商务法

朱晓娟　编著

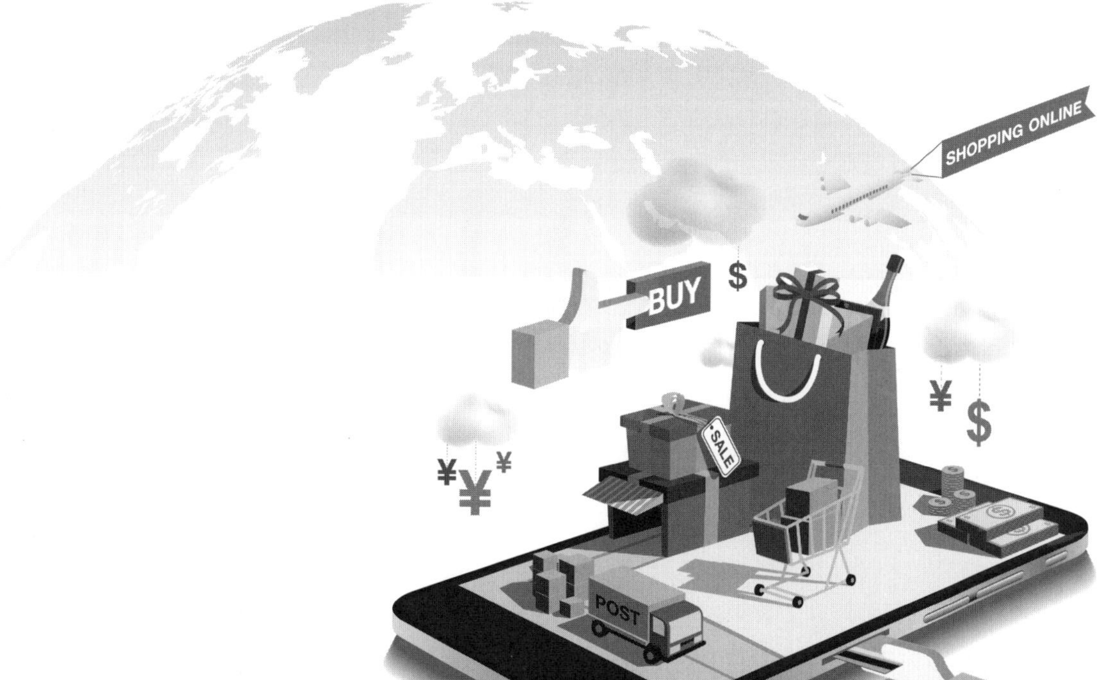

E-commerce Law

中国人民大学出版社
·北京·

高等院校电子商务专业系列教材
编委会名单

作者简介

朱晓娟，1977 年 8 月生，汉族，中国政法大学民商经济法学院商法研究所副教授、支部书记，民商法学博士，中国法学会商法学研究会理事、副秘书长，中国政法大学应用法律研究中心研究员，北京市易准律师事务所兼职律师。

著有《论合作社的法律主体性》《民法》《公司法》《破产法：原理·规则·案例》《合同法：原理·规则·案例》《公司法改判案例精析》《2003 年司法考试名师辅导：商法·经济法》等著作，在《政法论坛》《光明日报》《人民法院报》《民商法学》等核心期刊、报纸上发表《股份有限公司董事“恶”之法律抑制》《法律语境下的合作社》《合作社的法律属性》《有限公司股权转让的一般结构》《公司担保制度的规范属性与司法适用》等论文。擅长公司法、电子商务法、合同法、破产法等课程的研究与讲授。

主持教育部、中国法学会、司法部项目三项，主持校内教学研究项目三项，参与国家社科基金重大项目以及教育部、北京市法学会等组织科研项目数项。曾多次获得中国政法大学优秀教学奖、青年师德先进个人、优秀班主任、优秀共产党员、优秀实习指导教师等荣誉称号。

前 言

本书为电子商务专业、法学专业学生及法律和经济界相关人士学习、研究、应用我国电子商务法而撰写。电子商务是电子通信技术尤其是网络与数字通信技术被应用于商业活动的结果，随着信息通信技术的不断革新与发展，云计算、物联网、大数据等不断被应用于商务，无论是传统的货物、服务还是数字化的特殊信息内容与文化产品均可以通过网络实现交易，互联网等网络与电子通信技术已覆盖社会的整个商业领域。这不仅导致整个商业环境与商务方式的改变，而且模糊了不同行业的界限。

当然，电子通信技术被普遍应用于各类活动尤其是商务活动中，其导致的最大改变是企业运营与交易手段和环境的改变，但并未改变商务的本质。商务社会虽然仍可在现有法律框架和体系下运行，但是电子通信、电子记录、虚拟身份及远程交易等导致了传统法律适用中的新问题，也引发了大量传统法律无法解决的新问题。由于电子商务的普及性与高渗透性导致电子商务法与其他法律存在交叉，故必须清晰厘定哪些问题应该由相关法律部门来解决，哪些问题应交由电子商务法来解决，哪些问题需要专门立法来解决。电子商务法首先为电子商务促进法，应该促进电子商务的健康发展，除了规制现有的平台外，应该向平台提供更多的发展机会。电子商务纠纷的类型化及相应的权利、义务与责任配置是电子商务法的核心内容，以平台为核心的电子商务秩序构建是电子商务法的核心目的。

虽然与电子商务相关的法律问题涉及交易模式、交易安全、经营秩序、协议政策与规则的法律效力、用户及数字信息保护、知识产权保护、平台责任、跨境电子商务、司法救济等各个方面，但囿于篇幅，同时考虑用一部电子商务法“大杂烩”解决所有问题的局限性，防止面面俱到导致的原则性而不能发挥实质性作用，本书仅从民商法尤其是商法商主体与商行为的视角展开，以平台的法律地位与治理为核心，对电子商务参与主体实施及参与的相应法律关系进行分析，在一定意义上是立法一般规定的类型化与具体阐释，对电子商务经营主体的一般规则与非平台电子商务经营者、电子商务平台经营者及电子商务辅助服务提供者的具体权利与义务分别阐述。此外，对于签订电子合同这一典型的电子商务行为，分析了相关当事人的权利、义务与责任；同时，对于虽不属于狭义上典型的电子商务行为但对于电子商务持续、健康发展发挥支撑作用的电子支付与电子商务物流制度进行了阐述。消费者权益保护是电子商务法中必须关注的问题，也是电子商务持续、健康发展的根本，故专章讨论了电子商务监管与消费者保护。本书最后阐述了电子商务的争议解决，注重其与传统争议解决方式相比的特殊性以及电子证据的相关规则。电子商务法不仅调整交易形式，而且调整在线货物买卖、在线信息产品交易、在线服务、在线特殊交易等交易本身，还对上述交易引起的特殊法律问题进行规范。因此，电子商务法不是试图涉及所有的商业领域，重新建立一套新的商业运作规则，而是将重点放在探讨因交易手段和交易方式的改变而产生的特殊商事法律问题。这也就界定了电子商务法的研究范围：主要研究商业行为在互联网环境下的特殊问题。在这样的理念指导下，本书在内容的选择上尽可能兼顾体系的完整，彰显电子商务法主体法、行为法与监管法合一的特点，注意衔接传统法规则及其在电子商务领域的适用，以及电子商务领域的特殊规则与运用。

本书具有以下特点：

第一，从体例看，本书每章都由本章要点、导入案例、正文内容、本章小结、关键术语与习题等内容构成，各模块共同形成相关知识体系的闭环。在章节内部穿插微型案例与相关新闻报道，引发思考。本书导入案例与习题中选取的案例以近年司法实务中发生的案例为主，所选取案例具有真实性与代表性，在对案例焦点问题进行分析的同时也延伸思考相关问题，有助于学生对相关知识的掌握与运用。

第二，从内容看，本书以《中华人民共和国电子商务法》（以下简称《电子商务法》）为基本依据，注意反映电子商务实践的需求与发展趋势，按主体、行为、监管、消费者权益保护、争议解决的逻辑展开。考虑到电子商务相关专业学生缺乏法学前置性课程学习背景的实际，本书在阐述具体内容时注意介绍相关实体法与程序法的基础知识，以及必要的技术性知识，并分析电子商务法律关系的特殊性，有助于学生形成体系化的思维。

第三，从表述看，本书行文简练通顺、深入浅出、有理有据、通俗易懂，将国际组织与先进国家及地区的相关立法规范、专家学者的前沿研究成果及我国现行的规范性法律文件有机结合，以电子商务法律关系为主线阐述应知应会的电子商务法理与规则，并自始至终立足于我国的实践。

本书由中国政法大学朱晓娟副教授编著，感谢中国人民大学出版社向华钢编辑的约稿以及在沟通交流中的耐心与细致。特别感谢中国法学会商法学研究会会长赵旭东教授在本书写作过程中给予的指导。感谢在本书写作过程中参考的相关网站、论著作者贡献的智慧。感谢中国政法大学民商法学研究生林珮、高素丽、刘明晨、赵婧、肖伽琦、王一淼、陈钰蕾协助进行了论文和案例收集工作，感谢林珮与肖伽琦在繁忙的学习之余还承担了大量的书稿文字校对工作。因编著者时间、能力、水平所限，加之电子商务法中有许多原则性规定、一些内容因为争议较大而在电子商务法中未做规定以及电子商务不断发展的现实，本书的不足之处在所难免，恳请广大读者在使用本书过程中对发现的问题不吝指正，以期在修订本教材之际，其内容能得以完善。

朱晓娟

2018 年 9 月于美国加州大学戴维斯分校

目　录

第一章

电子商务法概述

【本章要点】

1. 掌握国际组织、经济界及法学界对电子商务的界定以及电子商务的不同分类，注意电子商务概念的开放性；

2. 了解电子商务在世界及我国的发展历史与未来趋势；

3. 把握电子商务的法律特征，为立法规制奠定基础；

4. 了解电子商务法的性质与特征，明晰其在我国法律体系中的地位；

5. 了解国际组织及代表性国家、地区电子商务的立法概况，掌握我国电子商务立法的现状；

6. 掌握我国电子商务法的基本原则。

导入案例

2017 年 10 月 31 日，国家发改委专门召开“双 11”电子商务领域信用建设工作会议，强化电商促销中的“信用问题”。2017 年 11 月 7 日，根据“电商喇叭社”微信公众号上的消息，由中国改革报社牵头编制的《2017 年电子商务领域信用风险“双 11”预警报告》发布。自 2016 年起，按年度向社会发布该报告。报告总结了我国电子商务领域诚信建设的新进展，归纳出消费者和商家需要防范的信用风险，并向政府部门提出政策建议，同时还发布了 10 个失信典型案例和 10 个守信典型案例。2017 年报告中的 10 个失信典型案例是：安徽网购达人专职退货以假乱真、打折“福袋”遭遇退货难、快递“虚假签收”导致电商企业损失 100 多万元、刷单尝到 5 元“小甜头”大学生兼职反被骗上万、接网购退款电话称“双倍赔偿”

被骗15 000元、特价买回山寨豆浆机遭遇维权难、网购3块香皂女子被骗1.8万元、“小红书”用户信息大规模泄露、洋码头等跨境电商屡现假货、“中粮我买网”被曝打折抬高零售价被罚款5万元整改。电子商务领域十个守信典型案例是：阿里巴巴推出企业诚信查询平台、阿里巴巴持续反腐清退36家违规店铺、车易拍等12家二手车电商联名签署诚信经营倡议书、河北清河羊绒小镇百家网店签约抵制假冒伪劣、杭州市跨境电子商务企业发起保护消费者权益倡议书、汇集全球买手电商平台HIGO承诺“100%正品”、京东联合沃尔玛等企业成立“阳光诚信联盟”、日日顺物流启动“诚信到家行动”活动、顺丰“丰密运单”让个人信息不再随包裹“裸奔”、小电商诚信经营做足特产大文章。

自2018年1月22日起，网经社（www.100ec.cn）基于其第三方电商维权平台“电子商务消费纠纷调解平台”（http：//show.s.315.100ec.cn/）的统计，陆续发布了有关电商的典型投诉案例。大麦网疑似虚假售票、携程等OTA平台搭售、易到用车网充值退款难、格瓦拉账户被盗刷、马蜂窝无故取消订单、摩拜等共享单车退款难、百度糯米团购券无法正常使用、飞猪收取高额退票费、饿了么送餐超时、去哪儿网无法取消订单入选“2017年度十大生活服务电商典型投诉案例”。

该网站2018年2月9日发布，“双11”“淘宝/天猫”多个品牌旗舰店疑似虚假促销、“国美互联网”商品退换货难、“乐视商城”迟迟不发货、“天天网”发货退款风波、“闪电降”疑似售假、“当当网”随意取消订单、“返利网”不返利、“转转”虚假验机、“卷皮网”疑似误导购买VIP卡以及“小米商城”手机质量隐患突出入选“2017年零售电商十大典型投诉案例”。

该网站2018年2月11日发布综合类零售电商被投诉的最主要问题，其中包括订单取消、信息泄露、虚假促销、发货问题和退换货难，涉及的电商平台有国美在线、当当网、淘宝/天猫、亚马逊和卷皮网等。

该网站2018年2月12日发布垂直类零售电商平台被投诉的问题，该类电商成为一大“重灾区”。其中美妆类电商热点被投诉平台有莎莎网和丝芙兰等，疑似售假以及退款难成为用户热点投诉问题；华为和乐视入选3C家电电商热点被投诉平台，主要问题为发货慢、售后差；转转和闲鱼为二手电商热点被投诉平台，问题主要包括虚假验机和平台处理不公；返利电商主要存在问题为不返利、返利难，涉及平台为返利网；鞋服类电商热点被投诉平台为好乐买与蘑菇街，主要投诉问题为订单随意取消和商品质量差。

上述案例已入选由网经社发布的《2017年度中国电子商务用户体验与投诉监测报告》。上述信息的具体内容请见“网经社”的微信公众号。

此外，2018年2月7日，中国消费者协会对外公布2017年“双11”网络购物价格、质量、售后服务调查体验报告，通报了国美在线、聚美优品、蜜芽、淘宝、京东、拼多多、当当网、网易考拉等多家知名电商平台存在涉嫌仿冒、虚构原价、随意标注价格等一个或多个问题。

上述案例的不断涌现与发生显示了我国电子商务发展快速、发展中存在不规范乱象以及立法明显滞后的现状。与传统法律关系相比，当事人在电子商务法律关系中的权利、义务与责任均发生了巨大的变化。电商经营的不规范与消费者的维权困难并存，如何进行恰当的立法规制以便既能促进电子商务的健康发展，又能实现相关当事人权益的维护，是电子商务法必须面对和解决的问题。随着电子商务的普及运用，每个人都可能成为电子商务法的运用者，都应该对其有所了解。同时，应当以一种开放的态度面对电子商务的更新迭代，实现促进发展与合理规范的平衡。

第一节 电子商务的概念、分类与法律特征

一、电子商务的概念

在当今信息化社会中，计算机技术与通信技术结合产生的计算机网络实现了资源尤其是信息资源的共享，同时推动了各国社会的信息化转型，改变了传统的交易模式，两种技术在商事活动中的应用促进了电子商务的发展与壮大。运用电子商务模式，人们可以买卖商品、服务和信息。有些领域里的电子商务应用已经十分成熟（例如在线股票交易、在线订购机票等），有些业务规模甚至超过了离线业务。然而，电子商务并不局限于买卖活动，它还包括沟通交流、相互合作以及信息检索的电子化等。利用电子商务，人们还能开展远程学习、远程客户服务、电子政务，形成社交网络，不胜枚举。电子商务所产生的影响力是深远的，它不仅涉及一般的企业管理，还涉及各种专业活动、贸易活动，当然，还涉及人们的日常生活。近年来，电子商务向社交企业、社交网络、社交协同、创新活动、移动商务等领域进行扩展。未来随着互联网技术的革新，电子商务的形态与功能必将发生相应的变化，所以，电子商务是围绕电子网络技术创新与发展而发生的系列活动，其是一个开放的、动态的、内涵不断丰富的概念。

随着将生态系统与商业生态系统引入电子商务领域研究的深入，有学者认为电子商务生态系统是在电子商务活动中，主体之间以及主体与环境之间不断进行交流与合作形成统一复杂的系统，强调该系统涉及诸多关联主体与环境因素，主体包括商家、终端客户、金融机构、政府等，环境包括技术、法律、市场环境等，所有要素共同构成相互联系、相互协作、共同演进的电子商务生态系统。按照生态系统中的“物种”标准划分电子商务生态系统构成要素的观点较多，有学者在此基础上提出：电子商务生态系统的核心物种是电子商务企业；关键物种是电子商务交易主体，包括供应商、消费者、投资商、生产商乃至供应商的供应商以及客户的客户；支持物种是电子商务交易所必须依附的企业、组织或机构，包括物流企业、支付企业、金融机构、行业协会、政府机构、通信服务企业、信息技术机构等；寄生物种是为电子商务交易提供增值服务的服务提供商等，包括网络营销服务商、各类技术外包服务商、电子商务咨询服务商、供应链优化即

整合服务商、物流增值服务项目提供商、各类广告服务提供商等。电子商务生态系统包含的环境既包括各企业、组织及机构的内部环境，也包括其所面对的政治、经济、法律、技术、社会文化及自然环境。关注到电子商务生态系统的开放性与广泛性有助于实现电子商务法规范与促进并举的目的。

（一）国际组织和经济界对电子商务的界定

世界信息技术和服务联盟认为，电子商务是指以数据化手段提供货物、服务或信息的任何商业性交易，或任何帮助上述交易实现的数据化中介职能。经济合作与发展组织（OECD）认为，电子商务是指商业交易，它指包括组织与个人基于文本、声音、可视化图像在内的数字化数据传输与处理方面的商业活动。世界贸易组织（WTO）认为，电子商务是以电子方式进行的商品和服务的生产、分配、市场营销、销售或支付。欧盟理事会认为电子商务就是通过电子手段进行的商务活动。IBM公司认为电子商务是在互联网上进行的一种交易各方相互关联、互动的动态商务活动。狭义的电子商务指电子交易，而广义的电子商务是包括电子交易在内的，一切利用网络进行的全面商业活动，如市场调查分析、财务核算、生产计划安排、客户联系、资源调配等。

《电子商务——管理与社交网络视角》（第八版）一书对电子商务进行了如下界定：所谓电子商务（electronic commerce，EC），就是利用计算机网络，主要是互联网和内联网买卖、交换、配送商品、服务、信息的过程。有些人认为，“商务”仅仅是企业间的买卖活动，这导致“电子商务”的概念十分狭窄。因此，有人提出了“电子业务”的概念。电子业务（e-business）是对狭义“电子商务”的扩充，它不仅指商品、服务的买卖，而且包括客户服务，与商业伙伴的协调、合作，利用网络开展学习活动，以及组织内部的电子信息交换。也有人认为，电子业务是指利用互联网所开展的买卖以外的各种活动，例如企业间的合作、企业内部的沟通等。也就是说，这是对狭义电子商务的补充，狭义电子商务隶属于电子业务的范畴。

上述电子商务的概念更多是从商务活动电子化的角度进行的界定，这是对电子商务从经济学和管理学角度进行的分析，从法律的角度而言，应抓住电子商务所涉及的法律关系的本质。

（二）法律意义上的电子商务概念

国际组织及经济界对电子商务概念的界定对法学意义上电子商务概念的界定产生了深远的影响，很多电子商务法律专家甚至援引上述概念，将电子商务等同于电子＋商务，将电子商务限定为商业活动。尤其是联合国国际贸易法委员会《电子商务示范法》将商务一词做了“包括契约性或非契约性的一切商务性质的关系所引起的种种事项”的广义解释，甚至将企业内部管理活动与业务流程的电子化均归属于电子商务并称之为企业内部电子商务，将电子商务的商务范围扩大至涵盖所有经营性和非经营性的活动，以及契约性和非契约性的活动。联合国国际贸易法委员会《电子商务示范法》之所以如此规定，是因为该法的核心是解决数据电文被应用于商务引发的形式问题，即电子形式是否具有书面形式的效力问题，其认为应将企业内部管理电子化与外部通信电子化作为整体，统一应对整个商务活动的无纸化挑战，而不局限于对外交易环节。事实上，从法律的角度看，企业内部并不存在商务活动，其内部管理与业务流程中的电子化是为企业外部交易服务的，二者结合构成企业完整的经营或者商事活动。以法律的视野科学界定电子商务的内涵是研究电子商务法的前提，也影响着电子商务法的立法。

结合前述对电子商务的界定，考虑电子商务的发展趋势，从法律的角度，应将电子商务分为广义与狭义两个方面。狭义的电子商务指通过电子行为进行的商事活动，即商主体①之间从事的以营利为目的、具有营业性的商行为。广义的电子商务则指通过电子行为进行的既包括狭义的电子商务，又包括狭义电子商务之外的诸如利用网络开展学习活动与信息交流、组织内部的电子信息交换，以及电子政务等内容在内的所有活动。本书从民商法的视角，即狭义的角度，对电子商务法的相关内容予以讨论和阐释。

具体而言，从民商法的视角对电子商务的概念进行界定，应将电子商务的概念主要界定为经营性的商行为，内容上表现为从事商品经营或提供某种服务。《电子商务法》第二条明确将电子商务界定为“通过互联网等信息网络销售商品或者提供服务的经营活动”。从广义上进行理解与解释，所谓的销售商品包括利用互联网等信息技术与网络销售有形或无形的商品以及按照客户需求生产和提供定制商品的行为。所谓的提供服务则既包括利用互联网等信息技术与网络提供服务，也包括为商品或服务交易提供网络交易服务、商业推广服务、信用评价服务、支付结算服务、网络接入和信息存储等电子商务服务。全国人大财政经济委员会电子商务法起草组编著的《中国电子商务立法研究报告》也将服务交易在理论上分为两种类型：一是交易对象本身即是服务的服务交易，如生活信息服务、法律咨询服务、在线教育服务等；二是支撑在线交易的相关活动，这类活动为电子商务提供支撑的媒介性服务交易，如物流、支付平台等，其具有一定的附属性，目的是促成其服务的电子商务交易活动的顺利进行。在《电子商务法》中，对物流、支付服务提供者的权利和义务进行了一定规定，依照体系解释，第二类服务同样属于电子商务范畴。

具体而言，在网络上销售的商品的种类既包括有形货物，也包括无形商品。无形商品包括技术、知识产权、信息产品或数字产品等。从经营行为本身来讲，商品经营包括利用网络的商业推广与产品营销、交易缔结、履行、售后服务等任一环节或全部环节。电子商务的飞速发展促进了产品买卖与服务的融合，甚至出现产品生产、销售和服务的融合，并将成为未来电子商务发展的主要趋势，故应当扩大解释商品经营的范围，将按客户需求生产和提供定制品的行为也作为商品经营对待，以期使电子商务法有更加宽泛的调整范围，可以适应未来商务发展的需要。

“服务的提供”实际上包含两个层次的内容：第一个层次的服务是利用互联网等信息技术进行网络销售和提供服务的行为，如旅游、订票、家政、信息等服务，通常发生在经营者与消费者之间；第二个层次的服务是为通过电子商务销售产品和提供服务而提供的服务，包括提供网络交易服务、商业推广服务、信用评价服务、支付结算服务、网络

① 商主体也被称为商事主体、商事法律关系主体，是指依照商法的规定具有商事权利能力与商事行为能力，能够以自己的名义独立从事商事行为，在商事法律关系中享有权利和承担义务的个人和组织。

接入和信息存储、网络认证等服务，这类服务伴随着信息技术的应用而产生，属于电子商务服务业，是支撑整个电子商务应用和商务互联网化的产业，此类服务通常发生在不同领域的经营者之间。法律意义上的电子商务概念与内涵的界定厘清了电子商务法的调整对象。《网络交易管理办法》第三条规定，该办法所称网络商品交易，是指通过互联网（含移动互联网）销售商品或者提供服务的经营活动。该办法所称有关服务，是指为网络商品交易提供第三方交易平台、宣传推广、信用评价、支付结算、物流、快递、网络接入、服务器托管、虚拟空间租用、网站网页设计制作等营利性服务。

根据《电子商务法》第二条的规定："法律、行政法规对销售商品或者提供服务有规定的，适用其规定。金融类产品和服务，利用信息网络提供新闻信息、音视频节目、出版以及文化产品等内容方面的服务，不适用本法。"也就是说，上述产品或服务交易虽然属于电子商务，但因为具有的特殊性而被排除在电子商务法的适用范围之外。

音视频、新闻信息、出版等领域是受到国家管制的特殊领域，需要有专门机构或者法律法规进行管理和规范，金融因其公共性应受到严格监管，需要专门的法律调整，故不应由电子商务法进行规范。但对于实践中多发的直播打赏、知识付费等现象，则不能一概排除其对电子商务法的适用，需要进行具体分析。如悬赏一定金额发布问题寻求答案，符合要求的回答者可以得到这笔钱，其他围观者如果想要了解问题答案也需要花费一定金额才能查看，这就不属于新闻或者文化产品，因为这类问答型的平台本身没有提供内容即文化产品，只是提供了一种服务，应将该类问答型平台界定为服务提供者而适用电子商务法。

本书立足于以电子商务平台经营者为核心，讨论包括消费者保护问题在内的平台经营者与平台参与者之间的权利、义务配置问题，关注网络平台社区治理作用的发挥。此外，对于依托互联网进行的共享经济是否应被纳入电子商务法的调整范围，不无争议。建立在现代信息技术之上的共享经济是基于互联网或者大数据的一种智能化的资源配置方式；它是信息技术革命发展到一定程度出现的新兴经济状态，导致了整个经济发展模式发生了很大的变化。本书认为，基于电子商务法为民商法的定位，可以在特定条件下援用电子商务法的基本制度对共享经济这种商业运行模式进行调整和规范，尤其是在运行中商业化非常明显的共享经济平台，可以借鉴电子商务平台经营者的权利和义务规则来规范共享经济平台的权利与义务。随着共享经济或分享经济的发展与成熟，扩张解释电子商务的内涵以一体化调整传统意义上的电子商务与共享经济未必不是一个好的选择。

二、电子商务的沿革与分类

（一）电子商务的沿革

在世界范围内的电子商务经历了萌芽、初级应用及快速发展三个阶段，电话机、传真机在商业领域的应用促进了电子商务的萌芽，EDI 电子数据交换系统的发展是电子商务的初级应用阶段，EDI 系统被应用于企业间订单传送接收、货物寄送接收通知、保单及发票付款信息报送等，实现了企业的无纸化办公，但只是在极少数发达国家和地区及大型企业内被应用，并没有普及。互联网的出现及其与商业的融合是电子商务的快速发展阶段，1995 年通过互联网传输的商业信息量首次超过了科技方面的信息量，为电子商务的大规模快速发展提供了保障。

1995 年美国亚马逊网上书店的诞生是全球电子商务兴起的标志性事件，从彼时起，我国电子商务发展也经历了工具、渠道、基础设施、经济体等四个发展阶段。在工具阶段，应用电子商务的企业与个人主要把电子商务作为优化业务活动或商业流程的工具，如信息发布、信息搜寻和邮件沟通等，其应用局限于某个业务“点”，随着 2000 年互联网泡沫的破灭，一批电子商务企业倒闭破产而退出市场。

此后，我国电子商务的大规模发展经历了以下三个阶段。第一，规模发展的渠道阶段。2003 年 5 月淘宝网的开通实现了真正的经济学意义上的 C2C 交易模式，2004 年 1 月又有了京东商城的上线。电子商务的快速发展引起了国家的关注，政府出台各种政策与规范，以引导其健康发展。2007 年 11 月，阿里巴巴实现了在香港主板上市。

第二，形成信息经济重要的基础设施阶段。电子商务引发的经济变革加快了信息在商业、工业和农业等领域的适用速度，极大地改变了消费行为、企业形态和社会创造价值的方式，有效地降低了社会交易成本，促进了社会分工合作，引爆了社会创新，提高了社会资源的配置效率，深刻影响着零售业、制造业和物流业等传统行业，成为信息经济重要的基础设施或新的商业基础设施。反之，越来越多的企业与个人通过以电子商务平台为核心的商业交易模式与基础设施降低交易成本、共享商业资源、创新商业服务，这极大地促进了电子商务的迅猛发展。截至 2008 年 7 月，我国网民达到 2.53 亿人，超过美国的使用情况而跃居世界第一。2010 年，我国也在政府工作报告中首次提出大力扶持电子商务。2011 年团购网站纷纷建立，用户数超过 4 200 万，2012 年，淘宝商城更名为“天猫”，唯品会实现了在纽交所挂牌上市。

第三，引领潮流与趋势的经济体阶段。从 2013 年开始，我国电子商务的发展以不可阻挡之势引领着世界电子商务的潮流与趋势，网络零售交易规模达到 1.85 万亿元。中国就业促进会发布的《网络创业就业统计和社保研究项目报告》显示，网店带动的直接与间接就业达到上千万人。2014 年，聚美优品和阿里巴巴在纽交所挂牌上市，京东集团在美国纳斯达克挂牌上市。网络零售的蓬勃发展促进了宽带、云计算、IT 外包、网络第三方支付、网络营销、网店运营、物流快递、咨询服务等生产性服务业的发展，形成庞大的电子商务生态系统。电子商务基础设施日益完善，电子商务对经济和社会的影响日益强劲，电子商务在“基础设施”之上进一步催生出新的商业生态与模式，而这又会进一步影响和加速传统产业的“电子商务化”，促进和带动经济整体转型升级，电子商务经济体开始兴起。

总体而言，借用艾瑞咨询的最新数据，我国电子商务市场交易规模呈逐年增长态势，企业间即 B2B 电子商务仍是主体，网购与 O2O 推动了电商的整体增长，B2C 在网络购物市场中的比例不断增长。移动端随时随地、碎片化、便捷性、低成本及互动性等特征使得移动端电子商务的交易比例会占有越来越重要的地位，以移动端为纽带，助推网购市场向“线上＋线下”“PC＋手机＋TV”“娱乐＋消费”等方向发展，实现整合营销、多屏互动等模式。随着微信、支付宝等持续作用于餐饮、旅游、消费等领域，消费者越来越接受 O2O 的交易模式，同时导致 O2O 的市场竞争更加激烈，合并事件不断发生。最近，新零售发展迅猛，中国联通与阿里巴巴联合打造的“中国联通智慧生活体验店”于2017年12月15日在上海正式开业。阿里巴巴旗下的盒马鲜生运用大数据、移动互联、智能物联网、自动化等技术及先进设备，实现人、货、场三者之间的最优化匹配，从供应链、仓储到配送，盒马都有自己的完整物流体系。通过跟踪消费者的购买行为，借助大数据作出个性化的建议，注重消费者体验，实现交易的流程化与效率，是电子商务的未来趋势。

（二）电子商务的分类

依据不同的标准，可以对电子商务进行不同的分类。法律意义上电子商务的分类应参照而非照搬经济学或管理学上的分类，法律意义上的分类应具有立法、司法或法律后果区分的意义。

1. 商主体之间的电子商务、商主体与消费者之间的电子商务、自然人之间的电子商务

以电子商务的参与主体为标准进行划分，可将电子商务分为商主体之间的电子商务、商主体与消费者之间的电子商务、自然人之间的电子商务。此种分类的法律意义在于确定该种电子商务是否适用消费者权益保护法的规定。

商主体之间的电子商务，其对应着经济学界对电子商务 B2B（Business to Business）的分类。按照通说[①]，商主体分为商个人、商合伙与商法人。商个人通常表现为个人独资企业；商合伙即我国合伙企业法及民法所规定的合伙企业，包括普通合伙企业与有限合伙企业；商法人即以营利为目的的法人组织，对应着民法规定的营利法人。据统计，商主体之间的电子商务总额在全部电子商务总额中的占比高达80%。无论在立法上还是在理论上，商主体的理性能力与注意义务承担的程度都被假设为强于民事主体，故商主体之间的电子商务不适用《中华人民共和国消费者权益保护法》（以下简称《消费者权益保护法》）的相关规定。

商主体与消费者之间的电子商务，对应着经济学界对电子商务 B2C（Business to Consumer）的分类。与商主体相比，消费者由于信息不对称等而处于弱者地位，因此，这类电子商务交易应当适用《消费者权益保护法》的规定。

自然人之间的电子商务，对应着经济学界对电子商务 C2C（Consumer to Consumer）的分类。C2C 的表达在法律上有一定的理解障碍，因为消费者在法律上具有独特的含义，是《消费者权益保护法》中的概念，可以说其是与商主体相对应而存在的，无商主体则无消费者。根据民法的规定，自然人不仅包括自然意义上出生的人，也包括个体工商户、农村承包经营户这两种自然人的特殊形态，二者均可以依法从事经营，此时，二者是否构成商主体不无争议。本书认为，个体工商户与农村承包经营户在持续地从事经营行为时，虽然不是法律意义上的企业（business），但其本身已经符合商主体营利性的基本要求，故应该适用《消费者权益保护法》的规定。此外，纯粹的自然人之间的不具有经营性质的电子商务就不应该适用《消费者权益保护法》的规定。

---

① 通说是一种被学界普遍接受且能够反复指导法律实践的法学理论。

规范链接

商务部《电子商务模式规范》(节选)

2.1 电子商务 E-business

基于互联网技术和网络通信手段进行货物或服务交易，并提供相关服务的商业形态。按照交易主体的不同具体细分为：企业（或其他组织机构）之间（Business to Business，简称 B2B）、企业（或其他组织机构）和消费者之间（Business to Consumer，简称 B2C）、消费者之间（Consumer to Consumer，简称 C2C）。

2.2 B2C（Ⅰ）——网上商厦 web mall

提供给企业（或其他组织机构）法人或法人委派的行为主体在互联网上独立注册开设网上商店，出售实物或提供服务给消费者的由第三方经营的电子商务平台。

2.3 B2C（Ⅱ）——网上商店 web store

企业（或其他组织机构）法人或法人委派的行为主体在互联网上独立注册网站、开设网上商店，出售实物或提供服务给消费者的电子商务平台。

2.6 C2C——网上个人交易市场 web market for consumers

提供给个人间在网上进行实物和服务交易的由第三方经营的电子商务平台。

2. 完全电子商务和部分电子商务

依据电子商务三大主要活动的电子化程度进行分类，可以将电子商务分为完全电子商务和部分电子商务，其分类意义在于确定适用电子商务相关法律规范还是传统的法律规范。

电子商务的三大主要活动为订购支付、订单实施和产品（服务）配送。若上述所有活动都是数字化的，则为完全电子商务；若其中之一或二的活动是数字化的，则为部分电子商务；若所有活动都不是数字化的，则不属于电子商务。如果是部分或完全电子商务，则应该适用电子商务相关法律与传统法律运行电子商务与解决纠纷；如果是非电子商务，则应该适用传统法律。

3. 境内电子商务与跨境电子商务

依据电子商务交易主体所属的关境进行分类，可以将电子商务分为境内电子商务与跨境电子商务，其分类意义在于适用的法律规则有别。

境内电子商务是指交易包括订购支付、订单实施和产品（服务）配送均发生于一国境内的电子商务，而跨境电子商务则是分属于不同关境的交易主体，通过电子商务平台达成交易、进行支付结算，并通过跨境物流送达商品、完成交易的国际性商业活动。当境内电子商务产生纠纷时，应适用一国国内法解决；而跨境电子商务纠纷则需要适用国际私法或国际条约、惯例来解决。

4. 基于互联网的电子商务和基于移动网络的电子商务

依据电子商务使用的网络类型进行分类，可将电子商务分为基于互联网的电子商务和基于移动网络的电子商务。此种分类的意义在于明确了电子商务法律规范的适用范围，上述两种电子商务类型均属于《电子商务法》的调整对象。

三、电子商务的法律特征

与传统的商务活动相比，电子商务具有自身的特点，在适用传统法律解决电子商务的冲突与纠纷的过程中，由于传统法律制定的基础迥异于电子商务据以运行的信息化和网络化基础，在解决电子商务争议的过程中发挥的作用有限，由此也使得在立法上对其进行特殊关注变得有必要，电子商务的法律特征促进了电子商务法律制度体系的构建与完善。总体而言，电子商务的法律特征主要有：

（一）交易市场的虚拟化

电子商务交易双方接触并开展各种类型交易均是在虚拟市场中进行，该虚拟市场用二进制数字代码来表达与构成事物与事物之间的关系，从而形成了一个独立于现实世界又具有实在性的数字化的社会空间或者社区。其突破了传统物理性交易市场的局限，可以实现跨地区、跨国界的交易。因为有更加丰富的诸如文字、图片、声音、视频等信息，电子商务在一定意义上降低了买方的信息搜索成本，消除了买卖双方之间的信息不对称。同时，基于产品的不同属性，购买与实际拥有产品的时间会发生更大程度上的分离（实物产品）或者更大程度上的接近（数字产品）。虚拟市场的存在更像一个社区，需要自身的运行与治理规则，当然，也需要在法律的范围内进行活动。同时，电子商务交易的跨境化使得传统国际私法主要依据物理地址或物理属性确定连结点的规则受到挑战，电子商务的涉外性具有自身特点，当事人行为地等连结点往往难以在网上查明，或者即使查明，对交易活动的定性也无关系或无意义，因此，需要法律对电子商务准据法的适用规定明确的规则。正是基于跨境电子商务的特殊性，《电子商务法》明确将其调整范围限定为国内电子商务。

（二）交易内容的信息化

电子商务交易的最大特点是无纸化交易，不同于传统有纸化的交易，相关的交易内容可以得到有形的记录与展现，电子商务的交易信息更多通过电子化的方式达成，故不同于传统交易尤其是合同交易的要约、反要约的磋商过程，电子商务的交易进程被极大缩短。也正是此区别使得有必要在传统交易法的基础上关注并制定电子商务交易的特殊法律规则，比如交易的发出、到达、有效性识别等规则。

（三）交易主体的虚拟化

传统的民商事活动对交易主体的权利能力与行为能力有明确的要求，欲取得完全的法律效力需要具有完全的行为能力，对主体的实在性要求很高；而在电子商务中，交易主体虽然也可以说是一个存在，但已经不是物理性存在，而是虚拟的存在。人们可能根本不必知道交易对方到底是谁，是否有行为能力及履约能力等，就可以实现完全电子商务，进行全部线上交易，甚至可以通过预设自动信息系统完成交易、实现履行，故在电子商务交易中主体的虚拟化必然导致交易风险加大。传统法律主体行为能力判定、意思表示确认、归属以及合同履行的相关规则在适用于电子商务实践时必然面临挑战。电子签名、电子认证、电子合同等法律制度的形成与发展即是回应电子商务交易诉求的表现。

（四）交易性质的经营化

电子商务交易必须是经营活动。电子商务交易首先必须以获取利润为目的，不以获取利润为目的的以物易物或公益捐款等活动不属于经营活动。其次，电子商务交易应具有一定的持续性，自然人偶尔利用网络出售二手或闲置物品等行为因不具有持续性而不属于经营活动，故不属于电子商务法的调整范围而应由合同法等相关法律调整。然而，为自然人偶尔出售二手或闲置物品提供平台的平台经营者如果有通过扩大流量获取广告收入等利润的行为，则属于经营活动，应受电子商务法调整。当然，交易的经营化要求以获取利润为目的，但并不要求必须发生实际盈利的结果。

第二节　电子商务法的概念、性质与特征

一、电子商务法的概念与性质

（一）电子商务法的概念

由于电子商务有飞速发展及内涵不断变化的特点，对电子商务的界定存在着困难，这也直接影响了对电子商务法概念的界定。依据通说，一个部门法的界定通常可以采取形式与实质、广义与狭义两个不同的标准与角度，对电子商务法的概念也可以如此界定。

1. 形式意义的电子商务法与实质意义的电子商务法

形式意义的电子商务法是指以电子商务、电子交易或者电子签名等命名的由国家或地区立法机关制定并通过的法律规范，如《中华人民共和国电子签名法》、我国香港地区的《电子交易条例》以及我国最近颁布实施的《电子商务法》等。实质意义的电子商务法是指不以电子商务、交易、签名等关键词命名，但在内容上可适用于电子商务运行、权利义务配置及纠纷解决的法律、法规、惯例以及国际条约等，如《消费者权益保护法》中关于消费者保护的规定、《中华人民共和国专利法》等知识产权法律对知识产权的保护、《中华人民共和国合同法》中对数据电文形式合同的规定、《中华人民共和国民事诉讼法》中的诉讼管辖规则等均属于实质意义上的电子商务法。

2. 广义的电子商务法与狭义的电子商务法

广义的电子商务法对应着广义的电子商务，是指调整以数据电文形式进行的包括民商事活动在内的所有活动的法律规范，而狭义的电子商务法则对应着狭义的电子商务，

是调整利用互联网等计算机网络与信息技术进行的民商事活动的法律规范。由于广义的电子商务法调整的范围还涵盖利用网络开展学习活动、组织内部的电子信息交换以及电子政务等内容的活动，与民商事电子商务活动的常态有别，不宜统一在一部《电子商务法》中，故本书以狭义的电子商务法与形式意义的电子商务法为分析和研究对象，兼顾实质意义的电子商务法。

（二）电子商务法的性质

电子商务法是属于单独的法律部门，还是属于传统法律部门的特别法，不无争议。有人认为电子商务法属于单独的法律部门，也有人认为电子商务法属于传统民商法的特别法，还有人认为电子商务法属于传统经济法的法律部门。本书认为，电子商务法的定位更应当从领域法学的视角来观察和理解。电子商务法涉及电子商务法律关系的界定、电子商务欺诈、电子商务经营秩序、知识产权保护、消费者权益保护、不正当竞争、电子商务交易安全、数据权属保护、平台定位与责任等内容，故单纯从某一视角观察与讨论均有失偏颇。但是，就电子商务的发展现状及其所包含的主要要素看，其更多的内容还是体现为传统民商法的要素，属于传统民商事主体法与行为法的相关内容，同时辅之以监管等其他法律部门的相关规则，调整的对象属于电子商务这一特殊商事领域，内容上体现了公法私法合一、国家在私人强制机制不断失灵的背景下加强对商业监督管理的商法特点，同时表明了中国商法并非严格按照法律部门性质而是根据特定商事活动领域进行构造的特点，故电子商务法属于民商事法律部门的商法，这才是对待电子商务法的应有态度。尤其是在我国现阶段，电子商务的发展非常迅速，急需法律的促进与规范，应基于民商法私法自治的基本理念构建电子商务的基本规则，同时对其发展中产生的不利问题予以规制和引导，使其朝健康的方向发展。从这个意义上说，电子商务法属于民商法尤其是商法的特别法，属于主体法、行为法与监管法的结合，应在遵从民商法基本原则与理念的基础上对民商事主体通过互联网等网络与信息通信技术的方式进行的活动予以调整。

二、电子商务法的特征

电子商务法所调整的电子商务领域的开放性、国际性、技术性、安全性、复杂性等特点决定了该部法律也会反映上述特点，具体而言，电子商务法的基本特征如下：

（一）开放性

随着信息技术的不断创新与发展，电子商务的形式也会不断创新。电子商务法中应当包括开放性的法律规范，以开放的态度对待技术手段与媒介，保证有利于电子商务发展的技术创新都能充分发挥作用。唯此，才能发挥立法的促进作用。

（二）国际性

除了一国关境内的电子商务外，越来越多的电子商务突破了关境的局限，不再受物理属性的限制，故电子商务法的规定应体现全球化的趋势与要求。与国际接轨，采纳或吸收国际条约、惯例，有助于与其他国家电子商务相关规则的对接，促进我国电子商务的国际化。

(三) 技术性

计算机技术、网络技术、通信技术、安全保密技术等技术手段与方法的应用使电子商务活动明显有别于传统的民商事活动。电子商务法应当对技术问题进行回应，甚至电子签名法中许多法律规范就是技术规则的法律化。这在以往的民商事部门法中也不乏先例，如票据法与证券法中许多都是交易规则的体现。

(四) 安全性

网络技术带来了信息的丰富，降低了交易成本，但是交易的风险却在无形中被放大了，因此，电子交易法需要对交易对方的情况无法判定、自己的信息可能被泄露、系统的安全系数难以保障等安全问题都需要关注与回应。网络安全问题不是一部形式意义上的电子商务法能够解决的问题，需要刑法、网络安全法、行政法等多个法律部门联合规范。电子商务法应从电子商务经营主体权利与义务的角度对网络安全问题进行规定，切实保证电子商务的安全。

(五) 复杂性

从电子商务参与的主体看，其在理论上可以为非平台电子商务经营者、电子商务平台经营者、电子商务非经营交易主体如消费者等、电子商务辅助服务经营者与电子商务监管主体。电子商务平台经营者当然属于广义上的电子商务经营者，但其所具有的公共属性与地位决定了应在立法上对其予以特殊规制与调整。电子商务服务经营者则可以包括物流服务提供者、支付服务提供者、征信服务提供者等交易服务经营者与网络接入服务提供者等不同主体。此外，电子商务监管者则可以包括行政监管主体、自律监管主体等。也就是说，电子商务的交易主体仅凭自身无法完成交易，必须借助平台或网络、金融或支付机构等的协助完成，与传统交易关系相比，法律关系变得复杂，电子商务法需要对其回应。

第三节 电子商务法的地位与体系

一、电子商务法的地位

所谓一部法律的地位，依据通说是指一部法律在一国法律体系中所处的位置。电子商务法的法律地位即电子商务法在我国法律体系中的位置，是从属于某个法律部门，还是作为一个单独的法律部门存在；在对电子商务进行规制时在内容上是通过修改传统法律部门的规定还是制定单独的电子商务法。前已述及，电子商务法包含的内容广泛，涉及多个部门法的交叉，但整体上，电子商务法的主要内容还是民商法尤其是商法，是对民商事主体以电子方式实施活动的立法调整，故其属于民商法的特别法，在内容上应当符合民商法的理念与规则。同时，电子商务法调整对象的广泛性和特殊性又使得其难以依据传统的法律框架运行，故有单独制定专门的电子商务法的必要性，包括我国在内的许多国家都有单独的电子商务立法。在我国的法律体系中，电子商务法属于民商法尤其是商法的特别法，是一个独立的部门法。

二、电子商务法的调整对象

（一）电子商务法的调整对象

电子商务法的调整对象是电子商务法立法得以展开的基础，也就是特殊问题的存在确实需要单独的立法加以调整和规范时，才有单独的电子商务法存在的必要。由于电子信息和网络技术的创新与发展已经使得传统的交易方式产生了质的变化，电子商务领域的问题已难以被传统法律所容纳与解决，故电子商务关系的特殊性使得电子商务法有自己的调整对象，其结合传统民商法的理念针对电子商务关系中的特殊问题进行规范，主要调整利用互联网等信息技术从事商品经营与服务的经营活动，在与传统法律规则衔接的基础上，重点调整虽未改变商事交易的法律性质但因技术的运用使得交易方式从线下转移到线上产生的新的社会关系。

（二）电子商务法律关系

电子商务法对电子商务关系进行调整的后果是产生了电子商务法律关系，即电子商务参与主体之间的权利与义务关系。依据法理，法律对一定的社会关系进行调整的后果就是产生了相应的法律关系，法律关系由主体、客体和内容三大要素构成。

1. 电子商务法律关系的主体

电子商务法律关系的主体是参加电子商务法律关系、享有权利并承担义务的自然人、法人、非法人组织、特定情况下的国家。具体表现为自然人与组织用户、非平台电子商务经营者、电子商务平台经营者以及包括网络接入服务提供者、网络内容服务提供者与网络交易服务提供者等电子商务服务提供者。上述电子商务服务提供者的功能在于提供确保电子商务得以实现的设备与服务。此外，电子认证、电子支付、现代物流、信用、标准等电子商务的支撑主体也属于广义上的电子商务经营主体，是电子商务辅助服务提供者，其虽然不属于严格意义上的电子商务主体范畴，但是与电子商务的发展紧密相关，属于电子商务经营的辅助主体，是电子商务应用与不断推进的支撑性主体。

2. 电子商务法律关系的客体

法律关系客体即法律关系主体权利与义务指向的对象。前已述及，电子商务法属于民商事法律部门的一部特别法，传统民商事法律关系的客体主要有物、行为、智力成果以及人身利益，电子商务法律关系当然也会以上述客体作为客体。同时，信息或数据是电子商务法律关系的特有客体，在电子商务法律关系中，如何发挥信息与数据的功能，并规范电子商务经营主体在数据交易与保护中应承担的义务是电子商务法的重要内容。

3. 电子商务法律关系的内容

电子商务法律关系的内容即为电子商务法律关系主体之间的权利与义务，主体之间权利与义务的科学配置决定了电子商务法制度功能的实现。

三、电子商务法的立法沿革与法律渊源

随着电子商务的不断发展，我国在援引与借鉴国际电子商务相关条约、惯例与规则以及借鉴其他国家、地区电子商务相关立法的基础上，不断加强电子商务领域法律规范的制度供给。

（一）国际上的电子商务立法

1996 年联合国国际贸易法委员会通过了《电子商务示范法》，2005 年 11 月又通过了《联合国国际合同使用电子通信公约》。《电子商务示范法》的目的在于解决制约电子商务发展的三个主要法律障碍，为电子商务活动创造一个安全的法律环境和提供一套可以被国际社会接受的法律范本，规定了将具有可以调取查用功能的数据电文视为书面形式，将具有身份识别功能的可靠手段视为签名的功能等同方法，并在此基础上规定了数据电文的确认收讫、发出和接收数据电文的时间和地点等规范。将具有身份识别功能的可靠手段视为签名，但未规定可靠性的标准，此种技术中立的规定带来了可靠性认定的困难。在此背景下，《电子签名示范法》对电子签名进行了界定，重申了可靠的电子签名具有签名的法律效力，并具体规定了可靠电子签名的四项条件。目前只有数字签名技术符合四项条件，实践中由认证服务提供者或认证机构（CA）提供数字证书，以自身的信用担保签署者身份的真实。《电子签名示范法》初步构建了签名人、认证服务提供者与依赖方三者之间的法律关系。《联合国国际合同使用电子通信公约》的目的在于消除国际合同使用电子通信的障碍，消除现有国际贸易法律文件在执行中可能产生的障碍，加强国际贸易合同的法律确定性与商业上的可预见性，促进国际贸易的稳定发展。这三部国际电子商务公约是目前国际电子商务领域最重要的法律文件，其所确立的非歧视原则、技术中立原则及功能等同原则对迄今为止所有国家和地区的电子商务立法与网络立法都产生了深远的影响。

欧盟与电子商务有关的立法主要包括下列三个指令：第一个是欧盟《远程合同指令》，其目的在于使成员国之间关于规范消费者与服务或商品的提供者之间经由远程缔结合同的法律、法规能逐渐走向一致，并重点加强对远程合同中消费者的保护。第二个是欧盟《电子商务指令》，其规定了三方面内容：一是有关信息社会服务的提供者，要求各成员国确保信息社会服务提供者的设立自由，规定了信息社会服务提供者的信息披露义务，以及纯粹管道传输服务、缓存服务、托管服务等中间服务提供者一定条件下免

责。二是有关商业通信，要求商业通信可以被清楚地识别；对未经请求的商业通信进行明确标识以方便接收者识别；特定职业在提供职业服务时，在符合其职业规范的前提下允许使用由特定职业从业人员所提供的构成某种信息社会服务的商业通信。三是有关电子合同的规则，规定了成员国应保证其国内法律体系允许通过电子手段缔结合同的不歧视原则；明晰了服务提供者在向服务接受者发出订单前应当告知的内容，即（1）缔结合同需要遵循的各种技术步骤，（2）服务提供商是否需要备案所缔结的合同以及相关信息是否可以被获取，（3）在发出订单之前可用于确认和更正输入错误的技术手段，（4）缔结合同所使用的语言；明确了服务提供者的义务，即服务提供者应当在服务接受者发出订单前为其提供有效的技术手段来识别或更正输入错误，在服务接受者通过技术手段发出订单时应当及时确认收到其发出的订单。第三个是欧盟《电子签名指令》，其目的在于降低及消除使用电子签名的困难，确认电子签名的法律效力。

各国也纷纷进行电子商务立法，有的国家颁布了电子商务法或交易法，有的国家颁布了电子签名法或数字签名法，也有的国家兼采两种立法方式。各国电子商务法的名称并不相同，内容也有差异。世界上第一部专门规范电子商务的法律是 1995 年美国犹他州制定的《犹他州数字签名法》，该法已于 2006 年被废止。1999 年美国全国统一州法委员会颁布了美国《统一电子交易法》（UETA）作为示范法供各州立法采纳，截至 2017 年 12 月 24 日，除伊利诺伊州、纽约州和华盛顿州之外的其他各州均采纳了 UETA，其吸收了国际电子商务公约规定的不歧视原则与功能等同方法，尊重当事人的意思自治，规定了电子记录、电子形式的法律效力或执行力，还规定了电子记录和电子签名的归属，发出和收到电子记录的时间、地点，合同可以由当事人的电子代理人之间的交互行为而成立等内容。同时，允许公证机构以电子形式进行公证。目的在于使所有交易中使用电子记录及电子签名成为可能，并赋予电子签名与手写签名相同的法律效力，促进电子记录的证据化。《统一电子交易法》是目前美国最重要的电子商务法律。德国联邦下议院 1997 年 6 月通过的《为信息与典型服务确立基本规范的联邦法》开创了为互联网的应用与行为规范构建单一法律框架的先例，使有关电子商务和互联网的法律成为独立的部门法，该法同时还是一部综合性立法的典范，内容涵盖电子签名、电子合同、网络著作权、电信服务等电子商务活动以及刑法和其他公法性电子商务法律规定，被称为电子商务领域的一个模范性立法。

（二）我国电子商务的法律规则与政策调整

我国于 2004 年 8 月 28 日由第十届全国人大常委会第十一次会议通过、自 2005 年 4 月 1 日起施行的《中华人民共和国电子签名法》确定了电子签名与传统手写签名及盖章具有同等的法律效力，被认为是中国首部真正电子商务法意义上的立法，是我国推进电子商务发展、扫除电子商务发展障碍的重要举措。根据第十二届全国人大常委会的立法规划，电子商务法被列入第二类立法项目，即需要抓紧工作、条件成熟时提请常委会审议的法律草案，由全国人大财政经济委员会牵头组织起草。2013 年 12 月 27 日，全国人大财政经济委员会在人民大会堂召开电子商务法起草组成立暨第一次全体会议，正式启动电子商务立法工作。2016 年 12 月全国人大财政经济委员会将其起草的《电子商务法

(草案)》提请第十二届全国人大常委会第二十五次会议进行了初次审议；2017年10月第十二届全国人大常委会第三十次会议对草案进行了再次审议。此次电子商务法的立法是在借鉴世界相关立法的基础上结合中国国情的有益尝试，意在实现世界范围内电子商务立法的引领作用。该法主要是针对电子商务的特殊问题加以规定，注重部门法之间的协调与衔接，将与电子商务相关但应当交由其他部门法调整和规范的问题交由其他法律处理或作出指引。2018年6月19日，《电子商务法（草案）》第三次提请全国人大常委会审议，针对二审稿中争议较大的问题进行了回应。2018年8月27日，《电子商务法（草案）》第四次提请全国人大常委会审议，相较于三审征求意见稿，四审稿对平台经营者责任承担方式、电子商务绿色发展、跨境电商法律适用、商品和服务交付有关规定等内容做了修改。2018年8月31日，第十三届全国人大常委会第五次会议通过了《中华人民共和国电子商务法》，于2019年1月1日起施行。

传统部门法如《中华人民共和国合同法》《消费者权益保护法》《中华人民共和国专利法》《中华人民共和国反不正当竞争法》等法律中针对电子商务进行的修正与调整也是调整电子商务活动的法律规则。此外，最高人民法院颁布的如下司法解释如《关于审理扰乱电信市场管理秩序案件具体应用法律若干问题的解释》《关于审理涉及计算机网络著作权纠纷案件适用法律若干问题的解释》《关于审理涉及计算机网络域名民事纠纷案件适用法律若干问题的解释》等也属于广义上的电子商务立法。

在我国电子商务立法逐渐完善的进程中，国务院及相关主管部门出台的意见、规划及促进政策等也对电子商务的立法发挥了极大的推动作用，甚至许多内容已被形式意义上的电子商务法所吸收。如2005年1月，国务院办公厅发布了《关于加快电子商务发展的若干意见》，2007年6月国家发展和改革委员会（含原国家发展计划委员会、原国家计划委员会）和国务院信息化工作办公室（已撤销）出台了《电子商务发展“十一五”规划》，2007年商务部出台了《关于网上交易的指导意见（暂行）》以及《关于促进电子商务规范发展的意见》。2015年5月4日国务院颁布并施行的《关于大力发展电子商务加快培育经济新动力的意见》更是为全方位促进电子商务发展提供了制度保障。2017年8月17日商务部、农业部颁布并施行的《关于深化农商协作大力发展农产品电子商务的通知》为农产品领域的电子商务提供了较为充分的实现路径。国务院办公厅《关于推进电子商务与快递物流协同发展的意见》（国办发〔2018〕1号）就提高电子商务与快递物流的协同发展水平提出了支持意见。

第四节 电子商务法的基本原则

一、基本原则概述

法的基本原则是指效力贯穿于整个法律制度和规范之中的根本规则，是指导立法、司法及相关活动的具有普遍指导意义的基本行为准则。电子商务法的基本原则是效力贯穿于整个电子商务法律制度和规范之中，指导电子商务立法、司法及活动的基本行为准则，是电子商务立法与司法的基本指导思想。

电子商务法是传统民商法尤其是商法的特别法，传统民商法的自愿、公平、诚实信用、效率等原则依然发挥效力，当然也是电子商务法的基本原则。同时，基于电子商务的特殊性，电子商务法也有自己的特有原则。具体而言，电子商务法的基本原则表现为下列几点。

二、自愿、公平、诚实信用原则

所谓自愿、公平、诚实信用原则是指从事电子商务活动，应当遵循自愿、公平、诚实信用的原则，尊重商业道德。自愿、公平、诚实信用原则是传统民商法的基本原则，是一切民商事活动都应当遵守的行为准则。在电子商务法中明确这一原则的基本原则属性与地位，有助于实现法律制度的系统性和完整性，这是电子商务作为民商事活动应遵守的最重要的一般原则。其内涵在于电子商务法应尊重电子商务参与主体的意思自治，电子商务交易应遵循公平的原则，主体地位平等，相互间负有保密、如实告知、合理使用信息等诚实信用的义务。《电子商务法》明确规定了电子商务经营者从事经营活动，应当遵循自愿、平等、公平、诚信的原则。从该原则在《中华人民共和国民法总则》中作为一般原则的法律地位看，不仅电子商务经营者，而且其他电子商务参与者如消费者、相关服务提供者等也均应遵守上述原则。

案例讨论

李某某与佛山市某某电子商务有限公司网络购物合同纠纷一案

福建省某基层人民法院在2016年9月2日立案受理原告李某某诉被告佛山市某某电子商务有限公司网络购物合同纠纷后，被告经传唤未到庭，法院依简易程序进行了公开审理。

原告李某某的诉讼请求如下：(1) 解除李某某与佛山市某某电子商务有限公司间购买3A客厅现代简约钢化玻璃茶几电视柜成套家具套装组合地柜（以下简称3A电视柜）的网络购物合同；(2) 佛山市某某电子商务有限公司对李某某购买的3A电视柜进行退货并返还货款2 444元，并由佛山市某某电子商务有限公司承担运费；(3) 判决佛山市某某电子商务有限公司赔偿李某某购买金额3倍赔偿金，即7 332元；(4) 判决佛山市某某电子商务有限公司承担李某某维权成本1 500元；(5) 诉讼费用由佛山市某某电子商务有限公司承担。在诉讼过程中李某某放弃第 (1) 项诉讼请求。

李某某提出的事实与理由是：2016年6月29日，李某某在浏览京东商城网页时，佛山市某某电子商务有限公司经营的京东商城3A旗舰店宣传其销售的3A电视柜价格为1 199元，李某某为生活消费需要购买3A电视柜1个，并支付了购买费用2 444元。李某某认为，佛山市某某电子商务有限公司有欺诈嫌疑，3A电视柜宣传价格与实际购买价格不符，利用低价吸引并以高价结算，致使李某某遭受经济损失。故依据我国原国家发展计划委员会2001年15号令《禁止价格欺诈行为的规定》，认为公司的行为属于价格欺诈行为，应当依据《消费者权益保护法》的规定增加赔偿李某某购买商品价款的三倍。佛山市某某电子商务有限公司未做答辩，也未向法院提供证据。

法院认为：通过李某某提供的（2016）闽连证内字第305号公证书和清晰记载订单号的京东商城订单，认定李某某与佛山市某某电子商务有限公司间存在网络购物合同关系，且其内容未违反法律、行政法规的强制性规定应属有效。网络经营者与消费者进行交易，应当遵循自愿、平等、公平、诚信的原则。佛山市某某电子商务有限公司在其经营的京东商城3A旗舰店低价吸引并以高价结算的行为构成价格欺诈，根据《消费者权益保护法》第五十五条的规定，李某某可以要求佛山市某某电子商务有限公司退回货款，并要求按货款的三倍赔偿损失。李某某在收到退回的货款后，应当将其购买的3A电视柜退还佛山市某某电子商务有限公司。但对于李某某要求佛山市某某电子商务有限公司负担其为维权支出的公证费1 500元及退货产生的运费损失，因双方未进行约定，故李某某的该项请求既无合同依据，也无法律依据，不予支持。

在电子商务中，与传统交易当事人可以面对面进行讨价还价的模式不同，大部分交易过程均需以电子化的形式完成。因此，对诚信的要求更高，只有如此，才能增强消费者参与的信心，也才能有利于电子商务的健康发展。

三、效率与安全保障原则

所谓效率与安全保障原则是指调整和规范电子商务活动的法律、行政法规与其他规范性法律文件，应当充分保障电子商务的效率与安全。作为传统民商法的特别法，电子商务法的商法属性更加突出，商法的基本价值之一便是追求效率，故电子商务法应坚持效率这一基本原则。电子商务交易尤其是完全电子商务交易的全过程均在网上进行，快速迅捷，电子商务交易对效率的要求更为迫切，也是电子商务与传统经营竞争所具有的优势。为发挥和保证这种电子商务的竞争优势，激发电子商务的市场活力，电子商务法应该以提高效率作为制度设计的出发点与落脚点。

在追求效率的同时应注重安全保障，电子商务虚拟化的交易方式增加了交易风险，对交易安全的保障提出了挑战。为维护消费者与经营者等主体对电子商务的信心与信赖，让电子商务获得更加持久稳定的发展，注重效率的同时应当坚持保障安全的基本原则。

四、线上线下平等原则

所谓线上线下平等原则是指电子商务活动与线下一般商务活动均应遵守民商事法律法规和相关交易规则，实行公平竞争。无论是电子商务活动还是一般的线下商务经营活动，虽然存在着具体经营方式等方面的较大差异，但二者均属于市场基本经营活动的范畴，在对营利的追求上无任何实质差别。故应当遵守市场经营的一般规范，遵守民商事法律法规和相关交易规则。

在互联网和新兴技术的推动下，电子商务与线下一般商务活动又是相互依存、相互促进的关系，对市场的运行与发展都发挥着重要作用，不可或缺与偏废。故应当对二者平等保护，若给予一方税收、劳动、行政许可上的歧视或优待，使得其中一方获得竞争上的劣势或优势，会导致实体经济与电子商务经济发展的不均衡甚至畸形，不利于整个市场持续稳定运行与发展。因此，国家应该为电子商务活动与线下一般商业经营活动的公平竞争创造环境和条件，提供坚实的制度保障。据浙江省商务厅网站 2017 年 10 月 16 日的消息，在电子商务快速发展的背景下，其积极推动传统企业运用互联网技术的高效转型。

《电子商务法》第四条规定，国家平等对待线上线下商务活动，促进线上线下融合发展，各级人民政府和有关部门不得采取歧视性的政策措施，不得滥用行政权力排除、限制市场竞争。其内容主要包括：国家应当在法律和具体政策上保障线上线下主体地位平等，平等参与市场竞争，公平进行商事活动；国家在法律和政策上支持建立适应融合发展的标准规范、竞争规则，促进线上线下商务活动优势互补，促进线上线下商务活动共同发展；平等对待线上线下活动，不得采取歧视性政策；禁止各级政府和各有关部门滥用行政权力破坏市场竞争机制。

五、自律与社会共治原则

所谓自律与社会共治原则是指电子商务经营者与电子商务行业协会应当加强从业者自律和行业自律，建立健全行业规范，引导本行业经营者依法竞争，推动行业诚信建设。《电子商务法》第八条规定，电子商务行业组织按照本组织章程开展行业自律，建立健全行业规范，推动行业诚信建设，监督、引导本行业经营者公平参与市场竞争。同时，国家应当为行业协会、电子商务平台经营者和消费者、网络服务提供者等主体共同参与电子商务市场的监管与治理进行引导与支持。《电子商务法》第七条明确规定，国家建立符合电子商务特点的协同管理体系，推动形成政府有关部门、电子商务行业组织、电子商务经营者、消费者等共同参与的电子商务市场治理体系。

相对于传统线下市场，电子商务市场具有较大的虚拟性、复杂性和不确定性，这极大地增加了对电子商务市场监管和治理的难度。如果完全依靠行政管理部门实行监管和治理，则需要极高的行政管理和执法成本，且效率难以保障。而通过经营者和行业自律以及社会他律形成合力，让市场机制和利益导向共同生效，进而形成行业协会、经营者和消费者的社会共治体系，可以更加有效地引导经营者依法竞争，提高对电子商务市场的监管和治理效率，降低行政管理成本。

此外，我国电子商务发展的实践经验表明，电子商务平台经营者的监管在整个电子商务市场监管中具有关键作用。首先，电子商务平台经营者的实力一般较强，对交易者的信息掌握得最为充分和全面，由其进行监管具备充分的条件和便利，且能够达到较好的监管效果。其次，电子商务平台经营者的监管在一定程度上分担了行政管理机关的监管压力和负担。最后，我国电子商务交易的一大特色即是平台的核心地位，故鼓励和强化电子商务平台经营者的监管是我国电子商务市场管理中的特色。应当在立法中明确和肯定电子商务平台经营者的监管行为，强化其在电子商务市场监管中的特殊地位。

六、鼓励创新与促进发展原则

鼓励创新原则即国家应当为电子商务领域的创新提供制度保障和政策支持。电子商务作为全新的商业领域，正处于不断发展的过程中。根据我国电子商务快速的发展历程以及参考国外电子商务的发展历程可知，电子商务的发展创新在经济发展、产业转型、扩大就业等方面发挥着越来越重要的作用，尤其是在我国对外开放水平不断提高的背景下，其跨地域的特点对于推动高质量发展、构建开放型经济具有重要意义。电子商务领域的创新，有利于增强电子商务的活力和市场吸引力，是电子商务持续健康发展的源泉和动力。《电子商务法》第三条规定，国家鼓励发展电子商务新业态，创新商业模式，促进电子商务技术研发和推广应用，推进电子商务诚信体系建设，营造有利于电子商务创新发展的市场环境，充分发挥电子商务在推动高质量发展、满足人民日益增长的美好生活需要、构建开放型经济方面的重要作用。

所谓促进发展原则是指国家鼓励和支持电子商务技术、经营内容、经营方式以及监管创新，实行合理适度监管，促进电子商务发展。促进发展原则必须与鼓励创新相结合，应当以适度监管为前提。

作为全新的商业领域，电子商务处于不断发展与创新的进程中，参考境外电子商务的发展历程，并结合我国电子商务快速发展的经验，电子商务领域的创新因为能够为电子商务提供源源不断的活力与市场吸引力而具有特别重大的意义，故应当特别注重鼓励电子商务领域的创新，这不仅包括技术创新，也包括经营内容与经营方式的创新以及监管创新，发挥创新对电子商务持续健康发展的作用。

同时，电子商务作为正处于发展阶段的新兴产业，需要为其提供较为自由的发展空间，故应该注重发挥市场机制的作用来解决电子商务存在的问题。即便确实需要行政监管介入，也应遵循最小干预原则，尊重市场本身的规律，进行合理、必要且适度的监管。此外，由于电子商务本身所具有的虚拟性与跨地域性等不同于传统商业经营活动的特点，冲破了传统地域与空间的限制，模糊了传统监管中可控与不可控因素的边界，需要对传统的商业监管机制进行调整以适应电子商务的发展，完善管理体制、调整管理思路，实现管理到服务的理念转变，推进电子商务服务体系建设。

本章小结

通过本章内容的学习，应了解和掌握电子商务法的基本范畴。电子商务的概念是一个动态化的内涵，其核心构成是电子交易，即商事交易的电子化。电子商务法的调整范围也应以此为基础，国际组织和经济界对电子商务的界定是法学意义上电子商务界定的基础，应从民商法的视角界定电子商务的概念，其本质上是经营性的商行为，应对经营性作扩大解释以将共享经济、新零售等包括在电子商务法的调整范围之内，注重把握电子商务的发展趋势。对于电子商务的分类，应关注不同的分类标准与分类意义。电子商务交易市场虚拟化、交易内容信息化、交易主体虚拟化的特征也是电子商务法对其进行规范时应该回应的重要内容。电子商务法在性质上属于传统民商法尤其是商法的特别法，但应从领域法学的视角关注和讨论其与其他法律部门的关系。电子商务法的特征有开放性、国际性、技术性、安全性与复杂性。电子商务法律关系也由主体、客体、内容三个要素构成，电子商务交易当事人之间基于不同性质的电子商务关系而享有不同的权利，负担不同的义务。以联合国《电子商务示范法》为代表的国际性立法与我国国内相关电子商务法律规范构成了我国电子商务法的渊源，电子商务法的基本原则包括自愿、公平、诚实信用原则，效率与安全保障原则，线上线下平等保护原则，自律与社会共治原则，以及鼓励创新与促进发展原则。

关键术语

电子商务　B2B　C2C　B2C　完全电子商务　部分电子商务　虚拟化　开放性　国际性　技术性　电子商务法律关系　诚实信用　效率与安全保障　平等保护　自律与社会共治　促进发展

习　题

一、名词解释

1. 电子商务法律关系
2. 跨境电子商务
3. 电子商务示范法
4. 自律与社会共治原则
5. 促进发展原则

二、选择题（不定项）

1. 依据电子商务主要活动的电子化程度，可将电子商务分为（　　）。

A. B2C 电子商务　　B. 完全电子商务

C. 部分电子商务　　D. 跨境电子商务

2. 继《电子商务示范法》之后，联合国国际贸易法委员会通过的旨在消除国际合同使用电子通信障碍的法律文件是（　　）。

A.《电子签字示范法》　　B.《联合国国际合同使用电子通信公约》

C.《远程合同指令》　　D.《统一电子交易法》

3. 电子商务法的基本特征有（　　）。

A. 技术性　　B. 国内性　　C. 安全性　　D. 复杂性

4. 下列属于电子商务法调整对象的有（　　）。

A. 电子商务争议解决关系　　B. 网络消费者权益保护关系

C. 电子合同关系　　D. 网上支付关系

三、简答题

1. 简述电子商务的概念与特征。
2. 电子商务的分类标准与意义是什么？
3. 谈谈你对法律意义上电子商务的理解。
4. 你对电子商务法的性质如何理解？并说明理由。
5. 简述电子商务法律关系的构成要素。
6. 国际电子商务立法的主要特点是什么？对你有何启示？

7. 电子商务法的基本特征有哪些?

8. 电子商务法是一个独立的法律部门吗? 为什么?

9. 谈谈你对我国促进电子商务发展的政策意见的评价。

10. 电子商务法的基本原则有哪些? 其内涵分别是什么?

四、案例分析题

2017 年 4 月 12 日,原告陈某某在被告浙江天猫网络有限公司平台的"天猫超市"购买"茅台王子酒 500ml * 6 瓶 53 度酱香型白酒送礼酒厂直供"6 组,每组单价 768.00 元,共计支付价款 4 608.00 元。原告在网上购买涉案商品的过程为:原告使用 chenshuwei555 账号通过计算机登录被告浙江天猫网络有限公司平台,进入"天猫超市"。原告点击网页上标价为"1 400.00 元"的商品——"茅台王子酒 500ml * 6 瓶 53 度酱香型白酒送礼酒厂直供",进入的页面显示卖家优惠价格是"768.00 元"。原告将该商品放进购物车后,页面显示"卖家促销:卖家优惠 632.00 元"(即 1 400.00 元与 768.00 元的差额)。原告下单购买 6 个单位,订单页面显示"单价 1 400.00 元","卖家优惠:省 3 792.00 元"。原告随即付款,订单编号:3205681403585286。原告购买涉案商品时要求开具发票,其收到货物时一并收到一张由被告上海天翌电子商务有限公司开具的金额为 4 608.00 元的增值税电子普通发票。另查明,用个人计算机浏览器打开"天猫超市"首页,页面右上角可见一直径约 0.5cm 的小徽章。点击小徽章标志,可见页面左上角有一"天猫网店经营者营业执照信息"的链接,输入验证码可见被告上海天翌电子商务有限公司的企业法人营业执照的图片。上述小徽章标识仅在个人计算机端显示,在移动客户端不能显示。被告浙江天猫技术有限公司是天猫交易系统和相关软件的设计和开发者,为天猫网络交易平台提供技术服务,商户使用天猫交易系统和相关软件应向被告浙江天猫技术有限公司支付技术服务费。

原告陈某某向本院提出诉讼请求:(1)判令三被告退还原告货款 4 608.00 元;(2)判令三被告赔偿原告购物款 4 608.00 元的三倍共 13 824.00 元;(3)判令三被告赔偿原告公证费 42.72 元和电子证据固化费用 19.84 元共 62.56 元并承担本案诉讼费用。

被告浙江天猫网络有限公司辩称:天猫并非本案买卖合同的相对人,天猫为网络商品交易提供第三方交易平台,提供网络交易平台服务,不直接销售商品,未违反商品服务平台提供者的义务,不存在欺骗和诱导消费者的行为,不构成民法意义上的价格欺诈。而且,原告购买商品均以维权为主,不是基于生活消费,应不受法律保护,请求法庭依法驳回原告的全部诉讼请求。被告上海天翌电子商务有限公司辩称:被告二销售涉案商品时销售标价和结算价格是同一明确的,不存在欺骗和诱导消费者的行为,不构成民法意义上的价格欺诈;而且,原告作为以盈利为目的的职业打假人,其购买商品不是基于生活消费,而是以此进行恶意诉讼从而索赔牟利,应不受法律保护。被告浙江天猫技术有限公司辩称:天猫技术并非本案买卖合同的相对人,也不是天猫平台的经营者,不直接销售商品,不是本案适格的被告。

法院的判决如下:一是被告浙江天猫网络有限公司应于本判决生效之日起十日内向原告陈某某退还货款 4 608.00 元;二是被告浙江天猫网络有限公司应于本判决生效之日起十日内向原告陈某某支付赔偿款 13 824.00 元;三是原告陈某某应当在本判决生效之日起十日内向被告浙江天猫网络有限公司退回其所购买的涉案"[天猫超市] 茅台王子

酒 500ml＊6 瓶 53 度酱香型白酒送礼酒厂直供” 6 组，如未能退还，则按相应单价在上述判项一被告浙江天猫网络有限公司应返还的货款中予以扣除；四是驳回原告陈某某的其他诉讼请求。如未按本判决指定的期间履行给付金钱义务，应当依照《中华人民共和国民事诉讼法》第二百五十三条之规定，加倍支付迟延履行期间的债务利息。案件受理费 131.00 元，由被告浙江天猫网络有限公司负担 129.00 元，原告负担 2.00 元。判决为终审判决。【案例摘自（2017）粤 0303 民初 13784 号】

根据案例回答下列问题：

1. 陈某某与三被告之间是否存在电子商务行为？为什么？

2. 陈某某与三被告之间是否存在电子商务法律关系？分别是什么？

3. 陈某某向三被告提起诉讼是否合理？为什么？

4. 被告天猫网络有限公司的行为违反了哪些义务？应承担什么责任？法院的判决是否合理？

5. 职业打假人是否应当像消费者一样受到法律保护？为什么？

第二章

电子商务经营主体的一般规则

【本章要点】

1. 掌握电子商务经营主体的概念与具体类型；
2. 了解电子商务经营主体与传统法律主体之间的关系；
3. 掌握电子商务经营主体市场准入的一般与特殊条件；
4. 掌握电子商务经营主体进行登记的必要性以及豁免登记的基本情形；
5. 了解电子商务经营主体信息公示制度的构成；
6. 掌握电子商务经营主体的市场退出条件与程序；
7. 掌握电子商务经营者负担的一般性义务；
8. 掌握非平台电子商务经营者的概念与类型；
9. 掌握非平台电子商务经营者享有的权利与应承担的义务及责任。

导入案例

王某某在淘宝网注册了名称为“吕蒙家”的账号。2015 年 1 月 19 日，王某某使用该账号在天猫商城绿如蓝旗舰店购买了“绿如蓝 2013 冬季新款羽绒服女欧美拼接 PU 皮修身羽绒服女装”一件，绿如蓝旗舰店就该商品承诺：“每个 ID 限拍一件，多拍不发货，不包邮！(1) 收到宝贝后当天确认收货 5 分好评；(2) 好评后第 7 天追加评价并且晒实物图 3 张；(3) 追加评价的第二天上午 9 点至 12 点之间联系旺旺客服登记返现。必须严格按照以上要求操作，有一点不满足，就不返现！”王某某于当天向绿如蓝旗舰店支付了货款 358 元、运费 8 元。绿如蓝旗舰店向王某某发货后，王某某于 2015 年 1 月 21 日收到该商品，当天王某某对该商品作出好评并截图发给绿如蓝旗舰店的客服人员。2015 年 1 月 28 日，王某某对该商品追加评价、晒实物图3张并截图发给绿如蓝旗舰店的客服人员。当天王某某创建了退款申请，要求不退货仅退款，退款金额为366元，退款原因为商品质量问题，退款说明为卖家好评返现，却未收到，并且骗取客户流量。2015年1月29日，绿如蓝旗舰店的客服人员答复王某某已登记返现。2015年1月31日，王某某申请淘宝网客服加入，理由为卖家存在诈欺。2015年2月14日，绿如蓝旗舰店拒绝退款并说明因淘宝将其现有的支付宝全部冻结，造成其资金无法周转，在这里只能先暂时拒绝，等其支付宝解冻之后，将全力进行返现。2015年3月7日，王某某修改了退款申请，退款说明修改为卖家好评返现，却未收到退款，绿如蓝旗舰店意图骗取客户流量，很多买家都没有收到退款。2015年6月1日，王某某向淘宝网申请信息披露，淘宝网于2015年6月2日将绿如蓝旗舰店的信息向王某某进行了披露。王某某多次申请退款，但至今仍未收到退款。

据法院查明，绿如蓝旗舰店系绿如蓝公司在天猫商城开设，在入驻时向天猫商城缴纳了5万元保证金。2015年1月16日，绿如蓝公司与邦产公司签订店铺承包协议，自2015年1月16日至2015年2月15日，绿如蓝公司向杭州邦产贸易有限公司（以下简称邦产公司）提供绿如蓝旗舰店店铺商用权一个月。随后，绿如蓝旗舰店开展了王某某参与的好评返现活动。由于较多消费者反映绿如蓝旗舰店存在好评返现活动，天猫商城于2015年1月23日冻结了绿如蓝旗舰店的保证金账户，绿如蓝旗舰店自2015年1月28日开始通过保证金陆续向申请退款的消费者进行了退款，直至该保证金账户金额为0元。2015年2月10日，绿如蓝公司向当地工商部门作出情况说明，对绿如蓝旗舰店在销售时采取的好评返现活动中作出的承诺会执行，对满足条件的消费者都会进行返现。

天猫商城系第三方网络交易平台，其相应的增值电信业务经营许可证在天猫商城网页的底部进行了公示。商家在天猫商城经营必须缴纳保证金、技术服务费年费、实时扣划技术服务费，其中保证金主要用于保证商家按照天猫的规范进行经营，并且在商家有违规行为时根据《天猫服务协议》及相关规则规定用于向天猫及消费者支付违约金。保证金根据店铺性质及商标状态不同，金额分为5万元、10万元、15万元三档，保证金不足额时，商家需要在15日内补足余额，逾期未补足的天猫将对商家店铺进行监管，直至补足。同时，天猫商城向买家作出承诺：消费者保障服务支持自买家完成支付宝担保交易付款之日起至交易成功后15天内保障买家权益，如有商品质量问题、描述不符或付款后未收到货等，全程支持退货退款，退货运费由卖家承担。若卖家不履行承诺，以卖家保证金给予先行赔付，保障每一个消费者的网购权益。浙江天猫网络有限公司系从事增值电信业务等的有限责任公司，其从事的第二类增值电信业务中的信息服务业务经浙江省通信管理局获准取得了中华人民共和国增值电信业务经营许可证。浙江天猫技术有限公司系从事网络商城技术等研发、系统集成的设计、调试及维护、电子商务平台支持等服务的有限责任公司，为浙江天猫网络有限公司运营天猫商城提供技术支持等服务。

王某某向一审法院起诉请求：(1) 判令浙江天猫网络有限公司、浙江天猫技术有限公司、绿如蓝公司及邦产公司返还王某某366元，并赔偿王某某1 098元；(2) 本案诉讼费用由浙江天猫网络有限公司、浙江天猫技术有限公司、绿如蓝公司及邦产公司承担。在一审开庭前，王某某书面申请撤回对绿如蓝公司及邦产公司的起诉，一审法院已口头裁定准许。一审判决驳回王某某的诉讼请求等。

王某某不服一审判决，上诉请求：撤销一审法院判决，改判浙江天猫网络有限公司、浙江天猫技术有限公司向王某某退还货款358元及赔偿1 098元，或者发回重审；一、二审案件受理费由浙江天猫网络有限公司、浙江天猫技术有限公司承担。二审法院经审理认为，王某某的上诉请求不能成立，应予驳回，一审判决认定事实清楚，适用法律正确，应予维持，故依法作出判决驳回上诉，维持原判。【案例摘自(2016) 苏06民终4490号】

问题：

1. 上述案例中哪些属于电子商务经营主体？原告认为浙江天猫技术有限公司也属于网络平台提供者的主张正确吗？(相关内容见本章第一节。)

2. 浙江天猫网络有限公司需要具备哪些市场准入条件？(相关内容见本章第二节。)

3. 绿如蓝旗舰店在天猫商城上进行经营需要具备哪些条件？(相关内容见本章第二节。)

4. 假如绿如蓝旗舰店持续八个月都没有开展经营活动，应否强制其退出电子商务市场？(相关内容见本章第二节。)

5. 绿如蓝旗舰店能自由退出天猫商城吗？其可以进行店铺转让吗？(相关内容见本章第二节。)

6. 作为电子商务经营主体，绿如蓝旗舰店与天猫商城共同应负担的一般性义务有哪些？(相关内容见本章第三节。)

7. 绿如蓝旗舰店享有哪些权利，承担哪些义务？其组织的“好评返现”活动是否违反法律规定？(相关内容见本章第四节。)

第一节 电子商务经营主体的概念与法律地位

一、电子商务经营主体的概念

顾名思义，所谓电子商务经营主体是参与电子商务法律关系并在其中从事电子商务主要经营业务或者提供其他相关服务的自然人、法人或非法人组织，包括非平台电子商务经营者、电子商务平台经营者以及电子商务服务提供者。其中电子商务服务提供者又包括网络接入服务提供者、网络内容服务提供者与电子商务交易服务提供者。在“导入案例”中，绿如蓝旗舰店和邦产公司属于平台内电子商务经营者，浙江天猫网络有限公司属于电子商务平台经营者，浙江天猫技术有限公司属于电子商务服务提供者。原告将浙江天猫网络有限公司与浙江天猫技术有限公司按相同性质对待是一种理解的误区。

基于不同类型的电子商务法律关系，主体的表现形态也有区别，本书一以贯之地以电子商务经营主体尤其是电子商务平台经营者为核心，处理好自治与他治的关系，梳理其治理的特殊规则，并提供相应的准则，为非平台电子商务经营者、电子商务平台经营者创新商业模式、探索自治的各种方式留下充分的空间，以进一步推进电子商务的发展。在电子商务的运行实践中，各主体形态之间可能进行单一经营，也可能进行集合经营，若从事集合经营，可能导致其同时承担多个主体应当负担的义务。

二、电子商务经营主体在传统法中的定位

前已述及，电子商务法属于民商法尤其是商法的特别法，电子商务经营主体属于传统民商法的主体，只是采取了数字化与电子化的方式从事经营。电子商务只是商务手段和环境的改变，并没有改变商务的本质，因而电子商务的经营者仍然在多数情况下可以与传统的民商事主体形态相对应。现实生活中的自然人、法人和非法人组织均可以成为电子商务经营者。在电子商务领域，不应再以传统主体形态为标准规定不同的运行与设立条件，而是应该以从事的电子商务的具体内容、形式等为标准设定主体的条件，这才是电子商务法律制度的价值所在。

在现实生活中，传统民商事法律主体在网络环境下往往有特殊的表现形式。其可能直接从事电子商务交易，可能提供电子商务交易所必需的辅助服务，也可能运营有助于促成电子商务交易的平台或提供其他支持设备与技术等。在运用互联网信息技术与网络从事经营时，经营者可能以网站或平台设立人的形式出现，可能以网站或其他网络使用人的形式出现，也可能通过微信、网络直播等方式进行经营，因此，结合《电子商务法》的规定，本书中电子商务经营者采用狭义概念，既包括独立设立网站从事电子商务经营活动的主体即垂直电子商务模式中的经营者，也包括注册为网站的用户从事电子商务经营活动的主体即平台内电子商务经营者，同时包括通过微信、网络直播等其他网络服务销售商品或提供服务的电子商务经营者，上述三种经营者统称为非平台电子商务经营者；还包括电子商务平台经营者，而不包括为电子商务经营提供辅助服务与网络接入与内容服务的经营主体。电子商务经营者包括两类：一类是非平台电子商务经营者，一类是电子商务平台经营者。根据《电子商务法》的规定，该法所称电子商务经营者，是指通过互联网等信息网络从事销售商品或者提供服务的经营活动的自然人、法人和非法人组织，包括电子商务平台经营者、平台内经营者以及通过自建网站、其他网络服务销售商品或者提供服务的电子商务经营者。对不同经营内容、不同经营模式的电子商务经营主体进行区分，并针对不同主体科学设定相应的权利与义务具有重要的意义。

随着共享经济的发展，经营者与消费者身份的区分不再那么明显，生产者可能同时是消费者，经营者也可能同时是消费者。在共享经济中的产销者可以领取佣金，对其在电子商务法中如何进行规制和定位，是电子商务法未来需要面对和解决的问题。

第二节 电子商务经营主体的设立与退出

电子商务经营主体作为具体电子商务活动的参与者和实施者，在电子商务活动中发挥着基础性的地位与作用，对其进行调整与规范是电子商务法的首要任务。本节所称电子商务经营主体是广义上的电子商务经营主体的概念，是在中国境内设立或取得营业资格，能够以自己的名义从事电子商务的自然人、法人和非法人组织。这既包括通过电子商务销售商品或提供服务的非平台电子商务经营者，也包括电子商务平台经营者，还包括为电子商务顺利进行提供辅助服务的电子商务辅助服务经营者。之所以将各种传统民商法中包括自然人、法人与非法人组织等形态的电子商务经营主体一体调整和规范，是因为传统法律主体形态做如此划分旨在解决主体是否享有民商事权利以及如何对外承担民事责任的问题，而对于电子商务经营主体，无论是独资、合伙还是公司，只要其从事的是同种形式或内容的电子商务活动，就应该有相同的主体法定条件，而不应依据传统的主体形态不同而有区别。对于电子商务经营主体而言，依其在经营方式、内容及其在交易中的角色为标准，对不同经营内容、经营方式及在交易中发挥不同作用的经营者设置不同的市场准入条件和程序，有助于在客观上满足不同经营手段和经营条件的要求，体现立法的科学性。

自然人属于电子商务的特殊主体，通常认为，自然人不属于传统的商事主体，没有经营资格和能力，不具有线下经营的资格，若从事线下经营必须登记为个体工商户。但根据国内外电子商务领域的理论与实践，自然人只需具备一定的条件就具有从事线上经营的能力与资格，成为合格的电子商务经营者。当然，在实践中自然人偶尔通过互联网发布信息转让闲置物品、自用二手物品或者偶然提供短期服务的偶发性交易活动，这因不符合商事活动的经营性特征而应被排除在电子商务经营者之外。

由于电子商务的特殊交易形式，使得消费者与电子商务经营主体无须面对面即可实现交易，虽然带来了便利化的结果，但同时增加了交易风险，故立法中应该运用市场准入与退出制度对电子商务经营资格的取得、丧失以及市场监管等内容进行规定，以维护交易安全，促进市场高效运转。

一、电子商务经营主体的市场准入条件

在现行关于不同类型电子商务经营主体市场准入条件的法律规范中，虽有规定，但各有不同，缺乏一般的概括性规定，不管是从事何种具体业务的电子商务经营主体，都应该具备基本的市场主体准入条件。《电子商务法》对于电子商务经营主体的市场准入条件和程序都没有进行规定。就条件规范而言，对不同种类的电子商务经营主体应当设置不同的准入规范；就程序规范而言，应当规定经营主体获取市场准入资格的相关法定程序。结合现行规定及我国电子商务发展的特点，电子商务经营主体的市场准入条件有

如下一些。

（一）一般条件

电子商务经营主体应当具备经营电子商务的能力，具体而言，不论是从事电子商务活动的自然人、法人还是其他组织，都应该具备与其经营规模和业务范围相适应的资金、技术、人员与设备条件。

由于电子商务发展迅速，电子商务经营主体的一般准入条件不宜规定得过于具体，以防止以后背离现实需要，但是对于经营者资金、人员、技术条件上的原则要求不可缺少。对于传统商法主体，经营场所是一项必不可少的准入条件，相比而言，电子商务经营主体也应该有网络上的经营场所即独立的固定网址，但对于电子商务辅助服务经营者而言，由于经营内容上的差异，有些服务直接依托电子商务交易平台即可实现，而不需要独立的固定网址，甚至有些服务不需要通过网络进行交易，故不应一体规定将经营场所作为电子商务经营者的一般市场准入条件。我国国家工商行政管理总局 2015 年 11 月 6 日发布并实施的《关于加强网络市场监管的意见》中明确提出“落实登记注册制度便利化政策措施，指导各地放宽电子商务市场主体住所（经营场所）登记条件，营造宽松平等的准入环境”。

（二）特殊条件

由于电子商务经营主体经营方式、经营内容、发挥作用等方面的区别，不同电子商务经营者的市场准入条件在一般市场准入条件的基础上还应该满足下列特殊条件。

1. 电子商务平台经营者的特殊准入条件

（1）拥有独立的网络交易系统与网络域名，并依照有关法律法规的规定办理网络IP地址的备案。电子商务平台经营者依托其自建的网站开展电子商务经营活动，故需要独立的网络交易系统和网络域名，同时，依照国家对经营性网站的管理要求进行IP地址备案是电子商务交易活动持续运行的保证。

（2）拥有完善的平台内交易规则，以及用户注册、安全保障等基本制度。上述规则与制度是平台经营者自运行的保障，也是约定平台与其用户基本权利与义务的基础。

（3）拥有完善的订单履约与追踪、信用评价、售后服务与记录保存等制度。这是电子商务活动持续开展的必要条件，同时，随着电子商务的发展，平台秩序的社会性与公共性凸显，通过平台化解纠纷或者为纠纷通过司法程序解决，订单履约与追踪、记录保存制度的建立必不可少；信用评价和售后服务等制度的存在有助于促进电子商务交易，为消费者提供较为充分的信息，实现其权益保护。

（4）提供或集成安全的在线支付、身份认证和电子签名等功能。由于电子商务平台经营者的实力、水平的差异，不应要求平台必须自带支付、认证及签名等功能，但不能自己提供时，应集成或链接相关的功能，这样才能发挥平台撮合交易的作用，完成电子商务交易。在“导入案例”中浙江天猫网络有限公司作为电子商务平台经营者应具备上述条件。

2. 非平台电子商务经营者的特殊准入条件

非平台电子商务经营者从运行模式上看包括平台内电子商务经营者和通过自建网站

经营的电子商务经营者以及通过其他网络服务经营的电子商务经营者。

（1）平台内电子商务经营者的特殊准入条件是向电子商务平台经营者提交其真实身份信息或营业执照信息。因为依托于交易平台进行交易，所以平台内经营者可以利用平台提供的技术和设备等条件，但根据目前电子商务相关法律规范规定与实践经验，平台内的自然人经营者需向电子商务平台经营者提交其身份信息；平台内的法人、其他组织类经营者或者个体工商户需向电子商务平台经营者提交营业执照等信息。“导入案例”中的绿如蓝旗舰店在性质上属于平台内电子商务经营者，依据上述规则，其是自然人经营还是组织经营提交的材料有所区别，是组织经营的必须先进行线下登记。

（2）通过自建网站经营的电子商务经营者的特殊准入条件是首先拥有独立的网络交易系统和网络域名并依照相关规定办理IP地址备案，其次是拥有完善的订单履约和追踪、信用评价、售后服务和记录保存等制度。自建网站经营电子商务，在一定意义上与电子商务平台经营者承载相近的功能，需要借助其自有网络从事电子商务交易，故需要具备电子商务得以运行的基本技术和制度条件。

（3）通过其他网络服务经营的电子商务经营者与通过自建网站经营的电子商务经营者类似，与客户之间是直接的电子商务交易关系，应具有基本的保障交易进行的条件，可以具体化为：应当有技术成熟的设备，稳定安全且经备案的移动或其他网络系统，以及完善的订单履约与追踪、信用评价、售后服务与记录保存等制度。

3. 电子商务服务提供者的特殊准入条件

电子商务服务提供者提供的服务领域涉及有关交易的各个方面，因此，为电子商务的顺利运行提供的辅助涉及许多特定的行业，应符合法律法规规定的行业准入条件，例如从事支付、快递物流、信用评价等业务需要具备的条件。

同时，《电子商务法》第十二条明确规定，电子商务经营者从事经营活动，依法需要取得相关行政许可的，应当依法取得行政许可。根据《中华人民共和国行政许可法》中的相关规定，行政许可原则上应当由各级人民代表大会及其常务委员会、国务院通过法律、行政法规、地方性法规来设定，在特殊情况下，国务院可以通过决定，省、自治区、直辖市人民政府可以通过政府规章设定临时性行政许可，同时明确规定了地方性法规和省、自治区、直辖市人民政府规章不得设定行政许可的范围，充分体现了行政许可的层级性。在实践中，由省级或市级人大及其常委会设定的行政许可较多，具有较强的地域性特点，这与电子商务的跨地域性存在矛盾，不宜将现有的行政许可法律体系直接用于规制电子商务经营主体，而是应考虑电子商务跨地域的特点，扩大解释或直接规定电子商务经营主体更简便的行政许可申请以及不同地域之间行政许可的相互承认等制度。

二、电子商务经营主体的登记与豁免

（一）电子商务经营主体从事电子商务活动应当依法办理工商登记

1. 电子商务经营主体办理工商登记的必要性

在实践中，身份未被确认的电子商务经营主体广泛存在，这导致相关政府部门对此部分主体的监管需要投入大量的时间、金钱等成本。此外，大量平台内自然人经营者的主体身份信息由电子商务平台经营者而不是政府部门掌握，这导致对自然人经营者的监管缺乏真实、可溯源、能担责的主体信息。《电子商务法》第十条规定，“电子商务经营者应当依法办理市场主体登记。”通过市场主体登记也就是工商登记，那些符合法律规定和从业条件的主体才能从事电子商务经营活动，才能进入这一市场；相反，不具备条件的主体将被拒之门外，确保最基本的交易安全。交易相对人通过对工商登记簿的查阅，可以了解经营者的资信状况。明确规定电子商务经营主体应当依法办理电子商务注册登记或备案，有利于完善电子商务经营者的身份识别制度，建立统一的身份信息库，奠定电子商务市场监管的坚实基础，同时也是贯彻线上线下平等原则的基本要求。国务院制定的于 2017 年 10 月 1 日开始施行的行政法规《无证无照经营查处办法》也规定了无证无照经营的认定、查处与法律后果，除非属于依法可以豁免的情形，均应该通过工商登记获得经营所需的相应证照。鉴于登记问题的争议较大，赵旭东教授在《电子商务主体注册登记之辨》一文中将电子商务经营主体进行工商登记程序的必要性描述为下列四个方面：第一，工商登记将被虚化的市场主体通过登记而实化；第二，虚拟的市场更依赖登记的信息，登记本身就是对市场必需、与主体相关信息进行的收集、筛选和验证，其效用相当于政府登记机关提供的第三方信息服务；第三，虚拟市场的交易安全更需要登记程序的保障，登记是有效的风险防控手段；第四，工商登记是政府行使行政监管、税收监督等行政职能的制度原点，工商登记是政府进行电子商务行业的规范、电子商务经营者纳税管理的基本制度，只有建立了登记制度，才能使得政府监管成为可能。本书赞同此观点。

2. 办理工商登记的程序

《电子商务法》虽然将工商登记作为获得电子商务经营资格的必经程序，但却并未作出具体的制度设计。本书认为，电子商务经营主体进行的准入工商登记包括注册登记与变更登记，其中变更登记包括经营方式的变更登记与原有营业执照的加注登记。

对于办理工商登记的具体程序，应注意区分是否已办理线下工商登记以及是否属于平台内经营者。已办理线下工商注册登记的经营主体欲开展非平台内电子商务经营活动或提供电子商务服务的，应当将其营业执照、税务登记证、有效通信地址、有效联系方式和 IP 地址信息等材料提交工商登记主管机关，在经营范围中增加电子商务的内容，办理工商变更登记；已办理线下注册登记的经营主体从事平台内电子商务经营活动的，应当由电子商务平台经营者通过电子传输方式将自然人经核验的姓名、地址、有效身份证明、有效联系方式等真实身份信息或法人、其他组织的营业执照信息、税务登记证、网络店铺网址、网络店铺名称等材料提交工商登记主管机关，办理电子商务备案；如果是直接申请从事电子商务而未办理过线下工商登记，则应当办理注册登记。法人与非法人组织按照工商注册登记的相关规则办理，自然人应当比照个体工商户的相关规则进行注册登记，将专营或兼营电子商务作为其经营范围。

在《电子商务法》的立法过程中，曾有学者建议平台内经营者的登记由电子商务平台经营者进行。本书认为，虽然平台具有掌握平台内经营者相关信息的优势，但其作为私主体不应也不宜行使公权力机关的登记职权，理由如下：第一，平台登记会影响作为市场监管行为之主体登记行为的中立性与公正性，平台与平台内经营者之间存在的利益冲突决定了由平台登记可能导致对平台内经营者利益的侵害。第二，由平台进行登记背离国家职能授权的基本原则和要求。当然，应注重发挥平台管理对行业管理的辅助性作用。

同时，应该考虑电子商务便捷、效率的属性，对电子商务经营主体的注册或备案手续也应当以简捷、便利和低成本的方式实现。可以采取的措施有：平台内经营主体的电子商务备案手续可由电子商务平台经营者办理；其他电子商务经营主体的电子商务注册登记或备案手续需要自己办理。此外，与电子商务的电子化相适应，可以引进电子注册或备案程序，线上完成注册、审核、发证等程序，实现电子商务经营主体注册或备案程序的电子化。

（二）电子商务经营主体登记的豁免

《电子商务法》第十条同时规定了登记豁免的情形，即个人销售自产农副产品、销售家庭手工业产品、个人利用自己的技能从事依法无须取得许可的便民劳务活动和零星小额交易活动，以及依照法律、行政法规不需要进行工商登记的活动。登记豁免的情形只能发生在自然人作为电子商务经营者的情况下，法人、非法人组织参与电子商务经营没有豁免登记的理由与可能。

上述规定是回应《电子商务法（草案）》一审征求意见稿出台后社会对个人从事电子商务经营需要工商登记的反对声极为强烈而进行的修改。根据我国商事法律规定，自然人以传统方式在网下进行商事经营，必须先通过注册登记成为个体工商户，并由此获得商事主体的经营资格和身份。电子商务不过是通过互联网进行的商事经营，既然网下的商事经营需要具备商事主体资格，网上的电子商务经营同样需要这样的资格。故规定个人成为电子商务经营者应当进行工商登记无可厚非且具有正当性。这样规定也与我国的现实情况相符，大部分自然人网店的交易以营利为目的，有自己的店铺名称并有目的地通过电子商务交易平台、微博等进行宣传、推广，其交易行为具有长期性、持续性、计划性特征，不同于偶尔进行的销售自用商品，明显具备商事行为的典型特征，因而个人网店包括微店当然属于应予注册登记的商事主体。而个人偶尔进行的网上销售或交易行为，并不具有营业的性质，并不属于商事主体实施的商事行为，进行此种行为的自然人也就不成为商事主体，当然也就无须进行专门的商事登记。

《电子商务法》中规定的豁免情形是意图实现民事行为与商事行为的区分，将偶发性的不符合商事行为基本特征的电子商务民事交易行为排除在外。在我国，需要注意的事实是，真正进行营利性活动并有持续性的个人网店只占小部分，如在淘宝网真正从事持续经营活动的卖家不足5%，其余为利用其个人技能、个人零散时间经营，偶尔有收入甚至长期无收入的非活跃卖家。因此，对于豁免登记的范围应进行规则细化解释，甚至对纳入工商登记的个人网店，也应结合一定时间内的交易量或活跃程度等进行分类管理，以免将登记负担不合理地加到没有从事营利性活动的自然人身上。

主体登记豁免制度的规定是为了使电子商务主体登记制度既有刚性的要求，又有弹性的空间，从而更能契合我国电子商务市场发展对法律制度的复杂需求，应该得到肯定。然而不可否认的是，上述豁免情形的具体内涵存在解释的空间，尤其是对“零星小额”的解释，虽在行政法规与部门规章中经常出现，却是第一次在狭义的法律中使用。其与销售自产农副产品、家庭手工业产品的性质相同，因不具有持续性与稳定性的特征而不属于商行为，因而没有进行市场主体登记的必要。《电子商务法》中并没有规定零星小额交易的判断标准，根据《企业所得税税前扣除凭证管理办法》第九条第二款的规定，小额零星经营业务的判断标准是个人从事应税项目经营业务的销售额不超过增值税相关政策规定的起征点。由于设立市场登记制度在很大程度上是为配合税收部门征税的需要，所以，此规章判断小额零星的标准可为《电子商务法》中适用“小额”的判断所参考。实际上，小额零星意味着不仅应考虑数额，还要考虑交易频率。另外需要注意的是，《电子商务法》区分了市场主体登记与税务登记，豁免市场主体登记的电子商务经营主体在首次纳税义务发生后，应依照税收征收管理法律、行政法规的规定申请办理税务登记并如实申报纳税。该法第十一条第二款明确规定：“依照前条规定不需要办理市场主体登记的电子商务经营者在首次纳税义务发生后，应当依照税收征收管理法律、行政法规的规定申请办理税务登记，并如实申报纳税。”此外，需要注意的是，根据《电子商务法》第二十七条的规定，进入平台销售商品或者提供服务的非经营性用户虽然无须进行市场主体登记，但也需要向平台经营者提交真实身份信息等，与经营性用户的信息一并录入平台档案，定期核验更新。

三、电子商务经营主体的信息公示

为促进电子商务经营主体诚信自律，强化对电子商务经营主体的信用约束，维护电子商务市场的交易安全与交易秩序，应当对电子商务经营主体的相关信息进行公示。

（一）电子商务经营主体的主动信息公示

《电子商务法》第十五条是有关电子商务经营者主动信息公示义务的一般规定，电子商务经营者应当公示的信息主要有：(1) 营业执照信息；(2) 与其经营业务有关的行政许可信息；(3) 属于依法不需要办理市场主体登记情形的信息；(4) 上述三类信息的链接标识。这一规定既考虑了维护交易安全的需要，也尊重了电子商务经营者的自主经营，允许只公示相关信息的链接标识，可以节省主页的空间资源。同时，主动信息公示应当满足以下法定要求：首先，必须在首页上公示；其次，必须在首页显著位置公示；最后，必须持续公示。否则，应依照《电子商务法》第七十六条的规定承担相应的行政责任。如果营业执照信息或特许经营许可信息等发生变动的，也应当及时更新公示信息。《电子商务法》第十六条也规定了电子商务经营者自行终止从事电子商务的，应当提前三十日在首页显著位置持续公示有关信息。

在电子商务经营者一般主动信息公示义务的基础上，电子商务平台经营者应承担特有的主动信息公示义务。根据《电子商务法》第三十三条、第三十四条、第三十六条、第三十九条及第四十四条的规定，电子商务平台经营者的主动信息公示义务有：(1) 电子商务平台经营者服务协议与交易规则的公示义务，其内容包括：第一，制定完毕并实施的服务协议与交易规则或其链接标识的公示义务，以保证用户能够便利、完整地阅览和下载；第二，修改后服务协议与交易规则实施前的公示义务，电子商务平台经营者在依法公开征求意见并采取合理措施确保各方及时充分表达意见基础上完成服务协议与交易规则的修改后，应该对修改的内容及时公示，至少应当公示七日后才能实施；第三，依据交易规则与服务协议对平台内经营者实施处置措施的及时公示义务，在发现平台内经营者存在违法行为直接实施警示、暂停或终止服务的措施时，应当及时公示。(2) 电子商务平台经营者建立健全信用评价制度的义务，电子商务平台经营者信用评价制度主要由消费者评价系统和平台信用评定系统组成，由消费者与平台经营者对平台内经营者的信用情况作出评价。电子商务平台经营者在履行其建立健全信用评价制度义务的过程中，应当履行不断建立健全信用评价制度、公示信用评价规则以及为消费者评价提供途径的积极义务，同时，还应当履行不得删除消费者评价的消极义务。(3) 电子商务平台经营者知识产权领域的公示义务，知识产权权利人侵权通知、平台内经营者不存在侵权行为的声明及处理结果属于电子商务平台经营者公示义务在知识产权领域的表现。公示上述内容的目的在于保证知识产权“通知-删除”机制执行得公开透明，保证利益相关主体的知情权，同时也有利于对知识产权权利人、电子商务平台经营者、平台内经营者相关行为的监督。

要求上述信息由电子商务经营主体主动公示，因为上述信息由其自行掌握，具有便利性；上述信息有助于交易对方充分了解特定经营主体的合法经营资格和真实身份，能够增强交易的安全性；上述有些信息关系到经营主体能否合法开展活动，保障交易的合法性。要求在网站首页或从事经营活动的主界面醒目位置公示相关信息，有助于增加信息的辨识度，达到公示效果。

（二）工商行政管理部门等监管部门的信息公示

电子商务交易的最大特点是其虚拟性，是以信息为媒介和依托进行的交易，较之线下传统市场，它对交易信息存在更严重的依赖，无信息即无网上交易。因此，充分的信息是电子商务交易得以顺利进行、避免产生纠纷的前提。工商行政管理部门等监管部门作为监管主体，同时也是市场服务主体，其在信息公示中发挥作用有助于增强信息的公信力与权威性，最大限度地节约成本。客观上，依赖电子商务经营主体主动公示信息是不够的，可能存在信息分散、真实性与准确性不足的问题。

工商行政管理部门等监管主体的公示具有中立性，尤其是工商行政管理部门可将其电子商务经营主体注册或变更信息系统与企业信用信息公示平台对接，一旦完成电子商务注册或变更，即可在信息公示平台上显示。同时，对于工商行政管理部门等监管部门在履行职责过程中产生的如对电子商务违法经营主体的行政处罚信息等及时进行公示，有助于交易对方知晓电子商务经营主体的信用状况，维护交易安全。

四、电子商务经营主体的退出条件与程序

基于各种不同的原因，电子商务经营主体有可能退出市场，不同情形下的退出应满足何种条件，产生何种法律后果，需要结合电子商务法与其他传统部门法的规定加

以梳理。

《电子商务法》仅在第三十六条规定了在电子商务经营者自行退出情形下的公示义务，而自行退出只是电子商务经营者退出市场的一种方式，公示义务也仅仅是自行退出机制中经营者的义务之一，而对于更重要的债权债务的了结程序和退出程序，《电子商务法》并没有予以规定。实际上，电子商务经营者的准入制度和退出制度一样重要，电子商务主体市场退出机制涉及电子商务经营者与债权人、消费者、行政主管部门以及其他电子商务经营者之间的权利与义务关系，这种关系因为电子商务经营者主体资格即将终止而变得更为复杂和紧迫。因此，在一定意义上，《电子商务法》对主体退出制度没有规定是一种制度缺失。结合其他现有法律法规的规定，考虑电子商务的特点，本书试图从理论上对电子商务经营主体的退出展开分析。

作为一种经营模式创新，电子商务使得交易场所由线下延伸到线上，这种创新是信息、运输、仓储技术发展的必然结果，也正是由于有诸多新兴因素的参与，电子商务经营主体的市场退出情形不能与传统主体的市场退出情形等同，而应当结合电子商务虚拟性、跨地域性、广泛性的交易特点，规定符合上述特点的主体的特别退出机制。

（一）电子商务经营主体的强制退出

所谓电子商务经营主体的强制退出并非是指电子商务经营主体的市场主体资格终止，而是指由工商行政管理部门等强制性吊销电子商务经营主体的电子商务营业执照，取消其电子商务经营资格的情形。即电子商务法意义上的主体退出更多是对主体电子商务经营资格的剥夺。

1. 电子商务经营主体强制退出的事由

通常认为，工商行政管理机关应当吊销经营主体的电子商务营业执照、取消其电子商务经营资格的情形有：一是因技术、设备、人员等条件的变化不再符合申领电子商务营业执照的条件的；二是法人、其他组织依法解散、被吊销营业执照或者被撤销；三是提交虚假信息、采取其他欺诈手段领取电子商务营业执照或者伪造电子商务营业执照，情节严重的；四是在电子商务经营活动中销售的商品或提供的服务不符合法律、行政法规的规定，情节严重或造成严重后果的；五是在电子商务经营活动中对销售的产品或提供的服务进行虚假宣传，情节严重或造成严重后果的；六是以进行诈骗等非法经营活动为目的从事电子商务经营活动的；七是依法应当吊销电子商务营业执照的其他情形。

需要注意的是，线下商事经营主体持续一段时间不开展经营活动可能导致其营业执照被吊销的后果，那么，在电子商务市场中，对于在某一平台内取得经营资格但是持续一段时间不开展经营活动的主体应否强制其退出电子商务市场？主流观点认为，这种情形下不应构成强制退出的事由，原因在于：电子商务资格的取得是法律对市场主体的认可，目的在于对电子商务市场进行更好的管理与服务，虽然持续一段时间不开展电子商务经营活动，但并不会干扰电子商务市场的正常运行秩序，也不构成对国家稀缺资源的浪费，更不会造成其他主体的准入困难，故应该允许这种情况的存在。在“导入案例”中，假如绿如蓝旗舰店持续八个月都没有开展经营活动，基于上述原因，也不应该强制其退出电子商务市场。

2. 电子商务经营主体强制退出的法律后果

在完全退出电子商务领域的情况下，自然人一旦退出电子商务市场，将不再具备经营主体资格；而对于法人或其他组织，除非因为违法活动被强制吊销营业执照、注销主体资格，其只是丧失了经营电子商务的资格，仍可以继续从事线下商业活动。对于强制退出导致主体资格丧失的情况，应将该主体从事电子商务经营活动所形成的债权债务纳入清算程序；而对于电子商务经营主体仅退出电子商务市场而继续从事线下经营的情形，可以不进行清算，但应当对其从事电子商务经营活动所形成的债权债务做一了结。

（二）电子商务经营主体的主动退出

1. 电子商务经营主体主动退出的事由

所谓电子商务经营主体的主动退出，是指电子商务监管部门尤其是工商行政管理部门等根据电子商务经营主体的主动申请而核准注销其电子商务市场经营主体资格的行为。主动退出的发生通常基于经营策略调整或者经营不善等原因，其发生的情形主要有：自然人死亡、企业决议解散、决定终止电子商务业务等。

2. 电子商务经营主体主动退出的法律后果

主动退出是电子商务经营主体作为商事主体进行私法自治的结果，法律不应进行干预。但是，为保证交易安全，在电子商务经营主体主动退出时，应当提前在其网站的显著位置进行公示并对其在从事电子商务经营活动中形成的债权债务进行了结，除因解散等原因丧失主体资格需要清算外，对继续从事线下经营的主体可仅要求其清理在电子商务经营过程中的债权债务而不必编制清算报告。简化市场主体的退出程序是学界共识，应取消不必要的清算报告提交程序并缩短相应的登记公告时间，在退出主体作出厘清债权债务的承诺后，工商行政管理机关应当为其办理注销登记，这反过来有助于提高经营主体主动申请退出的积极性。

（三）电子商务经营主体市场退出的特殊情形

1. 平台内自然人电子商务经营者网店资源的转让或者继承

平台内自然人电子商务经营者的网店资源作为一种财产权益，具有价值性和可转让性，并且实践中也存在着网店资源转移的需求，应明确网店资源转让行为的效力与程序。自然人在线下从事经营应依法登记为个体工商户，并且个体工商户条例也明确规定，个体工商户变更经营者包括在家庭成员间变更经营者的，应当首先办理注销登记，并由新的经营者重新申请办理注册登记。相较于线下自然人必须登记为个体工商户才能从事经营活动，自然人成为电子商务经营者无须登记为个体工商户。前已述及，满足一定的技术、设备等条件即可提交注册材料获得电子商务经营营业执照，故自然人网店资源转让也不应依照个体工商户条例的规定履行先注销再注册的程序，而应该允许该种转让或继承的发生。其中最为关键的问题是信息的及时公示。在发生网店资源转移的场合，交易相对人通常会参考网店转让前的信用评价因素来决定是否与其发生交易。为保障交易对方的知情权，保证交易安全，自然人电子商务经营者应当在其从事经营活动的主界面和信用评价网页的醒目位置公示网店的转让或者继承信息。根据淘宝网的网店过户细则，支持的过户类型有过世继承、结婚、协议离婚、判决离婚以及近亲属之间，其余情况暂不受理。在“导入案例”中，绿如蓝旗舰店理论上具有转让店铺的自由，同时，鉴于淘宝网的网店过户细则，其内容并无违法之处，应予以尊重。故绿如蓝旗舰店宜将其店铺转让给允许过户的主体以便顺利过户。

2. 平台内经营主体退出电子商务交易平台

平台内经营主体包括平台内电子商务经营者和电子商务辅助服务经营者，电子商务交易平台在电子商务活动的运行与促进中发挥着至关重要的作用，在一定意义上，平台秩序具有一定的公共性，应当注重平台治理作用的发挥。在主体退出的情形下，平台甚至比行政管理机关的反应还要灵敏和及时。

平台内经营主体退出电子商务交易平台不同于电子商务经营主体的强制与主动退出，在强制与主动退出的情形下，意味着主体在全平台电子商务经营资格的丧失，在特殊情况下甚至包括主体资格的丧失及彻底退出市场；而退出平台是电子商务经营主体在某一个平台经营活动的退出。

在通常情况下，电子商务平台经营者与平台内经营主体之间会有退出平台情形与程序的约定，平台经营者应在平台内经营主体出现应当退出平台的事由时，及时要求其退出平台、在显著位置公示并要求其了解基于平台电子商务交易产生的债权债务。具体依据二者之间的合同解决，除非有明显违法的内容，法律不宜干涉。但为防止电子商务平台经营者不正当阻止平台内经营者的退出，《电子商务法》第三十四条规定，电子商务平台经营者修改平台服务协议与交易规则，应当在其首页显著位置公开征求意见，采取合理措施确保有关各方能够及时充分表达意见。修改内容应当至少在实施前七日予以公示。平台内经营者不接受修改内容，要求退出平台的，电子商务平台经营者不得阻止，并按照修改前的服务协议和交易规则承担相关责任。在“导入案例”中，绿如蓝旗舰店若要退出淘宝网平台，需要依据二者之间的合同进行处理。

此外，平台内电子商务经营主体因满足强制退出的情形而被吊销营业执照、被取消电子商务经营主体资格的，电子商务平台经营者必须与其解除交易，终止一切经营活动。

第三节　电子商务经营者的一般性义务

非平台电子商务经营者与电子商务平台经营者作为两种重要的电子商务经营主体，其在承担的义务上有诸多共同之处，为避免重复，本节对二者共同负担的一般性义务进行梳理，在其后的章节中对各自应负担的特殊性义务进行阐释。作为经营主体，根据《电子商务法》的规定，电子商务经营者负有一般经营者应当承担依法纳税的义务，从事保障人身、财产安全和环境安全的经营行为的义务，保护消费者的义务，以及不得滥用市场支配地位实施排除、限制竞争行为的义务，等等。同时，电子商务线上经营的特点决定了其负有比一般线下经营者更多的义务。

一、主体信息提供义务

电子商务交易实现了交易主体、客体、场所、过程的全面虚拟化，也进一步加剧了经营者与消费者在信息方面的不对称，为缓解这一现象，各国纷纷出台相关措施，其中之一就是强化经营者的信息提供义务，以便消费者准确鉴别经营者的身份，明晰交易对象。我国规范网络交易的相关部门规章早已明确规定了电子商务经营主体的信息提供义务，《电子商务法》也有相应的规定。电子商务经营者应当在从事经营活动的网页、软件界面中以显著的方式持续公示下列信息，并以适当的技术手段保证消费者可以保存和阅读有关信息：第一，能够代表经营者主体资格与经营资格的营业执照等证照以及各类经营许可证或链接标识；第二，互联网信息服务许可登记或经备案的电子验证、标识；第三，经营地址、法律文书送达地址、邮政编码、电话号码、电子邮箱等有效联系信息；第四，监管部门或消费者投诉机构的联系方式；第五，依法应当规定的其他信息。经营者应当保证上述信息的真实、全面，并应在相关信息变更时及时公示，使公示的信息与实际情况相符。若自行终止从事电子商务的，应当提前三十日在主页显著位置公示有关信息。

二、交易信息的妥善保存义务

由于电子商务交易中的信息化与无纸化，传统交易中以纸质文件存在的交易记录被电子数据和资料取代，其虽然易于保存和传输，但也面临被篡改或易毁损的风险。故要求电子商务经营者承担交易信息的保存义务有利于维护消费者的合法权益，约束经营者的不当行为，在发生争议时提供有利于争议解决的证据。

《电子商务法》与《网络交易管理办法》均规定了平台经营者的交易信息妥善保存义务，但未要求非平台电子商务经营者尤其是通过自建网站或其他网络服务经营的电子商务经营者承担相同的义务。在电子商务实践中，非平台电子商务经营者是消费者的直接交易对象，掌握着原始的交易数据，故也应该要求其承担原始交易数据的妥善保存义务。要求电子商务平台经营者与其他经营者都承担保存交易信息的义务，可以为交易信息安全配置双保险，确保上述信息的完整性、保密性和可用性，发挥定纷止争的作用。经营者可采取电子签名、数据备份、故障恢复等法律规定或行业通行的技术手段保护交易过程所产生的全部信息，确保交易数据和资料的完整性与安全性，以及原始数据的真实性。经营者保存交易信息的期限应当符合法律、法规的规定。目前，《网络交易管理办法》《网络购物服务规范》等法规与部门规章规定保存期限不少于两年，《电子商务法》规定保存时间自交易完成之日起不少于三年，这一规定也实现了与《中华人民共和国民法总则》三年普通诉讼时效的衔接。

三、遵守格式条款相关规则的义务

（一）格式条款的提示、说明义务

格式条款是指经营者为了重复使用而预先拟定，并在订立合同时未与消费者协商的相关协议、规则或者条款。经营者以告示、通知、声明、须知、说明、凭证、单据等方式明确规定经营者和消费者的权利与义务，符合格式条款定义的，应视为格式条款。在实践中，我国很多电商平台向其平台内经营者或其他用户提供交易服务时，一般会为此制定并发布服务协议或规则。电子商务所服务的对象具有不确定性，基于网络服务的虚拟性、特殊性，电子商务经营者不可能与每个网络用户具体洽谈、分别签订有针对性的合同条款，故采用统一的具有普遍适用性的合同条款是唯一现实的模式，不能据此认为其属于格式合同而当然无效。应在一般情形下接受格式合同条款效力的基础上，加强对平台经营者与电子商务经营者行为的规制。

1. 当事人权利与义务确定的基本原则

经营者利用电子商务销售商品或者提供服务时采取格式条款与消费者订立合同是实践的常态，为防止经营者与消费者之间权利与义务的失衡，采取格式条款应当符合法律、法规、规章的规定，根据公平、公开和诚实信用的原则确定双方的权利与义务。

2. 经营者的提示义务与履行方式

经营者应当在合同订立之前或者订立时采取显著的方式提示消费者注意商品或者服务的质量、价款或者费用，履行期限和方式、安全注意事项和风险警示、售后服务、民事责任等与消费者权益有重大关系的内容。经营者采用足以引起消费者注意的文字、符号、字体等特别标识，应当视为经营者采取显著的方式。

3. 经营者的保障了解义务与说明义务

经营者应当采取适当的技术手段保证消费者有充分的时间阅读、了解格式条款的内容，并按照消费者的要求对条款进行清楚、准确的说明。电子合同通常以点击订立的特点决定了应该保障消费者充分的了解权。《电子商务法》第五十条明确规定了电子商务经营者应当保证用户在提交订单前可以更正输入错误。

如果经营者未履行主动提示与应消费者要求进行说明的义务，则相关格式条款尤其是涉及排除或者限制消费者权利、减轻或者免除经营者责任、加重消费者责任等不公平条款不构成经营者与消费者之间合同的内容，除非消费者主张相关条款仍构成合同的内容。《电子商务法》第四十九条规定，电子商务经营者不得以格式条款等方式约定消费者支付价款后合同不成立；格式条款等含有该内容的，其内容无效。

（二）格式条款修改时告知并征得同意的义务

经营者对格式条款内容进行修改时，应遵循公开、连续、合理的原则，提前公示、告知消费者，并给予消费者是否同意的选择权。如《电子商务法》第三十四条明确规定了平台经营者修改平台服务协议和交易规则，应当在首页显著位置公开征求意见。

（三）遵守格式条款限制性规定的义务

经营者不得以包含排除或者限制消费者权利、减轻或者免除经营者责任、加重消费者责任等内容的格式条款作出对消费者不公平、不合理的规定，含有上述内容的格式条款无效，但不影响合同中其他内容的效力。经营者也不得通过格式条款规定由经营者单方面享有格式条款的解释权。根据国家工商行政管理总局2015年10月1日开始施行的《网络商品和服务集中促销活动管理暂行规定》的规定，网络集中促销组织者（即电子商务平台经营者）不得采用格式条款设置订金不退、预售商品不适用七日无理由退货、自行解释商品完好、增加限退条件等排除或者限制消费者权利、减轻或者免除经营者责任、加重消费者责任等对消费者不公平、不合理的规定。

（四）接受格式条款行政监管与行业规制的义务

电子商务主管部门可以根据电子商务产业发展情况和消费者权益保护实践情况，适时发布格式条款规范指引。我国国家工商行政管理总局已根据电子商务领域的发展情况制定了《网络交易平台合同格式条款规范指引》，较为全面地对消费者权益保护进行了规定。消费者协会、网络交易行业协会或者其他社会组织可通过多种方式收集消费者对电子商务领域格式条款的意见，发现格式条款违反法律、法规、规章规定的，可以向相关主管部门提出。

四、对收集、使用的个人信息的保护义务

2012年全国人大常委会制定了《关于加强网络信息保护的决定》，此后新修改的《消费者权益保护法》《电信和互联网用户个人信息保护规定》《网络交易管理办法》《网络安全法》等法律和规章都对个人信息的保护进行了规定。在电子商务中，个人信息的泄露风险加大，更应注重对消费者个人信息的保护。电子商务经营者应当承担对消费者个人信息的保护义务，《电子商务法》第二十三条也原则规定了电子商务经营者的个人信息保护义务。

（一）收集、使用个人信息征得同意的义务

除非依据法律规定的特殊规则，经营者收集、使用消费者个人信息应当遵循合法、正当、必要的原则。收集、使用个人信息，必须公示并征得信息拥有者的同意。经营者应当在从事经营活动的网页、软件界面中公开下列收集、使用个人信息的规则：第一，收集、使用信息的目的、方式和范围；第二，经营者的名称、地址、联系方式和消费者投诉机制；第三，消费者查询、修正、补充、完善个人信息的渠道；第四，经营者个人信息安全管理制度和个人信息安全保护措施等。如果收集、使用未成年人信息，则应当经过其监护人同意；修改收集、使用信息规则时，应当及时进行公示，并在网页或软件界面的显著位置征询潜在信息提供者的同意。

（二）个人信息更正、查询的协助义务

经营者有义务在消费者查询、修改、补充、删除经营者收集的个人信息时提供必要的渠道与技术支持。根据《电子商务法》第二十四条的规定，电子商务经营者应当明示用户信息查询、更正、删除以及用户注销的方式、程序，不得对用户信息查询、更正、删除以及用户注销设置不合理条件。电子商务经营者收到用户信息查询或者更正、删除的申请的，应当在核实身份后及时提供查询或者更正、删除用户信息。用户注销的，电子商务经营者应当立即删除该用户的信息；依照法律、行政法规的规定或者双方约定保存的，依照其规定。

（三）超目的范围收集、使用信息的告知与征求同意义务

经营者应当在公示的收集、使用目的范围内使用、收集信息。在下列情况下，即便超出目的范围，也无须告知与征求同意。其情形主要有：第一，基于法律法规的特殊规定；第二，执行行政机关依法作出的强制行为；第三，执行司法机关依法作出的决定、裁定或判决；第四，为了学术研究或者社会公共利益的目的；第五，为保护更大范围内的权利、财产或安全免受损害。否则，一旦超出公示的收集、使用目的范围，应及时以合理方式告知消费者并征得其同意。

（四）对个人信息的安全保护义务

经营者应当采取技术措施或其他必要措施保护在经营活动过程中收集的消费者个人信息，确保信息安全，防止信息泄露、丢失。在发生信息泄露、丢失的情况下，经营者应及时告知消费者并采取补救措施。

五、可信交易系统的提供义务

为防止电子商务经营者之间的不正当竞争，保护消费者合法权益，经营者有义务提供可信交易系统以保证电子商务的正常进行，不得实施下列行为：无正当理由拒绝、拖延或者中止向消费者提供服务；无正当理由限定消费者使用或者不使用其指定的服务或者产品；以欺骗、误导或者强迫等方式向消费者提供服务或者产品；提供的服务或者产品与其向用户所做的宣传或者承诺不符；擅自改变服务协议或者业务规程，降低服务质量或者加重用户责任；与其他经营者的服务或者产品不兼容时，未主动向用户提示和说明；未经提示并由消费者主动选择同意，修改用户浏览器配置或者其他设置；其他违反国家法律规定，侵犯消费者合法权益的行为。对此，中华人民共和国工业与信息化部（以下简称“工信部”）的《规范互联网信息服务市场秩序若干规定》也有较为明确的规定。

六、交易系统的安全维护义务

电子商务的交易必须借助于一定的信息系统，经营者有义务按照国家有关信息安全

的相关规定建设、运行、维护交易系统，建立健全安全保护技术措施，保障交易的安全性。《电子商务法》第三十条明确规定了电子商务平台经营者的网络安全维护义务，作为通过自建网站或其他网络服务从事经营的非平台电子商务经营者也应当承担相应的义务。

如果经营者没有履行其应承担的一般性与具体义务，国家工商行政管理总局曾制定过《网络交易违法失信惩戒暂行办法》并将该草案公开征求意见，该办法中以经营者违反义务的严重程度为标准将经营者的违法失信行为分为一般违法失信行为与严重违法失信行为，并规定了不同的惩戒措施，如可将其列入违法失信名单，通过国家企业信用信息公示系统和网络市场监管系统进行公示，以及相应的法律后果与救济措施。这种信用监管手段在电子商务领域会发挥更大的作用。在“导入案例”中，绿如蓝旗舰店作为平台内电子商务经营者、淘宝网作为电子商务平台经营者应共同承担本节讨论的一般性义务。电子商务经营者应当承担的消费者权益保障义务，将在消费者保护一节中讨论，在此不赘述。

第四节 非平台电子商务经营者的权利与义务

一、非平台电子商务经营者的概念与类型

（一）非平台电子商务经营者的概念

依据《电子商务法》的规定，电子商务经营者，是指通过互联网等信息网络从事销售商品或者提供服务的自然人、法人和非法人组织，包括通过自建网站或其他网络服务经营的电子商务经营者、电子商务平台经营者和平台内电子商务经营者。本书认为，电子商务平台经营者与非平台电子商务经营者有明显的不同，只有平台具有自营业务时，即必须有通过网络进行销售商品或者提供服务的行为时，才兼有非平台电子商务经营者的身份，不应该泛化非平台电子商务经营者的内涵与理解。加之《电子商务法》对非平台电子商务经营者与电子商务平台经营者应负担的义务也是在规定一般性义务的基础上采用分别规定的模式，所以本书采用狭义说法。如淘宝网就不是非平台电子商务经营者，而是电子商务平台经营者；京东网则兼有电子商务平台经营者与非平台电子商务经营者的身份。

（二）非平台电子商务经营者的类型

本书讨论的非平台电子商务经营者是排除了电子商务平台经营者之外的其他电子商务经营者，包括通过自建网站或其他网络服务经营的电子商务经营者和平台内电子商务经营者，具体表现为自建网站经营的电子商务经营者、在电子商务平台上经营的个人网

店等以及通过微信、支付宝等移动信息网络经营的“微商”等。需要说明的是，微商和个人网店有所不同。以微信为例，微信上亦有网购平台，若在网购平台上注册网店从事电子商务活动，则属于平台内电子商务经营者。而亦有些经营者，只是通过微信的聊天功能与订阅号功能销售商品或提供服务，不属于平台内电子商务经营者，而是属于通过自建网站、其他网络服务销售商品或提供服务的电子商务经营者。其中，平台内电子商务经营者又分为平台自营电子商务经营者和纯粹平台内电子商务经营者。平台自营电子商务经营者使平台既具有撮合交易等功能，同时也能销售商品或提供服务，纯粹平台内电子商务经营者则是通过注册成为平台的用户，利用平台的服务向他人销售商品或提供服务。无论是平台自营还是经营者借助平台经营，在发生电子商务交易关系时均需关注平台在其中的地位与作用；而通过自建网站或其他网络服务经营的电子商务经营者与其用户之间是直接的电子商务交易关系。

二、非平台电子商务经营者的权利

《电子商务法》规定了一系列电子商务经营者应当负担的义务，但却没有明确其依法应当享有的权利。基于权利与义务相一致的基本法理，私主体负担义务的前提是享有相应的权利。在一定意义上，与电子商务经营者之间产生法律关系的相关当事人负担的义务就是电子商务经营者应享有的权利。本书试图在本节对非平台电子商务经营者享有的权利以及在下一章对电子商务平台经营者享有的权利进行梳理。

（一）非平台电子商务经营者的一般性权利

1. 依法经营受保护的权利

在法律、行政法规允许的范围内依法从事经营受法律保护，不受非法干涉。

2. 依法享受税收优惠的权利

电子商务法的基本原则之一就是线上线下平等的原则，对于线下经营主体的税收优惠也应提供给线上电子商务经营者。在履行依法纳税义务的同时，有权享受税收优惠。

（二）通过自建网站或其他网络服务经营的电子商务经营者的权利

通过自建网站或其他网络服务从事经营在法律关系上相似，都是直接与客户或消费者之间发生直接的电子商务交易关系，在具体权利上也具有相似性。

1. 自由设立网站或采用其他网络的权利

网站或其他网络服务是电子商务的基础，各种网站或其他网络平台的架设，是电子商务得以运行的基础保障。因此，从支持电子商务发展的基本政策出发，应该鼓励网站的自由设立与其他网络服务的自由采纳。电子商务经营者有权自由选择其所依托的网络从事经营。

2. 自行发布信息，或者开设端口由用户直接发布信息的权利

网站或其他网络服务的重要功能即是提供电子商务交易的相关信息，故应当允许通过自建网站或其他网络服务经营的电子商务经营者自行发布信息，也应当允许其有权决

定是否开设端口由用户直接发布信息。此处的用户仅指消费者性质的用户，而不包括从事电子商务经营的用户，这部分具体内容在电子商务平台经营者部分讨论。通过其他网络服务从事经营者有权利也有义务提供用户直接发布评论等信息的途径。

3. 依法收集并合法使用用户相关信息的权利

为了交易需要，自建网站或通过其他网络服务经营的电子商务经营者有权收集交易对方的信息，不管交易对方是法人、自然人还是其他组织。对于依法收集的信息，其有权依照收集的目的使用收集的个人信息。

4. 对经营中获得的大数据信息有所有权与使用权

利用海量数据进行产品开发与管理、精准策划和营销以及提供数据服务，已经成为我国电子商务发展的基本趋势，除了供自己使用，出售数据及相关服务已经成为电商新的利益增长点。依据科斯定理，产品最终一定归属于使用得好的主体。对于信息提供者而言，个人对于自己提供的信息当然有支配权，但是将数据信息的所有权归属于个人无法发挥效能。每个人提供的个人信息与大数据信息的最大区别在于前者是具体的、个性化的信息，而大数据信息是对大量的个性化信息进行加工处理后得出的趋势与模型等。电子商务经营者利用在经营过程中获得的大数据信息，能够更好地指导商业经营，加之其在数据信息形成的过程中也有创造性劳动，故在现有法律框架下应将数据信息的所有权与使用权归属于电子商务经营者所有。当然，若没有个人信息提供者提供的信息，也无法形成数据信息，故应平衡大数据具体组成信息的提供者与电子商务经营者之间的利益，让大数据具体组成信息的提供者在其提供信息的范围内拥有使用权。为保护个人隐私，在电子商务经营者对消费者个人信息及包含消费者个人信息的交易数据进行利用与转让前，应该进行去身份化处理，除非取得个人信息提供者的明确同意。对于数据权利的性质，是一个有争议的法律问题。由于无论在经济层面还是法律层面，数据均具有区别于财产的特点，这决定了需要调整现行相应的法律规则，突破两个范式：一是突破所有权和使用权的范式，因为数据产生是多方参与的结果，界定明确的所有权非常困难；二是突破私有与公有的二分范式，因为其可能阻碍对数据的有效利用。因此，对数据权利的研究不是确定谁有权的问题，而是基于其具有的一定的公共与社会属性确定谁有何种权利及具体权能的问题。

5. 基于用户的不同属性设定注册条件的权利

现行的电子商务操作实践中，通常允许当事人以异于自己姓名或名称的用户名注册，但是注册时一般必须填写自己的真实姓名、住址、联系方式等。将电子商务交易行为归属于现实中特定主体的手段主要是通过用户名，因此，用户注册信息的真实有效在一定意义上构成了整个网络安全的基石。那么，是否有必要规定所有的网络用户均应当采取实名注册？本书认为，由于电子商务经营者从事的具体领域有别，有些网络用户仅仅利用网络进行通信或消费，是否有必要实名应当由电子商务经营者确定或双方约定。同时，法律法规有明确规定必须实名的，应当依据其规定。如《网络游戏管理暂行办法》《网络交易管理办法》中都有应当实名注册的规定。然而，如果是从事经营活动的用户，如某公司注册为用户，则电子商务经营者有权要求其在注册时提供真实的姓名或名称和真实有效的身份信息、工商登记资料等进行实名注册，并有权采取相应的身份验证措施，核验用户的身份。需要注意的是，要求用户提供真实有效的身份信息并不意味着不允许用户以用户名即非真实姓名或名称登录，毕竟用户名有助于保护用户尤其是自然人用户的隐私。《即时通信工具公众信息服务发展管理暂行规定》第六条规定："即时通信工具服务提供者应当按照'后台实名、前台自愿'的原则，要求即时通信工具服务使用者通过真实身份信息认证后注册账号。"在保持网络匿名制的前提下，在用户与其身份之间建立联系的唯一途径便是要求用户在注册时必须提供真实有效的身份信息，以在用户实施的电子商务行为侵害他人权益时，结合用户的真实身份确定责任承担，实现对用户的电子商务交易行为可追溯的法律效果。

（三）平台内电子商务经营者的权利

同通过自建网站或其他网络服务经营的电子商务经营者具有的权利类似，平台内电子商务经营者有权发布与其销售的商品或提供的服务相关的信息，有权依法收集并使用交易相对人的信息等。此外，平台内电子商务经营者还有下列权利：

1. 明确约定消费者权益保证金相关条款的权利

在与电子商务平台经营者协议设立消费者权益保证金时，平台内电子商务经营者有权就消费者权益保证金提取数额、管理、使用和退还办法等进行明确约定。

2. 在电子商务平台经营者提供的信用服务失当时的救济权利

《电子商务法》第五十八条第二款对此作出了明确规定。消费者权益保证金是在网络交易的卖方违约时，若消费者因卖方违约受到经济损失，则直接使用该消费者权益保证金来弥补消费者的损失，因此该项制度实质上是质量担保机制的组成部分。消费者权益保证金制度的建立既实现了对消费者权益保护的功能，又在整体上规范了电子商务网络交易的秩序。在实践中，消费者权益保证金主要是由平台内经营者提供的，为防止其权益被侵害，应允许其事先约定，尤其是保证金数额、管理、使用及退还条件等内容。

鉴于当前制约电子商务交易发展的主要瓶颈是信用体系的缺失，因此，从法律的角度应鼓励电子商务平台经营者提供平台内经营者用户与其他消费用户的信用评价系统，以鼓励商业诚信、避免商业欺诈。然而，由于电子商务平台经营者掌握了所有的信用记录，在其发生任意调整平台内电子商务经营者的信用级别、实施有偿信用评价服务、将收集的信用信息用于非法用途等行为时，平台内电子商务经营者有权依法追究平台经营者的侵权或违约责任。在"导入案例"中，绿如蓝旗舰店属于平台内电子商务经营者，依法享有上述权利，依法应负担的义务包括下述一般性义务与平台内经营者应承担的特殊义务。

此外，依照《电子商务法》的规定，平台内经营者还依法享有下列权利：第一，不接受电子商务平台经营者对于平台服务协议与交易规则的修改内容时，有权退出平台；第二，在电子商务平台经营者接到知识产权权利人的通知后并将其转送平台内经营者时，若因电子商务平台经营者通知错误遭受损害的，平台内经营者有权要求其承担民事责任；若因电子商务平台经营者恶意发出错误通知遭受损失的，平台内经营者有权要求其加倍承担赔偿责任。

三、非平台电子商务经营者的义务与责任

（一）非平台电子商务经营者的一般性义务与责任

非平台电子商务经营者是电子商务交易的直接参与者，是商品或服务的提供者，其在电子商务交易秩序健康、持续运行及消费者权益保护中都发挥着重要的作用。中国电子商务投诉与维权公共服务平台监测的数据显示，全国生活服务电商十大热点被投诉问题及其占总投诉问题的比例为：退款难占比 40.57%、订单信息无法修改占比 15.08%、送餐超时占比 4.85%、虚假促销占比 3.95%、网络欺诈占比 3.23%、信息泄露占比 2.94%、客户服务差占比 2.69%、高额退票费占比 2.33%、订单不能取消占比 1.80%、发货问题占比 1.44%。这在一定程度上代表了电子商务经营者在义务履行中的典型问题，故在相关法律规定的基础上对电子商务经营者应负担义务与责任的规定非常必要。

电子商务经营者向消费者销售商品或提供服务，应当遵守《消费者权益保护法》《中华人民共和国产品质量法》《中华人民共和国商标法》《中华人民共和国反不正当竞争法》《企业名称登记管理规定》等法律、行政法规及规章的规定，依法从事经营行为。电子商务经营者的义务可以分为对用户的义务、对其他经营者的义务及对国家的义务，在平台内经营时还应对平台负担相应的义务。鉴于本书区分非平台电子商务经营者与电子商务平台经营者，故电子商务经营者对平台负担的义务在电子商务平台经营者部分论述。结合《电子商务法》的相关规定，非平台电子商务经营者应负担的一般性义务主要有下列几个方面。

1. 非平台电子商务经营者对用户或消费者承担的义务与责任

（1）销售或提供法律、行政法规允许交易并且符合保障人身、财产安全的商品或者服务的义务。根据《电子商务法》第十三条的规定，电子商务经营者销售的商品或提供的服务应当符合保障人身、财产安全的要求和环境保护要求，不得销售或提供法律、行政法规禁止交易的商品或者服务。

（2）履行开具发票的义务。电子商务经营者销售商品或者提供服务应当依法出具纸质发票或者电子发票等购货凭证或者服务单据。电子发票与纸质发票具有同等法律效力。

（3）履行消费者权益保障义务。非平台电子商务经营者是与消费者直接发生电子商务交易法律关系的主体，更应当承担消费者权益保障义务。根据《电子商务法》与《消费者权益保护法》的规定，非平台电子商务经营者应承担下列消费者权益保障义务：第一，电子商务经营者应当全面、真实、准确、及时地披露商品或者服务信息，保障消费者的知情权和选择权。电子商务经营者不得以虚构交易、编造用户评价等方式进行虚假或者引人误解的商业宣传，欺骗、误导消费者。需要注意的是，禁止编造用户评价是《电子商务法》新增加的制度，认定是否构成编造用户评价需结合评价主体与评价主体的意愿来判断，若评价主体并非消费者或者是消费者但违背消费者的真实意愿，就应当认定为编造用户评价。第二，电子商务经营者应采取安全保障措施确保交易安全可靠，并按照与消费者约定的方式、时限向消费者交付商品或者服务，除非与消费者约定另行

选择快递物流服务提供者，否则应承担商品运输中的风险和责任。这是对电子商务经营者交付义务的规定，按照承诺向消费者交付商品或服务之“承诺”除了包括要约承诺之承诺外，还包括电子商务经营者作出的关于产品质量、退款等事项的单方允诺。对于运输过程中的风险，除双方另行约定快递物流外，一律由电子商务经营者承担。电子商务经营者应保证商品与服务的完整性，不得不合理地将商品或服务拆分，不得确定最低消费标准及另行收取不合理的费用。第三，按照约定向消费者收取押金的，应当明示押金退还的方式、程序，不得对押金退还设置不合理条件；消费者申请退还押金，符合押金退还条件的，电子商务经营者应当及时退还。这是针对实践中押金退还难的现状而作出的规定。第四，电子商务经营者根据消费者的兴趣爱好、消费习惯等特征向其推销商品或者服务，应当同时向该消费者提供不针对其个人特征的选项，尊重和平等保护消费者合法权益。电子商务经营者搭售商品或者服务，应当以显著方式提请消费者注意，不得将搭售商品或者服务作为默认同意的选项。这一规定是《电子商务法》对电子商务环境下特有的大数据营销与搭售问题进行的调整与规制，允许电子商务经营者进行大数据营销与搭售行为，但应受到相应的限制。向消费者提供个人特征的选项时应当同时提供共性的选项；搭售时除依《消费者权益保护法》规定应当以显著方式提醒外，还基于点击交易的现实明确不得将搭售商品或服务作为默认同意的选项。导入案例中，就绿如蓝公司进行的“好评返现”活动是否违反法律规定的问题，我国现行法律体系中仅《网络交易管理办法》就“好评返现”进行了规定。依据该办法第十九条的规定，网络商品经营者，不得利用网络技术手段或者载体等方式，以虚构交易、删除不利评价等形式，为自己或他人提升商业信誉。据此，网店经营者运用技术手段虚构交易购买好评的行为是违法行为。然而，该办法未就经营者与真实的消费者之间的“好评返现”行为是否违法作出明确规定，且也无其他法律明确认定“好评返现”活动违法。因此，不能说该行为违法，但从经营秩序维持与消费者保护的角度考虑，这种活动应当得到规制。

(4) 信息保管、保密与合理使用的义务。《电子商务法》第二十三条规定了电子商务经营者负有依法收集、使用其用户个人信息的义务，这是《电子商务法》注意与其他相关法律做好衔接的体现。未来会出台专门针对个人信息保护的法律规范。无论是对作为用户的法人或其他组织信息的收集还是对作为用户的自然人之个人信息的收集，非平台电子商务经营者尤其是通过自建网站或其他网络服务经营的电子商务经营者都应该依据其公开的收集与使用规则来收集与使用信息，电子商务经营者对个人信息的收集、使用规则不得违反法律法规的规定与双方的约定。电子商务经营者收集、使用其用户的个人信息，应当遵守《中华人民共和国网络安全法》等法律、行政法规规定的个人信息保护规则。电子商务经营者应当采取技术措施和其他必要措施，对所收集的个人信息进行妥善存储和保密。在当前的实践中，对个人信息的不当收集与传播行为时有发生，因此，应明晰个人信息的范围及使用和保护规则。通常认为，电子商务经营者在销售商品或提供服务过程中收集的交易对方自然人的姓名、名称、出生日期、身份证号码、住址、电话号码、账号和密码等能够单独或者与其他信息结合识别用户身份以及用户使用服务的时间、地点等信息，属于个人信息。原则上，电子商务经营者收集个人信息应遵循合法、正当、必要的原则，应明示收集、使用信息的目的、方式与范围，并且收集应该经被收集者同意。

对于收集信息的使用，电子商务经营者必须按照收集目的使用。非经提供者同意或者依据法律规定，不得擅自泄露、出售或者非法向他人提供所收集的个人信息，以保证个人的隐私权。未经信息提供者同意或者被信息提供者明确拒绝时，电子商务经营者无权向其发送商业性信息，个人有权不被自己不想接收的商业信息打扰。

需要注意的是，信息不同于数据，在脉脉与新浪的纠纷中，脉脉所抓取的新浪微博用户的相关个人信息，单个地看是网络用户个人信息，属于消费者权益范畴，但聚合后却是新浪微博的潜在目标用户数据和进行战略决策的重要依据，关乎新浪微博的竞争利益。

据中国电子商务投诉与维权公共服务平台近年来接到的用户投诉案例表明，近年来互联网电商行业“泄密”事件频频出现，重大典型事件包括：5173 中国网络游戏服务网数次被“盗钱”、“小红书”疑似信息泄露致用户被骗、“当当网”多次用户账户遭盗刷、“1 号店”员工内外勾结泄露客户信息、腾讯 7 000 多万 QQ 群遭泄露、携程技术漏洞导致用户个人信息及银行卡信息等泄露、微信朋友圈小游戏窃取用户信息、快递单贩卖成“灰色产业链”、13 万 12306 用户信息外泄事件等，而无一例外的是，在这些“泄密”事件的背后，消费者的权益都受到了不同程度的损害。

（5）依用户申请处理信息的义务。《电子商务法》第二十四条对此有明确规定。电子商务经营者应当明示用户信息查询、更正、删除以及用户注销的方式和程序，不得对用户信息查询、更正、删除以及用户注销设置不合理条件。电子商务经营者收到用户信息查询或者更正、删除申请的，应当在核实身份后及时提供查询或者更正、删除用户信息。在技术许可的情况下，个人信息提供者可以要求电子商务经营者删除或去身份化处理交易信息中与自己隐私有关的信息。用户注销的，电子商务经营者应当删除该用户的信息；但是，依照法律、行政法规的规定或者双方约定保存的，依照其规定。

2. 非平台电子商务经营者对国家与有关部门负担的义务

（1）依法纳税的义务。作为经营主体，非平台电子商务经营者应当依据税收法律法规的规定履行纳税义务。

（2）配合有关部门提供信息的义务。《电子商务法》第二十五条规定，有关主管部门依照法律、行政法规的规定要求电子商务经营者提供有关电子商务数据信息的，电子商务经营者应当提供。有关主管部门应当采取必要措施保护电子商务经营者提供的数据信息的安全，并对其中的个人信息、隐私和商业秘密严格保密，不得泄露、出售或者非法向他人提供。

3. 非平台电子商务经营者对其他经营者的义务

这主要是指电子商务经营者依法正当开展经营的义务。电子商务经营者不得利用网络技术手段或者其他载体，实施损害其他经营者商业信誉、商品声誉以及侵犯知识产权人的知识产权与商业秘密等不正当竞争行为。《电子商务法》第二十二条规定了电子商务经营者实施正当竞争的义务，“电子商务经营者因其技术优势、用户数量、对相关行业的控制能力以及其他经营者对该电子商务经营者在交易上的依赖程度等因素而具有市场支配地位的，不得滥用市场支配地位，排除、限制竞争。”该条将排除、限制竞争的主体限定为具有滥用市场支配地位的电子商务经营者，由于认定市场支配地位非常困难，可能导致对没有市场支配地位主体的排除、限制竞争行为无从规制。具体而言，电子商务经营者不得采用下列不正当竞争手段从事市场交易，损害竞争对手利益：第一，擅自使用知名网站特有的域名、名称、标识或者使用与知名网站近似的域名、名称、标识，与知名网站相混淆，造成消费者误认；第二，假冒、混淆知名网站链接等；第三，利用软件攻击其他经营者的网络系统，恶意访问、拦截、修改其他经营者的网络店铺，影响其他经营者的正常经营；第四，擅自使用、伪造政府部门或者社会团体电子标识，进行引人误解的虚假宣传；第五，以虚构交易、删除不利评价等手段不正当提升自己或他人的商业信誉；第六，交易达成后以违背事实的恶意评价损害竞争对手的商业信誉。

（二）不同类型非平台电子商务经营者的特殊义务与责任

1. 通过自建网站或其他网络服务经营的电子商务经营者的义务与责任

（1）遵守有关电信和信息网络服务管理规定的义务。网站作为计算机网络的站点都在从事信息传输、处理等服务，具有为他人提供信息服务的能力，是人们利用互联网的工具。因此，所有网站均受国家有关网络通信、网络信息服务法律规范的调整，设立网站应当符合《中华人民共和国电信条例》和《电信业务经营许可证管理办法》中对电子业务经营许可证申办条件和程序的规定，以及《互联网信息服务管理办法》中对设立网站和提供信息网络服务作出的规定。根据我国现行相关法律法规的规定，非经营性网站需要进行 IP 地址备案，而经营性网站还需要获得互联网信息服务增值电信许可证。网站的运营也要遵守法律的基本规定，尤其是关于网络内容的管理规定。其他网络也应遵守相应的规则。

（2）对发布与传播的信息承担管理义务。自建网站或其他网络服务经营的电子商务经营者有自行或开设端口允许用户发布信息的权利，但是同时应该对信息发布和传播行为负责。即便是在有端口的情况下由用户自己发布的信息，由于自建网站电子商务经营者为用户提供了信息发布的工具，且理应对其网站上所发布的信息具有管理能力，故应该由该经营者对网站中所有的信息都应当承担管理人的义务和责任。依据现行法律规范的规定，自建网站电子商务经营者对用户发布的信息是否承担以及承担何种责任需要根据具体信息行为进行判断。用户发布法律或政府禁止发布的信息，引发行政责任会牵连到自建网站电子商务经营者；如果是侵犯他人合法权益的信息，则自建网站电子商务经营者承担责任以知道为要件。利用其他网络服务的经营者也有在其控制能力范围内的管理义务。

2. 平台内电子商务经营者的义务与责任

（1）向平台提交真实信息实名注册的义务。平台内经营者在登入平台时，应当依法律的规定或者平台的要求提供真实的姓名或名称和真实有效的身份信息、工商登记资料等进行实名注册，以便于在电子商务经营者实施电子商务行为侵害他人权益时，能够准确及时地依据电子商务经营者提供的真实身份确定责任承担。

（2）遵守电子商务平台经营者制定的用户守则、交易规则的义务。电子商务平台经营者基于合理的商业判断事先拟定的供用户遵守的自律规范大致分为能够约束所有用户的用户守则、用来约束电子商务经营者的经营规约，以及用来约束平台上双方交易关系的交易规则。电子商务经营者对于用户守则、经营规约以及交易规则都应该遵守。

本章小结

电子商务经营主体是电子商务交易中重要的参与者，其对交易的参与是电子商务得以顺利运行的基础。电子商务经营主体包括非平台电子商务经营者、电子商务平台经营者、电子商务服务提供者。电子商务经营主体的判定标准有别于传统法律主体的标准。作为从事经营的主体，应运用市场准入与退出制度实现对电子商务经营资格的取得、丧失以及监管，尤其是应掌握一般性的市场准入条件与特殊性的条件。进行工商登记是获得主体经营资格的必要程序，同时应考虑到经营的实际情况而明确豁免登记的条件。在电子商务中，与经营主体相对的当事人凭借网络上的信息参与交易，因而经营主体的主动信息公示与工商行政管理部门的信息公示是保证交易真实与安全的重要途径。主体有进入就有退出，电子商务经营主体的退出包括主动退出与强制退出，其退出的事由与法律后果有别，同时，需要注意的是，退出并不一定意味着退出市场而可能只是退出某一平台。在上述电子商务经营主体中，非平台电子商务经营者与电子商务平台经营者均是电子商务交易中重要的一端，也是易与消费者产生纠纷的主体，二者都实施着电子商务经营行为，只是具体方式有所差别，故二者具体承担的义务有很多共同之处，如主体信息提供义务、交易信息妥善保存义务、遵守格式条款规则义务、个人信息保护义务等。此外，非平台电子商务经营者与电子商务平台经营者还负担着各自的义务并享有相应的权利。为突出电子商务平台经营者的特殊性，本章在就二者负担一般性义务进行梳理的基础上，讨论了非平台电子商务经营者的权利与义务，下一章将专章讨论电子商务平台经营者的权利与义务。

关键术语

电子商务经营主体　电子商务经营者　电子商务平台经营者　电子商务服务提供者　准入条件　登记与豁免　信息公示　强制退出　主动退出　一般性义务　电子商务经营者类型　电子商务经营者权利　电子商务经营者义务

习　题

一、名词解释

1. 电子商务经营主体
2. 平台内电子商务经营者
3. 消费者权益保障义务
4. 可信交易系统提供义务
5. 格式条款

二、选择题（不定项）

1. 下列属于电子商务经营主体的有（　　）。

A. 在淘宝网上出售数码设备的网店
B. 某电子商务平台经营者
C. 某信用服务机构
D. 提供接入服务的某网站经营者

2. 下列属于电子商务经营主体应该具备的一般准入条件的是（　　）。

A. 资金条件
B. 人员条件

C. 技术条件　　D. 线下经营场所条件

3. 下列不属于非平台电子商务经营者的是（　　）。

A. 微商电子商务经营者　　B. 自建网站经营电子商务经营者

C. 电子商务平台经营者　　D. 平台内电子商务经营者

4. 下列属于非平台电子商务经营者与电子商务平台经营者共同负担的一般性义务的是（　　）。

A. 主体信息提供义务　　B. 遵守格式条款规则义务

C. 个人信息保护义务　　D. 系统安全维护义务

三、简答题

1. 试述电子商务经营主体与传统民商事主体之间的关系。

2. 电子商务平台经营者的特殊准入条件是什么？

3. 试述非平台电子商务经营者的特殊准入条件。

4. 电子商务经营主体办理工商登记的必要性是什么？

5. 你认为电子商务经营主体办理工商登记是否有必要区分线下是否已办理登记而采用不同的程序？为什么？

6. 电子商务经营主体豁免登记的条件是什么？试对我国的相关规定进行评价。

7. 电子商务经营主体信息公示的法律意义是什么？

8. 电子商务经营主体强制退出的事由与法律后果是什么？

9. 非平台电子商务经营者与电子商务平台经营者的一般性义务有哪些？具体内容是什么？

10. 非平台电子商务经营者的权利有哪些？

11. 如何理解非平台电子商务经营者对其用户应负担的义务？

12. 非平台电子商务经营者对其他经营者应承担什么义务？

13. 如何理解信息与数据的关系？

四、案例分析题

上海新欧公司（化名）和张某均从事化妆品销售业务，各自通过淘宝网经营业务。上海新欧公司在淘宝网上的店铺名称为“新欧美肤”，注册人为莉莉，登记昵称为“rabbits”。张某在淘宝网上注册了名称为“秘色草植物护肤”的店铺，登记昵称为“十七楼看月亮”。

2013年10月1日，“十七楼看月亮”在淘宝网上发布题为《新欧真相大解密》的帖子，内容主要为：(1) 新欧公司冒充顾客混入“秘色草”群，打听新品、套取配方，在客户群中挑拨离间，之后发帖人通过谷歌查询到这个QQ号曾在论坛使用过“浅笑”会员名。而此前新欧店主曾使用过某个小号。(2) 冒充顾客在秘色草QQ群卧底期间，在发帖人详细解析过仙草面膜的核心成分姜黄及防护奶液的成分无色芦丁提取液以及提到了“传明酸”在对婴儿的神经毒性上有争议之后，新欧家的面膜和防晒喷雾突然同时出现了姜黄和芦丁，而原先在面膜描述中公开的“传明酸”却在网页上消失了。(3) 屡次造谣诽谤，进行人身攻击，污蔑秘色草植物护肤的面膜和新欧公司的面膜一样含有果酸。(4) 新欧长期、大量抄袭秘色草植物护肤店铺的文案，反过来对该店进行攻击。(5) 9月2日，苏州工商部门因为接到新欧实际经营人之一——莉莉的老公李某的举报，来秘色草植物护肤店铺进行检查。举报内容夸张、离谱。不久之后，苏州药监部门接到同样举报去该店进行检查。而且该店设计师因为看到有人在对面偷窥，受到惊吓，出现先兆流产性出血，至今仍在卧床保胎，通过报警查询登记记录及监控，发现此人正是李某。并且莉莉在秘色草的帖子里质疑设计师是故意先兆流产，然后栽赃她。

上海新欧公司一审诉称，张某使用其淘宝账户在淘宝论坛“淘帮派”上发帖《新欧真相大解密》，公开污蔑上海新欧公司及其产品。张某的行为违反了《反不正当竞争法》第十一条“经营者不得编造、传播虚假信息或者误导性信息，损害竞争对手的商业信誉、商品声誉”的规定，构成不正当竞争，请求判令张某：(1) 立即停止捏造、散布虚假事实，损害上海新欧公司商业信誉、商品声誉的行为；(2) 在“淘帮派”网或法院指定媒体上澄清事实、消除影响，并向上海新欧公司赔礼道歉；(3) 赔偿上海新欧公司经济损失 10 万元。

张某一审辩称，(1) 上海新欧公司指称的在淘宝论坛“淘帮派”上发帖《新欧真相大解密》的行为系张某的配偶邓某某所为，张某对此事并不知晓，邓某某未参与张某店铺的经营，与上海新欧公司亦不存在商业竞争关系，故不存在不正当竞争的事实和基础。(2) 张某所发布的《新欧真相大解密》有事实和证据支持，不存在编造、传播虚假信息或者误导性信息的情形。(3) 上海新欧公司未能提供证据证实其因此所受的经济损失，故其主张 10 万元的赔偿于法无据。综上，请求驳回上海新欧公司的全部诉讼请求。

另查明，上海新欧公司于 2014 年 2 月 12 日以苏州汇美天成化妆品有限公司为被告，基于同样的事实和理由诉讼至一审法院，在该案 2014 年 3 月 17 日的听证笔录中，张某承认淘宝论坛“淘帮派”上《新欧真相大解密》的帖子为其所发，与苏州汇美天成化妆品有限公司无关。

一审法院判决：一是张某在“淘帮派”网上就其不正当竞争行为向上海新欧公司赔礼道歉，消除影响；二是张某于判决生效之日起十日内赔偿上海新欧公司经济损失 2 万元；三是驳回上海新欧公司的其他诉讼请求。如果张某未按判决指定的期间履行给付金钱的义务，应当按照《中华人民共和国民事诉讼法》第二百五十三条之规定，加倍支付迟延履行期间的债务利息。一审案件受理费 2 300 元，由张某负担。张某不服一审判决，提起上诉，二审法院驳回上诉，维持原判决。二审案件受理费人民币 2 300 元，由张某负担。

根据案例回答下列问题：

1. 张某与上海新欧公司的法律属性是什么？依法应负担哪些义务？
2. 张某的行为是否构成损害竞争对手商誉的不正当竞争行为？
3. 判定电子商务经营者是否履行了公平竞争义务应当注意什么？

第三章
电子商务平台经营者的权利与义务

【本章要点】

1. 掌握电子商务平台经营者的概念与类型；
2. 掌握电子商务平台经营者法律地位的特殊性；
3. 掌握电子商务平台经营者享有的权利；
4. 掌握电子商务平台经营者应负担的一般性义务与特殊义务。

导入案例

原告田某某因与被告北京京东世纪信息技术有限公司（以下简称“京东世纪公司”）买卖合同纠纷一案，向北京市朝阳区人民法院提起诉讼。

经法院审理查明：2015 年 1 月 4 日，原告田某某通过京东商城从被告京东世纪公司购买了三星手机一部，价款为 899 元，付款方式为在线支付。1 月 8 日，田某某收到该手机。田某某提交的电子订单信息显示，该订单于 2015 年 1 月 4 日生成，1 月 8 日送货成功，订单上方有“重要提醒”一栏，载明：京东平台及销售商不会以订单异常、系统升级为由，要求客户点击任何网址链接进行退款操作，烦请关注京东平台谨防诈骗公告声明。2015 年 1 月 5 日，田某某持有的尾号为 7336 的信用卡发生两笔交易，累计金额为 8 699 元，交易对手分别为“天翼电子商务有限公司上海分公司”和“北京百付宝科技有限公司”，交易类型均为“零售”。

原告田某某诉称：其持有的尾号 7336 号信用卡在开卡之时即已绑定 U 盾，在实际进行交易之时不必再经过 U 盾验证，其卡片与密码只有田某某及爱人知道，未告知其他任何人；2015 年 1 月 4 日，田某某在家中通过电脑从京东商城购买手机，通过该信用卡进行了支付，输入银行发送的验证码后消费成功，页面显示订单生成；1月5日，田某某接到一个个人手机号码来电，自称是京东客服人员，称田某某购买的手机没有货了，需要办理退货退款后再重新购买，并称可以帮助田某某进行退货操作，要求田某某提供信用卡消费验证码；田某某在未核实的情况下，先后两次将银行发送的验证码发送给对方，并收到银行发送的信用卡余额变动短信通知，对方第三次要求田某某提供消费验证码，田某某察觉有异没有继续提供，才登录邮箱查看订单状态，发现货物已经出库，回拨对方号码无人接听；后田某某到北京市公安局海淀分局中关村派出所报警，案件毫无进展，与京东世纪公司协商未果；田某某认为，京东世纪公司泄露田某某的订单及个人信息，导致田某某被骗，应当赔偿田某某的损失。被告京东世纪公司辩称：因订单处于正常状态，2015年1月5日京东世纪公司客服没有电话联系田某某；涉案订单是自营业务，相关信息只有田某某、京东世纪公司知道，不排除因田某某电脑感染病毒、木马等造成信息泄露的可能性。法院认为无相应证据支持，遂驳回了田某某的诉讼请求。【案例摘自（2015）朝民（商）初字第29673号】

问题：

1. 京东世纪公司的法律性质是什么？（相关内容见本章第一节及第二章。）

2. 作为混合型电子商务平台经营者的京东世纪公司，其应承担什么义务？（相关内容见本章第一节。）

3. 京东世纪公司作为电子商务平台经营者依法享有哪些权利？（相关内容见本章第二节。）

4. 电子商务平台经营者自我管理义务与责任的内容有哪些？京东世纪公司是否已经履行交易系统安全维护义务？（相关内容见本章第三节。）

5. 京东世纪公司作为电子商务平台经营者如何承担保护知识产权的责任？（相关内容见本章第三节。）

第一节 电子商务平台经营者的概念与类型

一、电子商务平台经营者的概念

（一）电子商务交易平台的概念

电子商务交易平台是为电子商务活动提供网页空间、虚拟经营场所、交易规则、交易撮合、信息发布等服务，供交易双方或者多方独立开展交易活动的信息网络系统。该系统包括互联网、计算机、相关硬件和软件等。在很多情况下，为优化电子商务交易环境、促进电子商务交易，电子商务交易平台还有为交易双方提供身份认证、信用评价、广告发布、网络营销、网上支付、物流配送、交易保险等辅助服务的功能，即平台的主要功能与辅助功能同时发挥作用。

（二）电子商务平台经营者的概念

根据我国现行《网络交易管理办法》的相关规定，电子商务平台经营者应当是经工商行政管理部门登记注册并领取营业执照的企业法人，在此规定基础上，《电子商务法》第九条将电子商务平台经营者界定为，在电子商务中为交易双方或者多方提供网络经营场所、交易撮合、信息发布等服务，供交易双方或者多方独立开展交易活动的法人或者非法人组织。本书认为，这一规定具有合理性。因为电子商务交易平台通过在线运营方式，为电子商务经营者提供交易的场所及交易撮合等服务，形成一个巨大的专业交易的虚拟市场，在电子商务中扮演着重要的角色，因此，应当要求电子商务交易平台的经营者必须真实合法，需要具有一定的经济实力和管理能力。在通常情况下法人或非法人组织的经济实力与管理能力会强于自然人；同时，作为独立的法律主体，法人或非法人组织具备的组织性特征使得其可以超越自然人生命有限的局限而永续存在，从而实现电子商务交易的连续性。此外，当平台经济发展到一定规模时，平台上的秩序就具有公共性，在法律规则设计的过程中，应注意充分发挥企业法人或非法人组织在平台治理规则构建中的作用。随着电子商务的发展，平台治理会成为社会治理的重要组成部分。在“导入案例”中，按照京东世纪公司的运行实践，其兼有非平台电子商务经营者与电子商务平台经营者的属性，案例中田某某购买的是京东自营手机，京东是以电子商务经营者的身份与田某某之间发生电子商务交易关系。

当电子商务交易在平台内电子商务经营者与消费者用户之间展开时，电子商务平台经营者则处于第三方的位置，因此在实践及相关立法中也被称作第三方平台经营者。从功能上看，电子商务平台经营者是基于电子商务的飞速发展而产生的一种新型的中间商，代表了信息经济时代的典型商业模式。在实践中，对于应用广泛并代表未来经济发展趋势的分享经济或共享经济，其主要特点是由商业机构、组织或者政府创建一个以信息技术为基础的市场平台，个体借助该平台交换闲置物品、分享自己的知识或经验、向企业或某个创新项目筹集资金。对于共享经济平台是否应纳入电子商务法的调整范围，有不同的观点。本书认为，对于共享经济平台，除非是政府设立的纯粹用于交易的无营利的网络市场，这属于政府提供的公共设施，应结合相关法律的规定要求其负有基本的交易安全与稳定保障的义务即可，除此以外，只要平台提供者在共享经济的实施中收取相关的费用，应比照电子商务平台经营者的相关规则进行规制。也就是说，应当将在一般情形下的共享经济纳入电子商务法的调整范围，同时考虑具体运行情况设定特殊的规则。

同时，需要注意的是，自行设立网站、拥有独立的信息网络系统而不借助于电子商务交易平台进行商品销售或服务提供的自然人、法人或其他组织，不属于平台经营者，这类网站也通常不被称为交易平台。上述从事电子商务经营的自然人、法人或其他组织属于典型的非平台电子商务经营者，通常被称为垂直电商。这也是本书区分非平台电子商务经营者与电子商务平台经营者的另一原因，依照传统主体形态划分理论，自然人、法人、非法人组织均可以成为非平台电子商务经营者，而只有法人、非法人组织才能成为电子商务平台经营者。

二、电子商务平台经营者的类型

依据不同的标准，电子商务平台经营者可以有不同的分类。

（一）纯粹型、居间型与混合型电子商务平台经营者

依据平台经营者是否从事商品销售或者服务提供为标准，可将电子商务平台经营者分为纯粹型、居间型与混合型电子商务平台经营者。所谓纯粹型电子商务平台经营者是指仅提供交易平台但不参与其他交易的电子商务平台经营者，如淘宝网。所谓居间型电子商务平台经营者是指不仅提供网络交易平台，而且自身对于买卖双方的电子商务交易充当居间人角色的电子商务平台经营者，居间型电子商务平台经营者本身参与到交易中，但不属于交易的任何一方，也不属于任何交易方的代理人，而是为双方提供订约机会的居间人，如阿里巴巴网。所谓混合型电子商务平台经营者是指不仅提供交易平台的运营服务，自身也从事商品销售或服务提供的电子商务平台经营者，成为交易的一方当事人，如京东商城。

（二）单一型与复合型电子商务平台经营者

依据平台经营者是否提供或者集成其他服务为标准，可将电子商务平台经营者分为单一型与复合型电子商务平台经营者。所谓单一型电子商务平台经营者是指仅提供网页空间、虚拟交易场所、交易规则、交易撮合及信息发布等平台服务功能的电子商务平台经营者；复合型电子商务平台经营者是指不仅提供电子商务平台服务，还提供或集成了促进电子商务交易的身份认证、信用评价、广告发布、网络营销、网上支付、物流配送、交易保险等辅助服务的电子商务平台经营者。目前，影响较大的几大电子商务平台经营者均属于复合型电子商务平台经营者。

三、电子商务平台经营者的法律地位

由于电子商务平台经营者存在不同的类型，故在其参与的法律关系中，存在不同的法律地位。

对于纯粹型电子商务平台经营者，其仅提供平台，并不参与交易主体之间的交易，既非卖方也非买方，故不需就主体间的交易享有权利与承担义务，但是应该制定用户守则、经营规约和交易规则等自律规范，并建立交易安全保障、不良信息处理以及纠纷解决机制等自我管理规范，发挥平台作为电子交易市场的基本功能。

居间型电子商务平台经营者除了具备纯粹型平台经营者的地位外，还担任居间人的

角色，平台经营者与其平台内电子商务经营者用户和消费者用户之间的关系不同于平台内电子商务经营者与消费者用户之间的关系，电子商务平台经营者基于平台提供者和居间人的身份享有相应的权利与承担相应的义务，平台内电子商务经营者对其利用平台服务从事的经营行为承担法律责任。

混合型电子商务平台经营者不仅有平台经营者的权利与义务，也有非平台电子商务经营者的权利与义务，作为经营平台同时自身也参与电子商务交易的平台经营者而言，在平台内清晰标识“自营”是其首先当然应负担的义务，避免消费者的误解。

单一型电子商务平台经营者依法享有平台经营者的权利，负担平台经营者的义务，同时结合其所参与的法律关系的性质确定具体的权利与义务。

复合型电子商务平台经营者应注意标示辅助服务是自己提供还是他方借助平台提供，明晰权利与义务的归属主体，从而正确地确定责任主体。

针对电子商务交易纠纷所产生的责任承担，应首先区分法律关系：如果是因电子商务平台经营者与其用户之间的服务关系产生的纠纷，则应当按照双方所签订的用户服务协议等自治规则以及相关立法对责任进行承担；如果是平台内电子商务经营者与其用户之间因交易产生的纠纷，则电子商务平台经营者原则上不应承担责任。只有在两种法律关系存在牵连或电子商务平台对于其用户之间的交易有影响时，平台才有可能承担相应的责任，要特别注意法律关系相对性原理的运用。在“导入案例”中，京东世纪公司作为混合型电子商务平台经营者，在平台内清晰标识“自营”是其首先应负担的义务，同时，其还应承担非平台电子商务经营者的义务与电子商务平台经营者的义务。

第二节　电子商务平台经营者的权利

一、电子商务平台经营者针对平台内电子商务经营者的权利

（一）制定自律规范与自我管理规范的权利

为构建可靠的交易环境，维护网络交易秩序，发挥平台治理的积极作用，对于平台经营者通过协议方式以自律规范约束己方与用户、用户与用户之间电子商务交易的行为，应当得到法律的确认。在一般情况下，电子商务平台经营者事先拟定的供用户遵守的自律规范大致分为三类：一是用来约束所有用户的用户守则；二是用来约束经营性用户的经营规约；三是用来约束平台上交易双方交易关系的交易规则。在实践中，平台经营者可以不对此进行区分，一并作为用户协议，在用户签署用户协议或建立用户服务关系时要求用户同意这些规则。在上述三类规则中，调整用户之间交易关系的交易规则明显突破了合同关系的相对性，这也是平台治理具有一定公共性的表现，平台具有制定该规则的自主性，制定之后，其他欲借助平台从事交易的当事人均需要遵守。

值得注意的是，由于用户守则、经营规约、交易规则等都是由电子商务平台经营者单方面制定的，本质上仍然属于自治规范，需要相关利害关系人的同意或知晓，才具有法律上的约束力。《电子商务法》第三十二条、第三十三条明确规定了电子商务平台经营者制定平台服务协议和交易规则时应当遵循公开、公平、公正的原则，并在主页显著位置持续公示平台服务协议和交易规则信息或者上述信息的链接标识。这表明了电子商务平台经营者有权制定服务协议、交易规则等自律规范与自我管理规范。当产生纠纷，需要援用用户守则、经营规约、交易规则等解决纠纷时，人民法院或者仲裁机构应该首先对该规则的合法性进行审查。若上述规则不存在违法性问题，则可以作为纠纷主体争端解决的依据。

（二）定期核验平台内电子商务经营者真实身份信息等材料的权利

平台经营者有权对申请进入平台销售商品或者提供服务的法人、其他经济组织或者个体工商户的经营主体身份进行审查和登记，建立登记档案并定期核实更新。平台经营者有权对未取得营业执照而从事经营活动的自然人的真实身份信息进行审查和登记，建立登记档案并定期核实更新，便于交易相对人获知其身份信息。

电子商务交易平台为平台内电子商务经营者提供了其从事电子商务活动的场所与舞台，平台内电子商务经营者依赖平台提供的服务开展电子商务经营活动，二者形成共同的市场环境。在发展过程中，电子商务平台经营者为了维护交易安全，降低平台运营风险，有权自觉核验并登记平台内电子商务经营者的身份和合法资质。《电子商务法》第二十七条规定了电子商务平台经营者应当要求申请进入平台销售商品或者提供服务的经营者提交其身份、地址、联系方式、行政许可等真实信息，进行核验、登记，建立登记档案，并定期核验更新。“应当”表明电子商务平台经营者义务的同时也意味着其有权要求平台内经营者提供上述信息。这种核验与登记只是对平台内电子商务经营者的一种自我管理措施，便于平台及时公示平台内电子商务经营者的身份，依然属于平等主体之间的行为。与之相适应，如果平台内经营者在经营过程中产生了身份的变化，电子商务平台经营者有权要求平台内电子商务经营者提供其身份变化的依据，并在审查后及时更新数据库。

二、电子商务平台经营者对消费性用户的权利

（一）允许消费性用户以用户名注册的权利

用户名是电子商务交易中认定用户身份的依据，我国的网络一开始产生即采取用户名制度。为保证电子商务交易的自由与信息安全，应将是否允许用户名注册及是否必须提供真实信息的决定权赋予电子商务平台经营者，除非法律明确规定必须实名注册的情形。

（二）对收集的消费者数据信息有所有权与使用权

非平台电子商务经营者收集的与其销售的商品或提供的服务相关的消费主体、模

式、习惯等信息而形成的数据，由于其适用的领域相对单一，因此对整个市场的商业价值相对有限。而对于电子商务平台经营者，由于其平台上的商品或服务多样，经过信息的收集与处理后形成的数据信息不仅有助于平台经营者尤其是有自营电商业务的平台经营者进行产品开发、管理、策划与营销，而且数据及其相关服务本身就是具有极大商业价值的产品，因而可以为电子商务平台经营者带来巨大的利益。

电子商务平台经营者一般需要投入巨额成本形成并维系智能数据系统，如前所述，应将经营中获取的大数据信息所有权与经营权授予对数据信息付出成本的电子商务经营者，电子商务平台经营者比一般非平台电子商务经营者投入更大，也是其确保竞争力的重要手段，故在现有法律框架下也应有数据信息的所有权与经营权。数据权利的问题也许未来会突破所有权与使用权区分、公有与私有区分的二元范式，而规定不同主体的不同权能。

当然，赋予电子商务平台经营者数据信息所有权的同时，应该注意对提供信息者信息的保护，尤其是个人信息的保护，应符合《中华人民共和国网络安全法》《最高人民法院、最高人民检察院关于办理侵犯公民个人信息刑事案件适用法律若干问题的解释》《信息安全技术个人信息安全规范》等规定中对个人信息保护的相关规则。

在“导入案例”中，京东世纪公司作为电子商务平台经营者当然享有上述针对平台内电子商务经营者与消费性用户的权利，以及其他依法享有的自主经营不受非法干预等权利。

第三节　电子商务平台经营者的义务与责任

一、电子商务平台经营者的一般性义务与责任

（一）电子商务平台经营者的自我管理义务与责任

1. 自律规范与自我管理规范制定与修改的公示义务

电子商务平台经营者制定或修改的交易规则，应当在网站首页醒目位置公开征求意见，并应采取合理措施确保交易规则的利益相关方及时、充分知晓并表达意见，通过合理方式公开收到的意见及答复处理意见，征求意见的时间不得少于七日。除非涉及商业秘密，电子商务平台经营者应当在交易规则实施前的七日内在网站醒目位置予以公开。《电子商务法》对此进行了明确规定，究其原理，交易规则、服务协议等自律规范本质上属于合同的一种，只有合同当事人协商一致才能变更合同，只是在电子商务环境下应将协商的程序变更为征求意见。

2. 对经营行为合法性的审查义务

电子商务平台经营者对于平台上的经营活动和交易具有自我管理的义务和权利。因

此，法律上应当确认或赋予平台经营者对平台内电子商务经营者的合法资质和提供的商品或服务的合法性负有审查义务。平台经营者应当采取合理可行的技术措施和管理措施，监督平台上的经营者合法经营。对于违反法律、行政法规的经营行为，平台经营者有权要求商户改正或依约定采取相应的管理措施。

电子商务平台经营者承担合法性审查的义务，是维护平台经营秩序和塑造良好商业信誉的手段。这种审查是实质性的还是形式性的？本书认为，电子商务平台经营者只需要承担形式审查的义务，只要求经营性用户提供合法资质或具有法律依据的文件，但并不审查该用户提供的商品与相关文件的吻合度。也就是说，只要电子商务平台经营者尽到了合理审查义务，就不需要对平台内经营者的违法经营行为承担责任。如果平台内经营者实施了法律明确规定的禁止行为，电子商务平台经营者在可以作出判断的前提下还允许违法行为实施者进入平台从事经营活动，那么即为违法经营提供了条件，则应当承担相应的责任。《电子商务法》第三十八条第一款规定，电子商务平台经营者知道或者应当知道平台内经营者销售的商品或者提供的服务不符合保障人身、财产安全的要求，或者有其他侵害消费者合法权益行为，未采取必要措施的，依法与该平台内经营者承担连带责任。值得说明的是，《电子商务法》第三十八条第二款“对关系消费者生命健康的商品或者服务，电子商务平台经营者对平台内经营者的资质资格未尽到审核义务，或者对消费者未尽到安全保障义务，造成消费者损害的，依法承担相应的责任”的规定在立法中争议较大，争议集中于是要求该种情形下的电子商务平台经营者承担连带责任、相应的补充责任还是相应的责任，最终立法规定为“相应的责任”。本书认为，在这种情形下应要求电子商务平台经营者与平台内经营者承担连带责任。根据该款规定，其前提已经表明了电子商务平台经营者存在过错行为，又是关系到消费者生命健康的商品或服务，电子商务平台经营者只要尽到了合理审查义务，就不属于违反义务的情形，也就无须承担连带责任，否则应当承担连带责任，以倒逼平台承担其有能力承担的审核义务与安全保障义务。现行规定的“相应的责任”则在一定意义上会放纵平台经营者的不作为。在《电子商务法》实施的过程中，对该条适用的效果需留待司法实践的检验。

在审查的内容上，电子商务平台经营者的审查范围应当限于平台内电子商务经营者是否实施了法律明令禁止的行为或是否具备法律明确要求的资质许可。例如，审查是否销售了法律或国家行政命令明令禁止销售的商品、销售了法律禁止传播的违法信息，以及是否具备烟酒、医药、化妆品、健康服务等商品经营和服务提供的资质许可等。

在电子商务平台经营者审查义务中争议较大的是，是否应审查平台内电子商务经营者的产品来源是否合法、是否有权销售或提供特种服务。本书认为，如果要求电子商务平台经营者对平台内电子商务经营者的产品来源进行审查和保证，则会加重电子商务平台经营者的负担，不仅成本过大，也不现实。基于形式审查的基本要求，只要电子商务平台经营者对平台内电子商务经营者是否拥有商标权证和商标许可使用或商品经销权等证书进行了审查，就完成了其审查义务，而无须对平台内电子商务经营者销售的商品是否属于正品或者是否有权销售或提供特种服务承担责任。

在“导入案例”中，京东世纪公司兼有平台内电子商务经营者与电子商务平台经营者的双重身份，除了承担本部分作为平台经营者应承担的自我管理义务外，还应承担第二章规定的与非平台电子商务经营者共同承担的一般性义务以及非平台电子商务经营者应承担的义务。在案例中，买方田某某使用家中电脑进行涉案网络购物行为，其电脑、所用网络是否安全、稳定，其是否通过其他途径将购买手机一事告知他人，均无相关证据加以证明，没有充分证据证明订单信息泄露是京东世纪公司的过失导致的，故应认定京东公司已履行了交易系统安全维护义务。需要引起消费者注意的是消费者应在消费中谨慎、警觉，设置复杂的密码，注意信息的保密。

（二）电子商务平台经营者对平台内经营者与消费者的义务与责任

1. 提供公平竞争条件的义务

为确保平台内经营者的公平竞争，电子商务平台经营者应保持其中立者地位，必须依据客观实际情况提供商品或服务搜索，不得人为设置商品或服务搜索结果的升序和降序，更不得收取费用，以避免引发平台内经营者之间通过提升排名或者优先显示搜索结果的方式进行不正当竞争。同时，《电子商务法》第三十五条也明确规定，电子商务平台经营者不得利用服务协议、交易规则以及技术等手段，对平台内经营者在平台内的交易、交易价格以及与其他经营者的交易等进行不合理限制或者附加不合理条件，或者向平台内经营者收取不合理费用。第四十六条规定，电子商务平台经营者除了提供网络经营场所、交易撮合、信息发布等服务外，可以按照平台服务协议和交易规则，为经营者之间的电子商务提供仓储、物流、支付结算、交收等服务。电子商务平台经营者为经营者之间的电子商务提供服务，应当遵守法律、行政法规和国家有关规定，不得采取集中竞价、做市商等集中交易方式进行交易，不得进行标准化合约交易。本质上，平台服务协议、交易规则等属于平台自治的范畴，但鉴于平台相较于其内部经营者所具有的明显优势地位，《电子商务法》突破了私法自治原则，对平台服务协议的内容与交易形式进行限制，尊重现有的金融管理秩序，并在法律责任部分明确规定了平台违反上述规定应当承担的行政责任。

2. 终止服务的告知义务

平台经营者关闭平台、终止服务的，根据《中华人民共和国网络交易管理办法》的规定，应当提前三个月在其网站首页醒目位置予以公示并通知相关经营者和消费者，便于平台内用户结束正常的交易和结算，同时应当保存相关记录、依法清算平台债权债务等。擅自关闭平台服务，造成用户权益受到侵害的，平台经营者应当承担相应的民事赔偿责任。

不同于线下即时结清的传统交易模式，线上交易从要约、承诺到履行完毕可能需要一段时间，从维护交易环境的稳定性出发，应当限制平台经营者终止服务的行为。终止服务应提前一定的时间公告，以便于平台内电子商务经营者与其他用户结束正常的交易和结算。

3. 为消费者提供真实搜索结果的义务

电子商务交易远程、虚拟的特点决定了消费者对平台提供真实信息的依赖，实践中存在因为虚假搜索结果导致消费者信以为真而进行交易使自己利益遭受损害的情形。为更好保护消费者的合法权益，《电子商务法》第四十条明确规定，电子商务平台经营者应当根据商品或者服务的价格、销量、信用等以多种方式向消费者显示商品或者服务的搜索结果；对于竞价排名的商品或者服务，应当显著标明“广告”。依照上述规定，同时结合《消费者权益保护法》《中华人民共和国广告法》的有关规定，电子商务平台违法发布广告，除依法需承担行政责任和刑事责任的外，如果购买商品或者接受服务的消费者的合法权益受到损害，平台不能提供广告主的真实名称、地址和有效联系方式的，消费者可以要求平台先行赔偿；关系消费者生命健康的商品或者服务的虚假广告，造成消费者损害的，平台与广告经营者、广告代言人、广告主承担连带责任，其他类型的商品或者服务的虚假广告，造成消费者损害的，平台明知或者应知广告虚假仍发布的，与广告主承担连带责任。

4. 协助维权义务

从现实性和成本考量，只能要求作为私法主体的电子商务平台经营者承担审查平台内电子商务经营者是否违法的义务，而不应承担审查其是否侵权的义务。是否侵权涉及法律判断，应由权利受到侵害的当事人提供证据加以证明，即进行自力救济。然而，平台作为交易场所的提供者与交易撮合的实施者，具有一定的公共性，其理应有能力也有义务在平台上建立投诉举报机制，为权利人维权提供通道和协助服务。权利人投诉时，应当提交特定经营者销售的商品或提供的服务侵犯其合法权益的有效证明。平台经营者认为权利人的投诉证据充分的，可以采取暂停特定涉嫌商品或服务的交易等合理措施。《电子商务法》第六十一条规定，消费者在电子商务平台购买商品或者接受服务，与平台内经营者发生争议时，电子商务平台经营者应当积极协助消费者维护合法权益。根据《中华人民共和国侵权责任法》第三十六条的规定，网络服务提供者接到通知后未及时采取必要措施的，对损害的扩大部分与该网络用户承担连带责任。网络服务提供者知道网络用户利用其网络服务侵害他人民事权益，未采取必要措施的，与该网络用户承担连带责任。当然，如果被投诉平台内电子商务经营者认为不侵权的，可诉诸调解、仲裁、司法机关裁决。平台经营者设立纠纷解决机制的，由当事人选择提交该机构处理。

5. 用户信息、交易记录存管和使用的义务

在电子商务活动中，平台经营者一方面为交易活动提供技术支持，另一方面也会主动或被动地收集到所谓的交易信息、记录或资料，由此形成的信息集合即为电子记录，也就是证据法意义上的电子数据，即应用信息技术生成、存储、传输中形成的电子信息或数字信息，包括 EDI、电子邮件、计算机服务器和终端设备生成和储存的任何电子文档（包括计算机系统自动生成和人工生成的记录、文件）等。为防止日后产生纠纷，并且平台经营者具有技术上的便利与优势，电子商务平台经营者应妥善存储平台上发生的交易信息。

为便于日后调取查用，电子商务平台经营者应记录并妥善保存平台上发布的商品和服务信息、交易信息，并确保信息的完整性、保密性、可用性。除法律另有规定外，与《中华人民共和国民法总则》关于普通诉讼时效的规定相适应，商品和服务信息、交易信息保存时间自交易完成之日起应当不少于三年。具体见《电子商务法》第三十一条的规定。用户身份信息、交易记录等用户信息由电子商务平台经营者依据法律和双方约定控制使用，但是对用户信息的使用不得侵犯用户的个人信息权、隐私权、商业秘密等合法权益。为解决电子商务纠纷，电子商务平台经营者有义务为纠纷当事人或授权代理人提供相关用户信息和交易记录。

6. 提供信用及相关服务的义务

在电子商务交易中，诚信的要求更为迫切和关键，平台的重要功能之一即是为交易双方提供科学的信用信息供交易使用。因此，电子商务平台经营者应该为其用户提供公平、公正、公开的信用评价服务，建立科学、合理的信用评价体系，完善信用披露机制，客观、公正地采集和记录经营性用户的信用情况。电子商务平台经营者应该对评价记录进行保留，与《中华人民共和国民法总则》普通诉讼时效的规定相适应，原则上不得少于三年。《电子商务法》第三十九条规定，电子商务平台经营者应当建立健全信用评价制度，公示信用评价规则，为消费者提供对平台内销售的商品或者提供的服务进行评价的途径。电子商务平台经营者不得删除消费者对其平台内销售的商品或者提供的服务的评价。同时，应防止平台经营者利用其优势地位滥用权利，应该规定平台经营者不得任意调整用户的信用级别，不得提供任何有偿的信用评价服务，不得将收集的信用信息用于非法用途。

平台治理具有一定的公共性，可以在法律允许的限度内实施自我管理，电子商务平台经营者有权对失信主体依据自治规则采取合理管制措施。其他提供电子商务服务的服务提供者在提供信用服务时，也应当承担与电子商务平台经营者在信用服务提供时相同的义务。电子商务平台经营者可以依法提供仓储、物流、支付结算、交收等电子商务辅助服务。电子商务平台经营者为经营者之间的商品交易或者服务交易提供服务，应当遵守法律、行政法规和国家有关规定，不得采取集中竞价、做市商等集中交易方式进行交易，不得进行标准化合约交易。《电子商务法》第五十八条第三款同时规定了电子商务平台经营者的先行赔付义务应当适用《消费者权益保护法》的相关规定，即消费者在平台上购买商品或接受服务，在合法权益受到损害时平台提供者不能提供销售者或者服务者的真实名称、地址和有效联系方式的，消费者也可以向网络交易平台提供者要求赔偿。基于平台有交易秩序维持的义务，对平台内经营者有控制能力，以及平台内经营者通常会向平台提供者事先提交履约保证金与押金等事实，要求平台经营者承担先行赔付义务具有合理性。

7. 建立消费者权益保证金时接受监督的义务

在电子商务平台上建立消费者权益保证金机制是电子商务领域对消费者保护的一大创新，有助于为非面对面、非即时交易的消费者提供金钱保障，从而更好地推动平台内电子商务经营者的自我约束。随着电子商务交易的逐步发展，消费者愈发注重商品或服务的品质和购买体验，消费者权益保证金能够促进消费者对电子商务的参与和对平台的利用，因此，应当鼓励平台经营者建立消费者权益保证金，并且该保证金应当用于对消费者权益的保障，不得挪作他用，使用情况应当定期公开。

8. 清晰标识服务来源的义务

电子商务平台经营者仅仅是电子商务交易中的一个核心环节，一项电子商务交易的顺利完成除了在平台上完成交易行为的主要部分之外，还需要物流、支付等辅助服务。在平台上，就可能既有交易中介的典型平台服务，同时又有信用评价、认证、物流、支付、保险等其他辅助性服务，平台就成为一系列交易辅助活动的集成地。这些辅助服务可能由平台提供，也可能由专业辅助服务的提供者借助平台提供。因此，在平台上清晰地区分该辅助服务究竟是由平台经营者提供，还是由独立的第三方辅助服务提供者提供，是平台经营者的另一项告知义务。原则上，谁提供的服务就应该由谁承担服务失当的责任，因此，在纠纷发生时区分服务的具体提供者为平台经营者提供了免责依据。对于平台上集成了物流、支付、认证、信用评价等电子商务辅助服务的电子商务平台经营者而言，其有义务清晰标识服务提供主体、费用等信息，以便平台内电子商务经营者及其他用户作出合理和清晰的判断；若因标识不清导致平台内电子商务经营者及其他用户不能辨识主体的，应推定该项服务的提供者为平台经营者。这符合商法的外观主义原则，有助于维护交易安全。同时，这种责任归属机制也有助于促使电子商务平台经营者承担积极的标识义务，减少不必要的纠纷。此外，在电子商务平台经营者同时开展自营业务时，根据《电子商务法》第三十七条的规定，应以显著方式区分标记自营业务和平台内经营者开展的业务，不得误导消费者，并对标记为自营的业务依法承担商品销售者或服务提供者的民事责任。

（三）电子商务平台经营者对国家和有关部门承担的义务与责任

1. 向相关行政机关报送信息、提供协助的义务

电子商务平台经营者作为与平台内电子商务经营者产生直接法律关系的一方主体，对平台内电子商务经营者的实际情况最为了解，因此，电子商务平台经营者应当按照规定向市场监督管理部门、税务部门报送平台内经营者的身份信息与经营信息；同时有义务配合市场监督管理部门，为应当办理市场主体登记的经营者办理工商登记提供便利。《电子商务法》第二十八条规定：“电子商务平台经营者应当按照规定向市场监督管理部门报送平台内经营者的身份信息，提示未办理市场主体登记的经营者依法办理登记，并配合市场监督管理部门，针对电子商务的特点，为应当办理市场主体登记的经营者办理登记提供便利。电子商务平台经营者应当依照税收征收管理法律、行政法规的规定，向税务部门报送平台内经营者的身份信息和与纳税有关的信息，并应当提示依照本法第十条规定不需要办理市场主体登记的电子商务经营者依照本法第十一条第二款的规定办理税务登记。”

2. 在平台内商品或服务信息异常时向有关部门报告的义务

《电子商务法》第二十九条规定，电子商务平台经营者发现平台内电子商务经营者依法应取得相关行政许可但未取得行政许可从事经营，或者销售或提供的商品或服务不符合保障人身、财产安全的要求或环境保护的要求，或者销售或提供法律、行政法规禁止交易的商品或服务，应当依法采取必要的处置措施，并向有关部门报告。

3. 配合政府监管和司法机关执法的义务

随着电子商务的发展及平台作用的发挥，平台在交易服务功能的基础上会衍生出公共管理功能，具有一定的公共性，平台治理、行业自律与行政管理形成了体系化的电子商务治理与监管系统。电子商务是一种数字化、网络化的交易活动，相关信息的获取与掌握是治理与监管的前提，平台内电子商务经营者的经营和交易信息汇集于电子商务交易平台，平台成为各种商业信息、用户信息、资金信息、物流信息的存储和管理者。政府必须依赖平台经营者提供的必要信息，才能对电子商务经营实施必要的行政管理与监督。故电子商务平台经营者应当向依法行使监管职能的政府主管部门提供与监管事项相

关的必要信息，配合政府主管部门行使管理权和行政执法权。平台经营者向政府主管部门提供平台内电子商务经营者信息的，平台内电子商务经营者不得以此为由主张平台经营者泄露商业秘密或侵犯其他合法权益。至于哪些是必要信息、何时提供、如何提供，需要根据不同行业情况确定。在一些政府监管强的行业，比如金融、跨境贸易等，可能需要定期甚至适时地提供交易相关信息，而在监管弱的行业，则应当在行政执法时明确所需要的信息。

同时，平台经营者也有义务配合司法机关的调查和执行，不管是平台内电子商务经营者还是其他用户，均不得以平台因为向司法机关和人员提供用户身份信息、交易记录等而主张其侵犯用户个人信息权、隐私权等权益。在司法实践中，最大的障碍是在电子商务纠纷中律师的调查取证往往以保护用户隐私或合法权益为由被拒绝，从广义上讲，律师调查取证也属于司法或执行行为的必要组成部分，在律师提供相关手续的情况下，平台有义务配合，并豁免其因配合执法而承担侵犯用户个人信息权、隐私权等合法权益的责任。《电子商务法》第二十五条规定了电子商务经营者向有关部门提供数据信息的义务及有关部门保护数据的责任。

（四）电子商务平台经营者保护知识产权的义务与责任

《电子商务法》第四十一条至第四十五条明确规定了电子商务平台经营者的知识产权保护义务。电子商务平台经营者应当建立知识产权保护规则，与知识产权权利人加强合作，依法保护知识产权。这是基于平台独有的法律地位及有效管理能力而应当由其承担的义务。

1. 接到侵权通知采取必要措施的义务

知识产权权利人认为其知识产权受到侵害的，有权通知电子商务平台经营者采取删除、屏蔽、断开链接、终止交易和服务等必要措施。通知应当包括构成侵权的初步证据。电子商务平台经营者接到通知后，应当及时采取必要措施，并将该通知转送平台内经营者；未及时采取必要措施的，对损害的扩大部分与平台内经营者承担连带责任。因通知错误造成平台内经营者损害的，依法承担民事责任。恶意发出错误通知，造成平台内经营者损失的，加倍承担赔偿责任。

2. 及时终止所采取措施的义务

电子商务平台经营者接到知识产权权利人关于平台内经营者涉嫌知识产权侵权的通知并将该通知转送给平台内经营者后，平台内经营者可以向电子商务平台经营者提交不存在侵权行为的声明，该声明中应当包括不存在侵权行为的初步证据。电子商务平台经营者接到声明后，应当将该声明转送发出通知的知识产权权利人，并告知其可以向有关主管部门投诉或者向人民法院起诉。电子商务平台经营者在转送声明到达知识产权权利人后十五日内，未收到权利人已经投诉或者起诉通知的，应当及时终止所采取的措施。这一规定体现了对平台内经营者的保护机制。

3. 及时公示义务

知识产权侵权涉及各方当事人的合法权益，甚至社会公共利益，处理结果的得当与否决定了权利人的利益保护程度。因此，电子商务平台经营者应当及时公示收到的通知、声明及处理结果。明确规定平台的公示义务有助于督促平台经营者客观公正地处理相关知识产权纠纷。需要注意的是，电子商务平台经营者在处理知识产权纠纷中只是发挥有限的阶段性作用。平台仅作为一种中转的媒介沟通知识产权权利人与平台的经营者。平台所采取的都是暂时性的措施，而且双方提供的也都只是初步性证据。这种制度设计的原因在于，平台经营者的主要权力是通过设立制度和机制来保护知识产权，其无权对实体性权益作出定夺。一旦双方的实体权利产生对抗，其职能就要转移给司法机关和行政机关。

4. 主动采取必要措施的义务

有些知识产权侵权行为非常明显，平台经营者有权对明显侵权行为采取主动措施，同时，《电子商务法》也基于权利与义务相一致的法理明确规定了电子商务平台经营者在发现明显侵权行为时主动采取措施的义务，发挥其保护知识产权的功能。电子商务平台经营者知道或者应当知道平台内经营者侵犯知识产权的，应当采取删除、屏蔽、断开链接、终止交易和服务等必要措施；未采取必要措施的，与侵权人承担连带责任。应当认为，如果电子商务平台经营者及时采取了必要措施，则依据“避风港原则”无须承担责任。如果电子商务平台经营者没有及时采取必要措施，平台经营者具有过错，也无须就全部损失与平台内经营者承担连带责任，而是仅需要对因未及时采取措施导致扩大部分的损失承担连带责任。其原因在于平台经营者在收到通知之前，推定其对于侵权行为并不知情。而在收到通知之后，平台经营者对于侵权行为的存在处于明知的状态。此时如果再不采取必要措施，客观上为侵权人的侵权行为提供了便利，主观上对于侵权行为存在过错，构成了帮助侵权，因此应当在平台经营者收到通知之后，对于随后出现的损失承担连带责任。为公平保护电子商务平台经营者，应给予其准备与采取必要措施的合理时间，即损失扩大部分的判断时间始于通知以后合理时间经过之后，终于平台经营者收到平台内经营者声明之时。在“导入案例”中，京东世纪公司在知识产权保护中应承担上述义务与责任。

二、不同类型平台的特有义务

电子商务平台经营者可被分为纯粹型、混合型与居间型，以及单一型与复合型，在其承担上述电子商务平台经营者的一般性义务与责任外，还应该特别强化不同类型的平台经营者应该承担的特殊性义务。纯粹型电子商务平台经营者，不需对消费者承担合同责任与产品责任，但应当在提供交易市场服务的同时利用自身的专业水准发挥市场的自身监管作用，以形成对行政监管的有力补充。混合型电子商务平台经营者既是平台内电子商务经营者即卖家又是电子交易市场提供者，其必须承担信息的公示或告知义务，应告知自己的基本经营状况、联系方式、争议解决方式等信息，同时应该清晰告知自营与非自营的商品或服务，否则应该承担销售者的责任。居间型电子商务平台经营者除了承担法律规定的电子商务平台经营者的一般性义务与责任外，还应当承担居间人的提供媒介服务、如实告知、忠实勤勉、保密等义务与责任。居间型平台一般以一定年限内的认证服务提供订立合同的机会或媒介服务，收取相关费用，不会对个案积极实施促成工作。此外，居间人最重要的义务是保守商业秘密。单一型电子商务平台经营者与纯粹型电子商务平台经营者承担相同的义务与责任；复合型电子商务平台经营者必须清晰标明辅助性服务是否由自己提供。

电子商务平台经营者在违反其应负担的义务时，除了承担相应的民事责任外，还应当依法承担市场监督管理部门责令限期改正、支付一定金额的罚款、其他行政处罚等行政责任；情节严重构成犯罪的，还需要承担刑事责任。电子商务经营者违反相关义务的行为还可能依法依规被记入信用档案进行公示。对此，《电子商务法》第六章专章规定了不同主体的法律责任。

本章小结

电子商务平台经营者具有法律地位的特殊性，因有较强的公共性因而可以承担一定的公共治理功能，是电子商务领域较有效率的治理主体，对行政监管发挥着重要的数据提供与支撑作用。依据不同的标准，可以将电子商务平台经营者分为纯粹型、居间型与混合型，以及单一型与复合型等类别，因类别不同而与当事人之间产生性质不同的法律关系，也因此承载不同的义务与责任。电子商务平台经营者对经营性用户即平台内电子商务经营者有制定自律与自我管理规范的权利以及定期核验真实身份信息等材料的权利；对消费性用户有允许以用户名注册的权利及对消费数据信息的所有权与使用权。同时，电子商务平台经营者承担着自我管理、知识产权保护、对国家有关部门及对平台内经营者和消费者的义务与责任。

关键术语

电子商务平台经营者　纯粹型电子商务平台经营者　居间型电子商务平台经营者　混合型电子商务平台经营者　单一型电子商务平台经营者　复合型电子商务平台经营者　法律地位　一般性义务　特殊性义务

习　题

一、名词解释

1. 电子商务平台　　2. 电子商务平台经营者
3. 混合型电子商务平台经营者　　4. 协助维权义务
5. 复合型电子商务平台经营者

二、选择题（不定项）

1. 依据《网络交易管理办法》等相关法律规范的规定，网络交易平台即电子商务交易平台是提供（　　）服务的信息网络系统。

A. 网页空间　　B. 虚拟经营场所
C. 信用评价　　D. 交易规则

2. 仅提供交易撮合、信息发布等平台服务功能的电子商务平台经营者属于（　　）。

A. 居间型电子商务平台经营者　　B. 复合型电子商务平台经营者
C. 混合型电子商务平台经营者　　D. 单一型电子商务平台经营者

3. 下列关于电子商务平台经营者制定的用户守则、经营规约与交易规则的说法正确的有（　　）。

A. 用户守则、经营规约与交易规则是三个不同性质的法律文件，平台必须同时提供

B. 平台具有规则制定的自主性，只要制定出来，参与平台交易的当事人即应该遵守

C. 调整用户之间交易关系的交易规则已突破了合同关系的相对性

D. 当事人之间产生纠纷诉至法院时，人民法院应直接以用户守则、经营规约与交易规则作为纠纷解决的依据

4. 对经营中收集的消费者数据进行处理后形成的数据信息的所有权应当归属于（　　）。

A. 电子商务平台经营者　　B. 电子商务经营者

C. 消费者个人　　D. 信用中介服务机构

三、简答题

1. 个人能成为电子商务平台经营者吗？非法人组织呢？谈谈你的观点并简要说明理由。

2. 谈谈你对平台治理的理解。其与社会治理的关系是什么？

3. 垂直电商与电子商务平台经营者的区别是什么？

4. 纯粹型、居间型、混合型、单一型、复合型电子商务平台经营者的特点与法律地位分别是什么？

5. 电子商务平台经营者对平台内电子商务经营者有哪些权利？

6. 电子商务平台经营者自我管理的义务与责任主要表现在哪些方面？

7. 电子商务平台经营者对消费者的义务与责任有哪些？

8. 为保护知识产权，电子商务平台经营者可以采取哪些措施？

9. 电子商务平台经营者需要对国家与有关部门承担义务吗？为什么？如果需要，承担什么义务？

四、案例分析题

原告某出版公司以亚马逊公司为被告提起诉讼，经法院查明：2011 年 9 月 9 日，某出版公司享有在中国内地对《那年的爱情》的专有出版权，期限为 1 年。2012 年 9 月，某出版公司出版《那年的爱情》，定价 39.50 元。经年累月公司经营的“旧闻图书”在亚马逊网以 21.00 元的价格销售《那年的爱情》。付款订单显示的卖家和配送方均为经年累月公司。消费者支付的购书款直接支付到亚马逊公司账户内，亚马逊公司按 8%的比例收取佣金。2013 年 6 月 5 日，某出版公司出具证明，认定经年累月公司所售《那年的爱情》为盗版图书。亚马逊公司认可经年累月公司所售涉案图书为盗版图书。另查一，亚马逊公司自行销售涉案图书，2012 年 8 月 22 日的进货价格为 23.70 元，其销售该书的价格为 27.80 元。另查二，经年累月公司经营的“旧闻图书”在申请注册时向亚马逊公司提交了其《企业法人营业执照》《出版物经营许可证》《税务登记证》复印件。

法院认为，某出版公司经合法授权获得了《那年的爱情》的专有出版权，依法应予以保护。根据双方的陈述及对涉案图书的对比，可以认定网络用户“旧闻图书”销售的《那年的爱情》系盗版图书，该盗版图书的出版发行侵犯了某出版公司享有的专有出版权。从涉案的经销方式可以看出，亚马逊公司系电子商务平台服务提供者；“旧闻图书”是该电子商务平台的网络用户——经营者；在亚马逊公司网站上公示的佣金收取方式为

“仅根据实际销售额（商品售价+配送费）收取佣金，无销售无佣金”。这种经营模式将电子商务平台服务提供者与经营者捆绑在一起，形成合作关系。然而，这种合作的共同动议在于合作的经营本身，而非经营的具体内容，尤其是涉案的具体书目。双方在是否销售侵权图书上并不存在意思联络，即不存在共同的故意；同时，电子商务平台服务提供者实施的行为是提供技术服务，但技术的提供并不必然导致侵权的发生，而经营者实施的行为则是图书的销售，故双方对侵权图书的销售不存在共同的目的。应当明确，法律上并未要求电子商务平台服务提供者对经营者进行主动审查。据此，亚马逊公司对在其电子商务平台上的经营者“旧闻图书”具体的销售内容没有审查责任。事实上，亚马逊公司在客观上无法控制经营者具体的销售内容，且亚马逊公司已按照开店要求审查了经营者经年累月公司的相关手续，符合《出版物管理条例》规定的审核网络发行单位主体身份的义务，因此应当认定亚马逊公司没有过错。法院遂驳回了原告要求亚马逊公司承担赔偿责任的诉讼请求。【案例摘自（2013）朝民初字第29191号】

根据案例回答下列问题：

1. 电子商务平台经营者者对平台内经营者的审查义务范围是什么？其是否有义务审查平台内经营者的销售价格？

2. 电子商务平台经营者收取佣金的行为是否属于共同经营？

3. 电子商务平台经营者在维护著作权人某出版公司的权利上有哪些义务？

第四章

电子商务服务提供者的义务与责任

【本章要点】

1. 掌握电子商务服务提供者的概念；
2. 了解电子商务服务提供者的作用；
3. 掌握电子商务服务法律关系的主体及表现形态；
4. 了解电子商务服务提供者具体的市场准入条件；
5. 熟悉电子商务服务提供者的一般性权利与义务；
6. 掌握网络接入服务提供者的概念、类型与法律地位；
7. 掌握网络接入服务提供者承担违约与侵权责任的情形；
8. 了解网络内容服务提供者的概念、设立条件、法律地位与责任；
9. 把握网络交易服务提供者的概念、设立条件与负担的义务。

导入案例

原告北京某中文在线数字出版股份有限公司基于2011年11月2日吴雪岚（笔名：流潋紫）出具的《授权书》，在全球范围内享有浙江文艺出版社出版的《后宫·甄嬛传》（修订典藏版）1至6部（中文简体和繁体）的数字版权专有使用权，具体权限包括但不限于信息网络传播权等权利、许可他人合法使用上述权利以及原告以自己的名义对任何侵犯授权作品著作权行为以自己名义起诉的权利。授权期限自2011年11月2日至2016年11月2日。2012年1月浙江文艺出版社如期出版发行了《后宫·甄嬛传》（修订典藏版）1至6部。2012年9月，原告发现被告北京某网络技术有限公司在其经营的Apple粉丝站ePub电子书区频道专门提供网络用户上传电子书籍服务。被告招募的上述专区论坛版主即管理员“用手抓痒痒”在上述专区整理并发帖提供涉案作品电子书下载服务。原告认为，被告未经其许可通过其招募的论坛版主提供涉案作品电子书下载服务的行为严重侵犯了自己对涉案作品享有的信息网络传播权，造成了严重的经济损失，故诉请法院判令被告立即停止侵权即删除其网站的涉案作品内容，并赔偿原告经济损失161 500元以及为诉讼支出的合理费用3 000元。

被告辩称：第一，Apple粉丝站下的ePub电子书区是公司是为了使用户能够更好地实现资源共享与交流而开设，公司仅提供信息存储空间服务。第二，ePub电子书区的版主自行上传的行为不能归属于公司，是其个人行为；版主是用户自行申请的，公司与版主无雇佣关系，也从未向其支付任何费用，其上传涉案作品的行为既不会通知公司，也无须征得公司的同意。第三，作为网络服务提供商，公司无法对用户发布的信息资源进行逐条审核，也没有版权审核的义务。第四，公司在2012年12月收到原告的律师函后，已经立即通知相关版主删除了涉案作品，相关行为已经得到制止。

法院经过审理认为：原告有权以自己的名义维权，被告提供的论坛服务本质上属于信息存储空间服务，版主将涉案侵权内容发布于帖子首页，并对涉案载有侵权内容的帖子进行了“取消高亮”和编辑等推介行为，该相应版主权利的行使需要被告公司的授权才能进行，同时被告公司经营的涉案ePub电子书区版规中有奖励发布资源者的内容，论坛回复或发布资源将获得“银币”奖励，上述给予版主相应的权利以及提供资源奖励的方式实质上会诱导、鼓励网络用户实施侵害信息网络传播权的行为。故判决被告承担停止侵权、赔偿损失的民事责任。

问题：

1. 被告北京某网络技术有限公司的法律性质是什么？（相关内容见本章第一节。）

2. 电子商务服务提供者有哪些具体类型？（相关内容见本章第一节。）

3. 电子商务服务提供者享有哪些一般性权利，并负担哪些一般性义务？（相关内容见本章第一节。）

4. 被告北京某网络技术有限公司是网络接入服务提供者还是网络内容服务提供者？二者的区别是什么？网络接入服务提供者有哪些类型？（相关内容见本章第二、三节。）

5. 网络交易服务提供者的功能有哪些？其应具备哪些条件？（相关内容见本章第四节。）

第一节 电子商务服务提供者概述

一、电子商务服务提供者的概念与作用

（一）电子商务服务提供者的概念

对于电子商务服务提供者的概念，可以从广义与狭义两个角度来理解。广义的电子商务服务提供者应包括电子商务平台经营者，因为电子商务平台经营者存在的价值主要是为电子商务交易提供撮合及相关服务。电子商务平台经营者具有一定的特殊性，其在电子商务发展中居于核心地位，具有不同于一般服务提供者一对一服务关系的特性，电子商务交易平台是多方法律关系的交织，具有类似社区的公共性，是具有一定治理功能的特殊的私主体，宜单独对其加以调整和规范。本节所称的电子商务服务提供者是狭义的，是指在电子商务过程中专门从事网络接入服务、信息服务和交易服务的自然人、法人、其他组织。

在电子商务发展的现阶段，主要是通过网络进行交易，电子商务服务提供者也就是为电子商务交易提供服务的主体。我国《关于网上交易的指导意见（暂行）》将网上交易参与方分为网上交易的交易方和网上交易服务提供者。网上交易的交易方是利用互联网出售商品或服务的卖方，以及利用互联网购买商品或服务的买方。而网上交易服务提供者往往以网站经营者的面目出现，网站是网站设立人设立的通向互联网信息资源并提供有关信息和进行互动的一个应用系统。目前，电子商务服务提供者的具体类型包括网络接入服务提供者、网络内容服务提供者和网络交易服务提供者。随着电子商务的不断发展，网络服务提供者的类型与提供的服务呈现多样化的趋势。

（二）电子商务服务提供者的地位与作用

电子商务服务提供者作为电子商务的特殊主体，是网络空间法律关系中一种全新的主体，其提供的服务对互联网上开展电子商务起着举足轻重的作用，是电子商务健康和持续运行的重要保障，构成电子商务的重要组成部分。正是由于这种不可或缺的制度功能，电子商务服务提供者往往会陷入各种纠纷之中，明确他们的地位、权利与义务，是保障电子商务安全的根本要求。电子商务服务提供者的地位与作用取决于其所参与的具体法律关系的性质，及其在其中发挥的作用。

二、电子商务服务法律关系的主体

（一）电子商务服务提供者

电子商务的复杂性即在于，它必须依赖复杂的电子商务基础服务与辅助服务而运

行，电子商务的服务与电子商务经营及其交易具有复杂的关系。前已述及，电子商务服务法律关系是排除了狭义上非平台电子商务经营者与电子商务平台经营者在内的电子商务基础与辅助服务提供者与其用户之间的法律关系。电子商务服务提供者可以自建网站、依托其他平台，也可以在线下提供服务。如非数字产品的物流服务一般在线下进行。提供线下服务的电子商务服务提供者依据传统民商法的规定开展服务；依托其他平台提供服务的，除了需要满足相关法律的规定外，还应该符合平台的自治规则。电子商务法主要是解决线上电子商务服务提供者与其接受者之间的电子商务服务法律关系。作为网站设立者的电子商务服务提供者与作为网站用户的电子商务服务接受者是连接网络世界与现实世界，将网络行为纳入法律体系进行调整的技术工具。

从理论上说，自然人、法人和其他组织均可以设立网站从事电子商务服务，此时电子商务服务提供者即网站设立者，设立网站从事电子商务服务应当遵守中华人民共和国有关电信和信息网络服务管理的规定。网站是人们利用互联网的工具，也是电子商务运营的基础。任何一个网站都具有为他人提供信息服务的能力，而且所有的网站也都在从事信息传输、处理等服务。因此，所有网站均受国家有关网络通信、网络信息服务规范的调整。作为电子商务服务提供者的经营性网站依法还需要获得互联网信息服务增值电信许可证。

电子商务服务网站的设立者对网站所发布和传播的信息负有管理义务，对网站上发布的信息承担相应的法律责任。网站设立人可以自行发布信息，也可以为用户开设端口，由用户直接发布信息，但是，网站设立人是网站传播信息的管理人。在允许用户自行发布信息的情形下，用户对自己发布的信息承担责任，不能由网站设立人承担。然而，网站设立人为用户提供了信息发布的工具，且网站设立人对网站所发布的信息具有管理能力，因而网站设立人对网站中所有信息应当承担管理人的义务和责任，担任网络秩序的维护者。至于网站管理人对用户发布的信息是否要承担责任，承担什么责任需要根据具体信息行为进行判断。

在“导入案例”中，被告北京某网络技术有限公司属于电子商务服务提供者，设立网站为用户提供信息，对网站所发布和传播的信息负有管理义务。

（二）电子商务服务接受者

电子商务服务接受者即网站用户，是在电子商务服务网站上注册接受电子商务服务的主体。自然人、法人和其他组织均可以注册为用户，利用电子商务服务，开展电子商务。电子商务服务接受者可以为进行电子商务经营的目的使用网站，此时其为具有经营属性的用户，是电子商务经营者；也可以为电子商务消费的目的使用网站，此时其为消费性用户。经营性用户与消费性用户是相对的概念，无法通过静态分类做到截然划分，需要结合其参与的具体法律关系判定其享有的权利和承担的义务。

成为网站用户的前提是用户必须接受网站制定的服务规则。在具体形式上，缔结合同、在线注册、接受服务均可以作为判断对方是否为网站用户的依据，无论是自然人、法人还是其他组织均可以成为网站用户。一旦注册成为某网站的用户，在网站设立人与用户之间即构成信息服务关系。网站设立人和网站上的用户对各自的产品或服务承担各自的法律责任。网站设立人作为电子商务服务提供者，依据提供服务的具体内容不同，承担的法律责任也有区别，下文会详述。

需要注意的是，对于电子商务服务提供者不同主体形态的划分是相对的概念，划分的意义在于明晰其法律地位、确定相应的权利与义务基础，应主要依其参与的法律关系来确定其主体地位及权利与义务，而非以静态的类型划分作为唯一的决定依据。

三、电子商务服务提供者的一般性权利与义务

（一）电子商务服务提供者制定电子商务服务协议的权利与义务

所谓电子商务服务协议是由作为网站设立者的电子商务服务提供者制定的、确立其与作为网站使用者的服务接受人之间权利与义务关系的协议。电子商务服务协议在实践中的表现形式主要有用户协议、网站政策、网站声明、网站公约、用户行为守则等。电子商务服务协议一经用户同意即具有约束力。基于电子商务交易的特性，用户同意的方式可以是在服务协议上签名，也可以是在注册为网站用户时对相关协议内容的点击接受。

电子商务服务协议作为直接调整电子商务服务提供者与服务接受者之间关系的协议，应当合理、明确、公平，并且不得违反法律的相关规定。电子商务服务协议属于格式合同，格式合同的提供方（网站）应遵守《中华人民共和国合同法》及相关司法解释关于格式条款的规定，在服务合同订立时采用足以引起对方注意的文字、符号、字体等特别标识，并按照对方的要求对该格式条款予以说明。否则，在产生相关争议时可能面临协议合法性的判断。

（二）电子商务服务提供者修改电子商务服务协议的权利与义务

电子商务服务提供者修改服务协议时应当遵循公开、连续、合理的原则，修改内容应当至少提前七日予以公示并通知用户。用户不同意修改内容、申请退出网站的，电子商务服务提供者应当允许其退出，并根据原协议或交易规则承担相关责任，但用户支付对价的除外。电子商务服务协议的本质即服务提供者与服务接受者之间所缔结的合同，是双方意思表示达成一致的产物，自然对双方具有约束力。通常，对网站用户服务中的义务和责任应当按照服务合同确定，在没有明确规定的情况下，应当按照法律规定和行业惯例执行。在司法实践中，主要根据法律原则、行业习惯、网站服务协议确定双方的权利和义务。考虑到电子商务服务协议内容的复杂性，为防止网站设立人可能会单方擅自修订变更其内容而产生的法律上的不确定性，立法应当明确规定电子商务服务提供者修订电子商务服务协议内容时必须以显著方式提请用户注意并取得用户同意才对其产生约束力。

（三）电子商务服务提供者针对电子商务经营者的权利与义务

如果电子商务经营者利用电子商务服务提供者提供的服务从事经营活动，则电子商

务服务提供者提供的服务构成电子商务经营者经营行为的基础。虽然在法律关系上，电子商务服务提供者并不因为其服务行为而成为其用户与交易相对人之间交易关系的当事人，但是此时与电子商务经营者产生交易关系的交易相对人会产生对电子商务服务提供者的信赖。因此，无论从电子商务服务提供者保护自身利益的角度出发，还是从保护第三人利益的角度出发，法律上都应当规定在电子商务服务提供者与依赖其服务从事经营行为的用户（即电子商务经营者）之间订立特定内容的协议，以规范用户的经营行为。此协议的内容通常包括以下三个方面：其一，协议应当明确从事经营的用户进入和退出的条件与程序；其二，双方在用户所经营的商品或服务中的法律地位、各自对商品购买人或服务接受者的权利、义务和责任；其三，明确用户经营行为应当遵守的规则。当然，经营规约既可以在与个别用户的协议中体现，也可以是所有经营性用户或经营者必须遵守的共同规范。在实践中，这种共同遵守的规范表现为所有从事经营的用户都必须遵守的用户公约，属于自律规范的范畴。用户经营公约往往作为用户经营协议的附件，在签署协议时，用户则必须同意该项内容。

（四）电子商务服务提供者信息核查与交易信息保存的义务

为便于对电子商务活动进行监管，网络服务提供者应当要求申请者提供经营资格和个人真实身份信息、签订服务合同、依法记录其上网信息。申请者营业执照或个人真实身份信息等信息记录备份的保存时间应当确定在合理的时间内，具体由服务提供者基于交易的实际情况确定。

电子商务平台经营者作为服务主体，应当在后台对这些交易信息以第三人的身份进行真实、完整的保存，并确保数据安全。电子商务服务提供者也应该承担保存交易信息的义务，这样可以为交易信息安全配置双保险。而考虑到电子商务服务提供者服务内容的有限性与获取利润的实际情况，不应要求其与电子商务平台经营者承担相同的义务，在保存时间上应短于平台保存时间的要求，即网络服务提供者应当对服务过程中产生的信息进行记录并保存，保存期由服务合同约定，但不应少于服务合同终止或者履行完毕之日起两年。这也符合现行《中华人民共和国民法总则》对普通诉讼时效三年的规定。

在“导入案例”中，被告北京某网络技术有限公司依法享有上述权利与义务。

第二节　网络接入服务提供者的义务与责任

一、网络接入服务提供者的概念

网络接入服务提供者是指在电子商务中为用户提供互联网信息传输中介服务的人。网络接入服务提供者旨在在互联网上提供信息传播中介服务，但它不直接提供信息，它的基本特征是维持网络的正常运行，从事信息传递工作，其本身并不组织、筛选信息。

各类网络接入服务提供者对于网络用户进行电子商务起到沟通的桥梁作用。这里的服务主要是指互联网接入服务，即通过电话线把计算机或其他终端设备连入互联网。

这个概念具有以下特征：(1) 网络接入服务提供者是一类电子商务经营主体，当然也是民事主体；(2) 网络接入服务提供者的经营范围是为用户提供互联网接入服务和互联网平台服务，本身不提供信息。在“导入案例”中，被告北京某网络技术有限公司不符合网络接入服务提供者的基本特征，不是网络接入服务提供者，其属于网络内容服务提供者，提供信息存储服务，二者最根本的区别是前者提供通道，后者提供内容。

二、网络接入服务提供者的类型

(一) 一般意义上的分类

网络接入服务提供者是仅仅提供连线、接入等物理基础设施服务的提供者，主要包括网络基础设施经营者、互联网连接服务提供者、网络主机服务提供者、电子布告板系统经营者、邮件新闻组及聊天室经营者、信息搜索工具提供者以及一切具有类似功能的服务提供者。以对网上所传播信息实际监控能力的差异为标准，将网络接入服务提供者分为互联网连接服务提供者和网络平台提供者两类。(1) 互联网连接服务提供者 (Internet access provider，IAP)，包括为信息传播提供光缆、路由、交换机等基础设施服务的网络基础设施经营者和为上网提供接入服务的特殊主体，其属于为电子商务提供服务的普通商事主体，应主要依据传统部门法对其调整与规范。(2) 网络平台提供者 (Internet presence provider，IPP)，指为用户提供服务器空间，或为用户提供网页空间，供用户上载信息和进行信息交流的服务者；或为用户提供超文本链接等方式的搜索引擎服务的服务者。根据我国《信息网络传播权保护条例》的有关规定，网络平台提供者也属于网络服务提供者的范畴。需要注意的是，此处的网络平台提供者不完全等同于电子商务平台经营者，后者的目的非常明确，是为电子商务交易提供平台；而前者的目的可能并非交易，而只是单纯的信息交流提供场所与机制。

(二) 网络接入服务提供者的具体类别

网络接入服务提供者主要可以划分为以下几个类别：

1. 网络基础设施经营者

通常认为，网络是将相关信息设备经由一定方式的软硬件连接以达到信息分享、资源共享目的的系统。互联网就是建立在通信基础设施之上的信息网络。网络基础设施经营者拥有构成互联网的一部分硬件的所有权，构建了互联网的物理主干。其基本任务是提供海底电缆、光缆、交换机、卫星线路等信息通道服务，以使用户能够和互联网相互连接。

2. 互联网连接服务提供者

互联网连接服务提供者向用户提供介入服务，使用户得以接入互联网。网络用户将自己的终端机和互联网相连，是使用互联网开展电子商务的第一步。由于介入互联网需要租用国际信道，其成本一般用户无法承担。互联网连接服务提供者作为提供介入服务的中间人，需投入大量资金建立中转站，并租用国际信道和大量当地电话线，购置一系列计算机设备，通过集中使用、分散压力的方式，向本地用户提供介入服务。从这个意义上讲，IAP 是全世界所有用户通往互联网的必经之路。目前，我国提供接入服务的著名公司有中国电信、中国联通等。

3. 网络主机服务提供者

网络主机服务提供者向用户提供虚拟主机服务，供用户建立主页和网站。在互联网运行的计算机被分为客户机和服务器两大类。客户机是访问别人信息的机器，用户使用的计算机一般为客户机。服务器则是提供信息让别人访问的机器，又被称为主机。为了实现便于用户访问的目的，主机时刻需要与互联网相连，并且拥有自己的永久 IP 地址。专用电脑硬件的购置、昂贵数据专线的租用以及各种维护费用的支出等产生了用户无法承受的高额成本，于是就诞生了虚拟主机技术，虚拟主机与独立的主机具有完全相同的功能。虚拟主机是使用特殊的软硬件技术，把一台运行在互联网上的服务器主机分成一台台“虚拟”的主机，每一台虚拟主机都具有独立的域名，具有完整的互联网服务器（WWW、FTP、E-mail 等）功能，虚拟主机之间完全独立，并可由用户自行管理，这极大地降低了成本并确保了效率。

4. 电子布告板系统经营者、邮件新闻组及网络聊天室经营者

电子布告板系统（BBS）经营者、邮件新闻组及网络聊天室经营者，属于网络平台提供者。电子布告板系统是互联网上一种重要的信息通信工具。它的功能如同物理世界中的布告板一样，一旦设立，用户既可以在布告板上发布信息，也可以从布告板上下载信息。通常电子布告板系统经营者并不提供信息。邮件新闻组也是互联网上的重要通信工具。它提供电子邮件以便用户相互沟通信息。用户通过电子邮件将个人的信息发送到某个新闻组服务器，然后借由服务器再通过互联网向世界各地的新闻组服务器传送。网络聊天室，通常被称为聊天室，是一种同时供多人在线交谈的网络论坛，在同一聊天室的人可以通过文字、语音等进行实时交谈。与其他网络论坛、即时通信不同的是，聊天室不保存聊天记录。

5. 信息搜索工具提供者

信息搜索工具提供者向用户提供搜索引擎服务，供用户进行信息搜索。搜索引擎是一个对互联网上的信息资源进行收集整理并提供用户查询的系统，它包括信息收集、信息整理和用户查询三个部分。现在的搜索引擎已成为用户获取信息的必备工具，用户输入关键词后，搜索引擎会将散落在互联网各个角落的信息汇集到一起。在提供搜索引擎服务方面的代表性网站主要有百度、谷歌等。

三、网络接入服务提供者的法律地位与责任

（一）网络接入服务提供者的法律地位

一般而言，基于网络接入服务提供者对网上传播信息实际监控能力的差异，互联网连接服务提供者主要是基于其与用户之间的服务合同关系享有权利与承担义务，适用服务合同的约定与相关法律规定。而对于提供接入服务的网络平台提供者而言，其不仅要

受与用户之间服务合同关系的约束，也可能因未尽到监管职责而承担由他人提供的信息产生的侵权责任。

（二）网络接入服务提供者的法律责任

1. 违约责任

网络接入服务提供者的违约责任，顾名思义，是指网络接入服务提供者因违反其与用户之间的服务合同而应承担的违约责任。网络接入服务提供者应当对用户履行保障通信畅通的义务，这与传统电信公司的功能比较类似。网络接入服务提供者应该以其技术保障对用户提供的服务，主要包括：以正确的格式和文本传输数据电文；确保数据电文不受损害；确保数据电文被传输至指定的接收者；维护数据电文的秘密性和安全性等。如果网络接入服务提供者违反其技术保障义务而导致上述事项出现，则应承担违约责任。

在实践中，网络接入服务提供者违约的情况可以概括为以下三类：第一，未按照指令或者以错误的时间、对象和内容发出一项关于订立合同的要约、承诺、发货通知、支付命令或货损通知等信息；第二，由于疏于管理或者技术更新导致用户损失，如用户信用卡账户、密码失窃或者交易信息被篡改等；第三，因网络线路问题导致网络交易信息发送延迟、丢失或者中断等。由于网络接入服务提供者的垄断地位与优势，在其与用户之间的法律关系主要依据合同调整的情况下，网络接入服务提供者往往对由于自身失误导致的服务失败作出免责或限责的规定，如在很多网络接入服务提供者拟定的格式合同中都这样规定：因经营者没有正确传递某项信息的赔偿数额一般仅限于应支付的服务费或因付款延误引起的利息损失等。这作为格式合同的一部分或者是用户获得其提供服务必须接受的条件，在就服务失败造成的损失如何分担的问题上，使用户明显处于不利地位，因此，除考虑合同的约定外，应该同时适用格式合同的规则来确定网络接入服务提供者和用户之间的权利和义务。当发生通信中断或异常，在网络接入服务提供者有过错时，其当然应该承担责任。然而，如果通信的中断或异常是由于不可抗力造成的，则网络接入服务提供者应该免责。

2. 侵权责任

网络接入服务提供者为网络的顺畅运行提供基础服务，为用户提供通信管道。按照国际社会通识的观点，应当依据过错原则确定网络接入服务提供者是否应承担责任。在一般情况下，网络接入服务提供者不需要对用户实施的侵权行为承担责任，除非其存在过错。比如，世界知识产权组织（World Intellectual Property Organization，WIPO）外交会议通过的《WIPO版权条约》认为："仅仅为促成或进行传播提供实物设施不构成本条约或《伯尔尼公约》意义下的传播。"网络接入服务提供者只是为信息的传播提供物质设备，不应该被界定为传播者。又如，美国《跨世纪数字化版权法》（Digital Millennium Copyright Act，DMCA）明确规定了网络接入服务提供者承担侵权责任的除外情形：（1）信息的传输不是由网络接入服务提供者发起的；（2）信息本身未经网络接入服务提供者的选择；（3）网络接入服务提供者没有选择信息的接收者；（4）信息保留的时间不会长于传输所需要的合理时间，并且网络接入服务提供者未对接收者以外的人传播。符合以上条件，网络接入服务提供者对传输信息产生的侵权行为不负责任。再如，欧盟委员会公布的《关于内部市场中与电子商务有关的若干法律问题的指令》（草案）与美国DMCA的基本精神一致，认为应当限制作为信息传输者的网络接入服务提供者的侵权责任。此外，《中华人民共和国侵权责任法》第三十六条明确规定了网络用户利用网络侵权时网络服务提供者的责任。被侵权人在知道被侵权时有权通知网络服务提供者采取删除、屏蔽、断开链接等必要措施；网络服务提供者接到通知后未及时采取必要措施的，对损害的扩大部分与该网络用户承担连带责任。网络服务提供者知道网络用户利用其网络服务侵害他人民事权益而未采取必要措施的，与该网络用户承担连带责任。

在网络接入服务提供者中，提供BBS、聊天室或者搜索引擎的经营者可能为他人实施的侵权行为承担责任，因为其虽然没有实施侵权行为，但却为他人实施侵权提供了场所，这就意味着上述主体应该承担审查义务，尤其是对搜索引擎的经营者而言，在其未尽相关义务时承担责任的风险更大。

（1）搜索引擎经营者侵犯知识产权的侵权责任。第一，隐性商标侵权时搜索引擎不承担商标侵权的责任。大多数搜索引擎对关键词的搜索是通过对网页源代码中的元标记（meta-tag）中的关键词进行匹配后显示结果。有的网页为了增加访问量，就把他人的商标列在自己的元标记中，这被称为隐性商标侵权。在这种情况下，搜索引擎只是一个信息搜索工具，并不存在过错，因此，搜索引擎不承担商标侵权的责任。第二，将他人商标当作关键词广告出卖时搜索引擎应承担侵权责任。搜索引擎将他人的商标作为关键词广告出卖，广告客户向搜索引擎公司付费购买关键词，当网络用户搜索该关键词时，广告客户就会在搜索结果中优先显现出来。在搜索引擎将他人的商业标志或著名广告语卖给不相干的广告客户时，搜索引擎应当与广告客户一起承担侵权责任。我国的《信息网络传播保护条例》规定："网络服务者为服务对象提供搜索或者链接服务，在接到权利人的通知书后，根据本条例规定断开与侵权的作品、表演、录音录像制品的链接的，不承担赔偿责任；但是，明知或者应知所链接的作品、表演、录音录像制品侵权的，应当承担共同侵权责任。"这意味着网络接入服务提供者可能成为著作权的共同侵权人。

（2）搜索引擎经营者竞价排名中的侵权责任。竞价排名属于搜索引擎经营的一种常见形式，即按照广告商所付费用的高低决定其在搜索结果中出现的次序。此时，搜索引擎就不再是单纯的信息通道，而是广告发布的平台，进而成为符合广告法规定的广告经营者。搜索引擎依法应承担对付费用户的形式审查义务，对广告商的相关资料与信息进行核对，以维护交易安全，否则应该与广告发布者承担共同侵权责任。在竞价排名中，搜索引擎还应依法承担防范来自广告发布者竞争对手、竞价排名代理服务商欺诈点击这种不正当竞争行为的义务，应积极更新技术，协助广告发布者进行点击欺诈的取证和公证，在知晓点击欺诈发生后应退还因欺诈点击导致的广告发布者的费用。

（3）搜索引擎个人信息保护中的侵权责任。当今时代，搜索引擎作为强大的信息搜索工具对个人信息的保护提出了挑战，借助搜索引擎，可以瞬间实现各类个人信息的汇集，信息的泄露给个人的工作与生活带来了极大困扰。由于搜索引擎的功能本质上是信息传输的通道，只是根据搜索人输入的关键词和指令自动生成结果，提供了指向侵权网页的链接路径，本身不会对搜索到的网页内容做任何更改，因此，在一般情况下，搜索引擎不应该承担侵权责任。同时，搜索引擎平台有技术上的优势与能力进行相关信息的过滤与筛选，应承担作为平台应负的保护个人信息的社会责任，对明显侵害个人信息的搜索结果不应当显示。

第三节　网络内容服务提供者的义务与责任

一、网络内容服务提供者的概念与范围

网络内容服务提供者，也被称为网络信息服务提供者，是指把信息上传至互联网供社会公众访问的主体，也就是通过互联网为用户提供信息的主体。任何人都有权上传信息至互联网，只要通过互联网向公众发布信息，就是网络内容服务提供者。在一般情况下，网络内容服务提供者在互联网上发布综合或者专门的信息，通过有组织地收集、筛选、加工而将各种信息传递给用户，并通过收取服务费、广告费和用户注册使用费等方式营利。与网络接入服务提供者提供通信管道服务不同，网络内容服务提供者仅仅提供信息服务。

对于网络内容服务提供者，通常没有资格的限制，其存在范围非常广泛，但凡互联网上存在的网站或者网页，都属于网络内容服务提供者。但是某些专门类别的网络内容服务提供者的设立，需要经过专门的行政管理部门的审批取得相应资质才可以。根据我国现行法律规范的规定，经营性网站需要获得互联网信息服务增值电信许可证才可以运营。

二、网络内容服务提供者的法律地位

网络内容服务提供者与其服务接受者之间的关系，理论上应当由二者签订的合同决定，但在实践中，二者一般不会签订合同，而且网络内容服务提供者往往通过一系列网上的文件尤其是格式合同和单独的免责声明来减轻或免除自己的责任。如很多网站中“关于我们”或“联系我们”的模块中通常都是类似的网站功能介绍、可能侵权的处理以及免责的情形等。

网络内容服务提供者与用户之间的格式合同一般表现为在线电子形式，用户通过点击方式签订，分为用户登录注册时的格式合同和用户获得服务时的专门格式合同。大部分情况是注册登录时即意味着同时接受了用户协议等网站单方面的规则。

总体上，网络内容服务提供者是网络内容服务合同的一方当事人并且基于该类合同

为格式合同的属性，宜运用合同法中格式合同的相关规则，规定格式合同条款的提供者主动提示义务和对关键术语的解释义务。在解释合同条款时，遵从通常解释、不利解释及非格式条款优先等格式合同解释规则。

三、网络内容服务提供者的法律责任

（一）网络内容服务提供者的行政责任

若依法需要经过审批获得相应资质才能成立运营的网络内容服务提供者，未经依法审批即开始运行经营，则需要承担相应的行政责任。同时，按照我国《互联网信息服务管理办法》的规定，我国对经营性互联网信息服务实行许可制度。不论服务提供者属于企业还是个人，均必须向省、自治区、直辖市电信管理机构或者国务院信息产业主管部门申请办理互联网信息服务增值电信业务经营许可证，并在网站的显著位置标明其经营许可证编号。若未依规办理相应的许可证并且未在显著位置标明许可证编号，则服务提供者应承担相应的行政责任。

（二）网络内容服务提供者的侵权责任

网络内容服务提供者在经营过程中，应当遵守国家的法律法规以及相关的行政规章。网络内容服务提供者通过互联网向不特定社会公众提供信息的功能与属性，使得网络内容服务提供者在经营过程中极易侵犯他人的知识产权。网络内容服务提供者提供的信息有原创作品，但更多是基于他人的智力成果制作的产品，也就是基于他人知识产权形成的信息产品。因此，在未获得知识产权权利人许可的情况下，即构成对知识产权的侵权。如果网络内容服务提供者上传的信息包含有侵犯他人著作权的内容，则网络内容服务提供者应该向著作权人承担侵权责任。

在判断一个行为是否构成侵犯知识产权时，在理论与实践上存在三种观点：一是依据传统侵权责任法的“四要件说”，即必须具备违法行为、过错、实际损害以及实际损害与违法行为之间的因果关系，才能认定其为侵犯知识产权；二是过错推定原则，即在四要件的基础上，不要求侵权人的主观过错而是其实施侵权行为时就推定其有过错；三是认定侵犯知识产权具有特殊性，只要有侵权行为就足够，并不要求过错和损害结果，只有在权利人要求损害赔偿时，才需要考虑四要件的满足情况。

本书同意第三种观点，这样既考虑了知识产权侵权的特殊性，起到及时止损的作用，而不是只能事后救济，又兼顾了基本理论的应用性，在衡量是否应该获得及获得多大数额的损害赔偿时，仍然要以四要件为判断标准。

对于实践中存在的免责条款及类似的免责声明，对于网络内容服务提供者的责任实现影响较大，其是否有效主要是看免责条款的具体内容。一般而言，免责条款的效力判断可参照合同法及相关司法解释的规定。故意或重大过失造成对方财产损害与造成对方人身伤害等的免责条款无效。

第四节 网络交易服务提供者的义务与责任

一、网络交易服务提供者的概念

网络交易服务提供者，又称网上交易服务提供者，根据我国商务部《关于网上交易的指导意见（暂行）》的规定，网上交易提供者分为网上交易平台服务提供者和网上交易辅助服务提供者。中国电子商务协会发布的《网络交易平台服务规范》将网络交易平台提供的交易服务区分为网络交易服务与网络交易辅助服务，网络交易辅助服务可以由网络交易平台提供商在依法取得相应资质后提供，也可以由利用平台提供服务的其他网络交易辅助服务提供商与平台签订协议后提供。如前所述，鉴于平台在电子商务中地位的核心性和一定的公共性，其与一般的服务提供者单一功能显著有别，故单独讨论。因此，本节所称网络交易服务提供者是狭义的概念，主要是为网上交易提供辅助服务的主体，是指为优化网上交易环境和促进网上交易，为网络交易双方提供配套的身份认证、信用评估、广告发布、网络营销、网上支付、物流配送、交易保险等辅助服务的自然人、法人或其他组织。在网络交易辅助服务提供者法律地位与权利义务的制度安排中，需要考虑电子商务法与传统部门法之间的衔接，其中网上支付服务与物流配送服务具有较强的特殊性，对电子商务的支持作用也最显著，会以专章展开分析与论述。其他辅助服务提供者的权利与义务，传统部门法可以提供较充分的制度支持，电子商务法只需就传统法无力解决和调整的内容进行规制。电子签名和认证的相关规则在《中华人民共和国电子签名法》《电子认证服务管理办法》《电子认证服务密码管理办法》中都有较为明确的规定，本书不赘述。在实践中，电子商务交易辅助服务提供者可以是专门提供某种辅助服务的经营者，也可以是电子商务平台经营者同时提供电子商务交易辅助服务，需要结合其在具体法律关系中所处的地位和作用，界定其权利与义务。

二、网上交易服务提供者的条件与义务

我国商务部发布的《关于网上交易的指导意见（暂行）》为网上交易服务提供者提供了清晰的行为守则与义务规范，作为网上交易服务提供者应具备下列条件，承担下列义务：

（一）具有合法的主体资格条件

服务提供者提供网上交易相关服务，应遵守国家有关法律规定；需要办理相关审批和登记注册手续的，应依法办理；需要具备一定物质与人员条件的，包括资金、设备、技术管理人员等，应符合要求的条件。

（二）提供规范化的服务，完善相关制度

服务提供者应提供规范化的网上交易服务，建立和完善用户注册制度、平台交易规则、信息披露与审核制度、隐私权与商业秘密保护制度、消费者权益保护制度、广告发布审核制度、交易安全保障与数据备份制度、争议解决机制、不良信息及垃圾邮件举报处理机制等各项规章制度以及法律、法规规定的其他制度。

1. 维护系统安全与交易秩序

服务提供者应按照国家信息安全等级保护制度的有关规定和要求建设、运行、维护交易服务系统，落实互联网安全保护技术措施，提高网上交易的安全性。服务提供者应采取合理的技术等措施，保证交易服务系统的正常运行，提供安全可靠的交易环境和公平、公正、公开的交易服务，维护交易秩序，建立并完善网上交易的信用评价体系和交易风险警示机制。

2. 主动进行信息披露

服务提供者应以合理方式向用户公示各项协议、规章制度和其他重要信息，提醒用户注意与其自身合法权益有密切关系的内容，从技术上保证用户能够便利、完整地阅读与保存。

3. 维护用户利益，监控用户发布信息的正当性

服务提供者应采取合理措施保护用户的注册信息、隐私和商业秘密。当交易各方发生争议时，应依照法律或约定协商解决或协助有关部门处理。网上支付服务的提供者应根据网上交易的特点，采取合理措施保障交易资金的安全，保障使用人身份信息和账户信息的安全。服务提供者应注意监督用户发布的商品信息、公开论坛和用户反馈栏中的信息，依法删除违反国家规定的信息，减少垃圾邮件的传播。

4. 履行消费者保护的规则

服务提供者应尊重和保护消费者的合法权益，尽可能为消费者提供可靠的卖方信用信息查询、认证等服务，方便消费者选择可靠的卖方。服务提供者应特别注意保存网上交易的各类记录和资料，采取相应的技术手段保证上述资料的完整性、准确性和安全性。在消费者维权需要时，提供必要的证据支持。网络交易服务提供者的民事责任主要是合同责任，在符合条件时也可能承担侵权责任。由于网络交易服务通常属于特定的行业领域，在法律有规定需要特殊的资质或许可时，违反其规定还可能导致相应的行政责任。

本章小结

在实践中，电子商务服务提供者与非平台电子商务经营者或电子商务平台经营者很难进行区分，但基于法律地位的不同，决定了其应享有的权利与应承担的义务有所区别，尤其是在发生纠纷时，需要结合其所参与的具体法律关系判定。虽然“角色交织”是常态，但不同角色的权利与义务有别，因此需要区分了解和把握。电子商务平台经营者基于其较强公共性的法律地位而不属于为电子商务提供接入服务、信息服务与交易服务的狭义的电子商务服务提供者。电子商务服务提供者与接受者构成了电子商务服务法律关系的主体，提供者不同的存在状态与提供服务的方式决定了其行为应当遵从的法律依据；若设立网站经营，需要具备互联网信息服务增值电信许可证等特殊的准入条件。

电子商务服务提供者具有制定电子商务服务协议、修改电子商务服务协议、明晰与电子商务经营者义务承担规则的权利与义务。把握网络接入服务提供者只提供信息传播中介服务的属性，具体可以表现为网络主机服务提供者、信息搜索工具提供者等五种具体类型，其主要基于与用户间的合同约定承担责任，但搜索引擎等则可能在知识产权、竞价排名、个人信息中承担侵权责任。而网络内容服务提供者的本质是通过互联网向公众发布信息，因提供信息服务而可能承担行政责任或侵权责任。网络交易服务提供者则为交易的达成提供辅助服务，需具备资格条件，提供规范化服务。

关键术语

电子商务服务提供者　电子商务服务接受者　网络接入服务提供者　网络内容服务提供者　网络交易服务提供者　信息搜索工具提供者侵权责任　网络内容服务提供者侵权责任

习　题

一、名词解释

1. 电子商务服务提供者　　2. 电子商务服务协议
3. 电子商务服务接受者　　4. 网络主机服务提供者
5. 网络内容服务提供者　　6. 网络交易服务提供者

二、选择题（不定项）

1. 下列属于广义的电子商务服务提供者的是（　　）。

A. 电子商务经营者　　B. 电子商务平台经营者
C. 支付服务提供者　　D. 信用评价服务提供者

2. 下列关于电子商务服务提供者的说法正确的是（　　）。

A. 从事电子商务服务的只能是法人或非法人组织
B. 设立网站提供电子商务服务都需要获得互联网信息服务增值电信许可证
C. 网站设立人不必为用户在网站上发布的信息承担责任
D. 电子商务服务提供者修改服务协议应当提前公示并通知用户

3. 电子商务服务提供者与电子商务经营者之间的服务协议通常包括什么内容？（　　）

A. 电子商务经营者进入和退出的条件与程序；
B. 电子商务服务提供者对商品购买人或服务接受者的权利、义务与责任；
C. 电子商务经营者从事经营行为应当遵守的规则；
D. 电子商务服务提供者与消费性用户之间是直接的权利与义务关系。

4. 下列属于美国《跨世纪数字化版权法》（DMCA）规定的网络接入服务提供者承担侵权责任除外情形的有（　　）。

A. 信息的传输不是由网络接入服务提供者发起的
B. 信息本身未经网络接入服务提供者的选择
C. 网络接入服务提供者没有选择信息的接收者

D. 信息保留的时间不会长于传输所需要的合理时间，并且网络接入服务提供者未对接收者以外的人传播

三、简答题

1. 试述电子商务平台经营者与电子商务服务提供者的联系与区别。
2. 电子商务服务法律关系的主体有哪些？成为其主体需要具备哪些条件？
3. 简述电子商务服务提供者的一般性权利与义务。
4. 试述网络接入服务提供者的概念与基本特征。
5. 网络接入服务提供者的具体类型有哪些？
6. 网络接入服务提供者承担违约责任的具体事由有哪些？
7. 你认为网络接入服务提供者应当承担侵权责任吗？为什么？
8. 搜索引擎经营者可能承担侵权责任的事由有哪些？
9. 试述网络内容服务提供者的法律地位与责任。
10. 网络交易服务提供者应负担哪些一般性义务？

四、案例分析题

某电子商务有限公司拥有《我的爱有罪》等三首歌曲的著作权，其在国际互联网上设立了娱乐基地网址提供三首歌曲的 MP3 文件付费下载服务。某电子商务有限公司的委托代理人于 2016 年 3 月 27 日在杭州西湖公证处公证员的监督下，通过某在线公司和某网讯公司提供的搜索引擎下载了涉案歌曲，将被告某在线公司与某网讯公司诉至北京一中院，并提供了公证费与律师费发票共计 45 700 元。

北京市第一中级人民法院认为，某电子商务有限公司系涉案歌曲的著作权人，该权利应当受到我国著作权法的保护。某在线公司、某网讯公司提供的搜索引擎服务是以音频数据格式文件为搜索对象的，其搜索范围遍及整个互联网空间中未被禁链的每个网络站点。从搜索的内容看，其来源于上载音频数据格式文件的网站，并受控于上载作品的网站。搜索引擎对搜索内容的合法性不具有预见性、识别性、控制性。如果被链接网站没有建立禁链的协议，对搜索引擎服务系统而言，意味着对该网站可以互联互通、信息共享。因此，某在线公司、某网讯公司提供搜索引擎服务并没有侵犯某电子商务有限公司著作权的主观故意和过失。某在线公司、某网讯公司提供的搜索引擎服务中显示歌曲存放的地址及“下载”涉案歌曲的作品来自未被禁链的即开放的网络服务器，并非直接来自某网讯公司的网站，客观地再现了上载的作品并显示作品存放的地址。“下载”涉案歌曲的行为发生在用户与上载作品网站二者之间，搜索引擎起到了查询并定位的作用。在某电子商务有限公司不能证明某在线公司、某网讯公司的行为系明知或应知的情况下，将上载作品和下载作品的行为可能产生的侵权责任，由没有识别和判断能力的搜索引擎服务商承担，缺乏法律依据。故判决驳回原告的诉讼请求，二审维持原判。

根据案例回答下列问题：

1. 搜索引擎的功能是什么？在哪些情况下可能承担侵权责任？
2. 在搜索引擎提供搜索服务的背景下，权利人为防止被侵权可以采取哪些措施？
3. 在本案中某在线公司与某网讯公司是否应承担侵权责任？

第五章
电子合同法律制度

【本章要点】

1. 了解电子合同被法律确认的过程与历史；

2. 掌握电子合同的概念及其与传统书面合同相比所具有的特征；

3. 掌握电子合同的分类标准、具体类型及分类意义；

4. 掌握电子合同法律制度的调整对象与适用范围；

5. 掌握电子合同成立与传统合同成立的相同点与区别以及要约、要约邀请与承诺的具体认定；

6. 熟悉电子合同成立时间与地点的规则；

7. 了解电子合同中的确认收讫规则及其法律效力；

8. 掌握电子合同效力的具体规则；

9. 了解特殊类型电子合同的订立与法律后果；

10. 掌握电子合同履行与违约救济的相关规则。

导入案例

2014 年 10 月 29 日，段某某在亚马逊网下单购买了 1 台“ECOVACS 科沃斯智能家用扫地机战斧 CEN360”，单价 94 元，付款方式为在线付款。亚马逊网站的所有者北京世纪卓越信息技术有限公司（以下简称“世纪卓越公司”）回复邮件称：已经收到订单，确定了预计送达商品的时间，但有可能由于商品缺货等原因无法发货。同时也说明邮件仅确认收到订单，并不代表接受订单，只有发出发货确认的邮件双方之间的合同才成立。在诉讼中，世纪卓越公司称将扫地机的价格标注为 94 元系操作错误，此价格并非扫地机的真实售价。2014 年 11 月 3 日，亚马逊网站给段某某的电子邮箱发送邮件称：“由于缺货，将无法满足您对商品的订购意向；如果您就该商品已经完成付款，相应款项将退至您的亚马逊账户余额或原支付卡中。”世纪卓越公司已将相应的货款退回给段某某。段某某不服向法院起诉。2015 年 12 月 21 日，北京市隆安律师事务所向段某某开具了律师费发票，金额为 3 000 元。

在诉讼中，双方认可 ECOVACS 科沃斯智能家用扫地机战斧 CEN360 在本次价格变动之前的售价为 949 元。另查，消费者在亚马逊网站购物时，进入登录页面，输入邮箱地址或手机号码及密码，使用条件以链接按钮形式出现在登录按钮下方，消费者将选中的商品放入购物车，填写送货地址、付款方式等信息后继续进入检查订单页面，“检查订单”以加粗加大字体出现在页面最上端，下面普通字体载明“当您选择了我们的商品和服务，即表示您已经接受了亚马逊的隐私声明、使用条件；您点击订单确认按钮后，我们将向您发送电子邮件或短信以确认我们已收到您的订单。我们向您发送电子邮件或短信，通知您商品已发货之后，我们和您之间的订购合同才成立。”该页面对产品型号、订购数量、送货地址、付款方式等内容进行了字体加粗加黑处理。随后消费者点击提交订单按钮，购买成功。在整个购买过程中，使用条件和隐私声明均以普通字体的链接按钮形式出现在页面最下端；消费者购买商品后，可以在商品未从库房发出前取消商品或订单。

亚马逊网站公布的“使用条件”载明：“如果您在本网站访问或购物，使用我们的产品或服务，使用移动应用或软件，您便接受了以下使用条件；使用本网站服务即表明您同意使用条件，请仔细阅读这些使用条件。”使用条件中关于合同缔结条款中约定：“如果您通过本网站订购商品，本网站上展示的商品和价格等信息仅仅是要约邀请，您的订单将成为订购商品的要约。收到您的订单后，我们将向您发送电子邮件或短信确认我们已收到您的订单，其中载明订单的细节，但该确认不代表我们接受您的订单。只有当我们向您发出发货确认的电子邮件或短信，通知您我们将您订购的商品发出时，才构成我们对您的订单的接受，我们和您之间的订购合同才成立。”“价格”部分约定：“对于由亚马逊销售的商品，直到您发出订单并经我们确认发货，我们才能确认该商品的销售价格；尽管我们尽最大的努力确保本网站上商品价格的准确性，我们的商品目录里的一小部分商品可能偶尔会有定价错误；如果某一商品的正确定价应高于我们的网站定价，我们有权根据具体情况决定在发货前联系您或咨询您的意见，或者取消您的订单并通知您。”

段某某向一审法院起诉请求：判令世纪卓越公司继续履行合同交付货物；要求世纪卓越公司赔偿快递费、交通费、误工费、精神损失费共 1 元；要求世纪卓越公司赔偿律师费 3 000 元；要求世纪卓越公司承担本案诉讼费。在一审庭审中，段某某称如果法院认定合同没有成立，则变更第一项诉讼请求为要求世纪卓越公司赔偿差价款 855 元，其他请求不变。

一审法院依据《中华人民共和国合同法》第十三条、第二十五条、第四十二条之规定，判决：一是北京世纪卓越信息技术有限公司于判决生效之日起10日内向段某某赔偿差价损失855元；二是北京世纪卓越信息技术有限公司于判决生效之日起10日内向段某某赔偿律师费3 000元；三是驳回段某某的其他诉讼请求。如果未按判决指定的期间履行给付金钱义务，应当按照《中华人民共和国民事诉讼法》第二百五十三条之规定，加倍支付迟延履行期间的债务利息。世纪卓越公司提起上诉，请求：(1) 撤销一审判决，改判驳回段某某一审全部诉讼请求；(2) 由段某某承担本案一、二审诉讼费。二审法院驳回上诉，维持原判。【案例摘自（2017）京03民终1230号】

问题：

1. 案例所涉及合同属于哪种类型的电子合同？（相关内容见本章第一节。）

2. 不仅亚马逊还有1号店等网站都在交易条款中明确载明：用户向网站提交订单视为要约，只有当网站向用户发出货物时，双方之间的买卖合同才得以成立。也就是说，网站将其陈列商品的行为性质定性为要约邀请，消费者的下单是要约，只有网站发出送货通知时双方之间的买卖合同才成立。也有观点认为网站将出售的商品名称、型号、出售价格、库存数量等均详细陈列，该种陈列符合公众关于要约的认知。因此，网站陈列商品的行为即为要约，消费者下单属于承诺。对这两种观点，你赞同哪种？为什么？案例中段某某与世纪卓越公司的买卖合同成立吗？（相关内容见本章第二节。）

3. 确认收讫规则的内涵是什么？本案可否适用确认收讫规则？（相关内容见本章第二节。）

4. 若世纪卓越公司向段某某的邮箱发送确认货物发送进而合同成立的邮件时，段某某才知晓其七岁的儿子不知何时点击了购买合同，该合同有效吗？（相关内容见本章第三节。）

5. 世纪卓越公司称将扫地机的价格标注为94元系操作错误，此价格并非扫地机的真实售价，你认为这种情况该如何处理？法院判决其赔偿855元差价是否合理？（相关内容见本章第三节。）

6. 若段某某与世纪卓越公司的合同成立，扫地机接电使用后突然跳闸，此时段某某该如何维权？若段某某购买的为信息产品，在对方违约时其又可以获得哪些救济？（相关内容见本章第四节。）

第一节　电子合同概述

随着通信技术的进步，电话、电报、传真的使用使合同形式日益电子化，但人们把通过电话达成的合同归类为口头合同，把通过电报、传真达成的合同归类为书面合同，即通过电话、电报、传真等手段达成的合同仍然可以在传统合同法的体系内寻找到自己的定位。然而，随着20世纪末计算机技术和互联网的迅猛发展，越来越多的协议通过互联网等电信网络达成。这些协议本质上为数据电文，不存在原件与复印件的区分，也无法用传统的方式进行签名和盖章，法律不得不承认和面对电子合同的概念。在世界范围内，对电子合同的普遍接受经历了一个很长的过程。

1996年6月联合国国际贸易法委员会通过的《电子商务示范法》第二条规定："'数据电文'系指经由电子手段、光学手段或类似手段生成、储存或传递的信息，这些手段包括但不限于电子数据交换（EDI）、电子邮件、电报、电传或传真。"该法第六条规定："如法律要求信息须采用书面形式，则假若一项数据电文所含信息能够调取以备日后查用，即满足了该项要求。"《电子商务示范法》通过以上规定承认了数据电文和书面文件一样具有法律效力，对世界各国的电子商务立法产生了深远影响。

1999年7月美国统一州法委员会通过的《统一电子交易法》分别定义了"合同"和"电子方式"："合同"系指当事人根据该法案和其他适用法订立的协议所产生的全部法律义务；"电子方式"系指采用电学、数字、磁、无线、光学、电磁或相关手段的技术。2000年9月美国统一州法委员会发布的《统一计算机信息交易法》（UCITA）也采纳了《统一电子交易法》中"合同"和"电子方式"的定义。

现行《中华人民共和国合同法》第十一条将数据电文确定为书面形式的一种，并用列举的方式指出数据电文包括电子数据交换、电子邮件、电报、电传和传真。这一封闭式列举立法失去了国际电子商务立法中广泛使用技术中立性原则而给法律带来的灵活性。《中华人民共和国电子签名法》对数据电文进行了重新定义，并从法律上确认了电子签名的效力。

一、电子合同的概念与特征

（一）电子合同的概念

合同，也称契约，是当事人之间设立、变更、终止其相互间权利与义务关系的协议。在传统合同口头与书面两种形式的基础上，电子合同随着互联网等技术的发展作为一种新型的合同形式走进了人们的视野。从本质上讲，电子合同并非对传统合同概念的颠覆，而是对传统合同形式的补充。同时，不得不承认的是，电子合同的出现产生了许多传统合同法无法解决的问题。这也是在电子商务法中必须对传统合同法无法直接适用或者没有规定以及需要依据电子商务交易的相关规则予以调整的内容进行回应的原因所在。

作为合同的一种表现形式，电子合同必须具备通过数据电文等形式订立的特征。依据前述国际立法与《中华人民共和国电子签名法》的规定，数据电文是指经由电子手段、电磁手段、光学手段或类似手段生成、发送、接收或存储的信息。因此，本书将电子合同定义为：电子合同是平等主体之间以数据电文形式订立的设立、变更、终止民事权利与义务关系的协议。目前，电子合同主要通过电子邮件、在线交易系统以及即时通信等网络通信方式订立。未来任何能够实现信息传递、存储及满足完整性测试和信息归属确认要求的通信方式都是缔结电子合同的通信手段。与电子商务的广义、狭义区分相似，广义的电子合同除了包括占电子合同形态大多数的电子商务合同外，还包括其他非商业性的以电子数据形式订立的合同。《电子商务法》第四十七条明确规定了电子商务当事人订立与履行合同应适用《中华人民共和国民法总则》《中华人民共和国合同法》《中华人民共和国电子签名法》等法律的规定。本部分在梳理国际条约、惯例与域外相关立法的基础上，结合我国上述现行立法的规定，对电子合同的一般规则进行阐述，并兼顾电子商务合同的特殊性。在具体法律适用上，当针对同一事项上述立法不存在冲突时可同时适用、共同调整；若存在冲突，则依特别法优先于一般法的原理，在适用上依照《电子商务法》《中华人民共和国电子签名法》《中华人民共和国合同法》《中华人民共和国民法总则》的顺序。

（二）电子合同的特征

电子合同是一种合同的新形式，但仍具有合同的一般特征，同时具有自身的特殊性。与传统书面合同相比，电子合同的特殊性主要表现在下列几个方面：

1. 合同订立具体方式的特殊性

传统书面合同往往是交易双方通过面对面协商在线下订立的；而订立电子合同的双方或多方当事人不需见面，在虚拟市场进行合同的订立，其主体信用的建立主要依靠密码的辨认或认证机构的认证。甚至有些电子合同的订立是由事先设定好的自动信息系统代表当事人实施的，订立过程根本没有当事人的参与。

2. 合同订立的具体过程的一次性

传统书面合同一般会经过要约、反要约再到承诺的多次磋商的过程；而在电子合同的订立中，要约与承诺的发出和收到的时间较传统合同更复杂，但通常不会有反复磋商的过程，一旦发出电子数据即产生要约或承诺的法律后果。

3. 合同成立和生效构成条件的功能等同性

许多国家的合同法均规定，合同可以采用口头形式也可以采用书面形式，如果采用书面形式，必须经签字或者盖章或者与签字盖章具有相同法律效果的行为实施时才能成立并生效，附延缓条件或始期时在条件成就或期限届至时生效。本质上，电子合同既不是书面形式也不是口头形式，联合国《电子商务示范法》采用“功能等同”原则解决这个问题，规定电子合同满足法定的条件时，即视为书面形式和可靠的签名。

“功能等同”原则不仅对合同的成立与生效具有意义，也可以适用于合同的形式、签名的方式和技术以及文件的完整性和认证性等。该原则因为解决了将传统的基于纸质媒介的法律适用到网络环境的障碍，几乎被国际所有主要的电子商务立法所采纳，逐渐成为电子商务立法的一个核心规则。《中华人民共和国电子签名法》也在第四条和第五条分别确立了数据电文符合书面形式和原件形式所应达到的标准。在理解和适用“功能等同”原则时，有以下三点值得注意：

（1）数据电文在满足特定标准时具有与书面文件相同的法律效力，但数据电文不等同于书面文件，数据电文有特殊的性质，不一定具备书面文件的全部功能。

（2）采用“功能等同”原则时应注意形式要求的现有等级，即要求书面文件提供不同程度的可靠性、可核查性和不可更改性，对数据电文也应根据不同的程度而要求功能等同，不应对数据电文采取更加严格的标准。

（3）书面文件的功能有很多方面，在适用“功能等同”原则时，不是要求数据电文的所有功能与书面文件相等，而是以书面形式的基本作用为标准，一旦数据电文达到这些标准，即应获得同等程度的法律认可。《电子商务法》规定，电子商务当事人使用自动信息系统订立或者履行合同的行为对使用该系统的当事人具有法律效力。

4. 合同表现形式的非纸面性

传统书面合同的表现形式是纸介质的合同，有原件与复印件之分；而电子合同的表现形式是数据电文，不存在原件与复印件的区分，且数据电文本身具有易改动性，因此，在评估其证据效力时，会考虑到生成、存储或传递该数据电文的办法的可靠性。

5. 合同当事人权利和义务内容的复杂性

电子合同当事人除了享有和承担传统合同当事人之间的实体和程序上的权利与义务外，还享有和承担由电子合同本身特性所决定的特殊形式的权利与义务，如用户守则制定、注册条件设定、电子签名、信息公示、保密等。

6. 合同的履行和支付的多样性

基于不同的交易内容，有些电子合同的履行甚至与订立没有时间间隔，有的合同与传统书面合同相比，履行与订立出现较长的时间间隔；在支付方式上，电子合同通过电子支付是常态，而传统合同通过电子支付只是一种选择。

二、电子合同的分类

电子合同独立存在的意义在于其是电子商务的基本交易形式，与以纸质文件及线下交易为特征的传统商业交易有着根本的不同。依据不同的标准对电子合同进行分类的法律意义在于掌握同一类电子合同的共同特征以及其共同的成立、生效要件等，从而准确进行法律适用。

（一）信息产品合同和非信息产品合同

根据电子合同的标的不同，可以将电子合同分为信息产品合同和非信息产品合同。此种分类的意义在于合同的不同标的决定了合同履行与交付规则的区别。

以信息产品为标的的合同，是信息产品合同。信息产品是指可以被数字化并通过网络来传输的商品，如计算机软件、多媒体交互产品、计算机数据和数据库等。信息产品又可以根据数字化的信息是否需要以实体存在的载体呈现，可以分为有形信息产品和无形信息产品。有形信息产品是指数字化信息附着在有形载体如碟片上的产品；无形信息产品是指数字化的，不存在有形载体的信息产品。有形信息产品的交付无法在线进行，载体的存在使得其可以直接适用《中华人民共和国合同法》的有关规定。购买无形信息产品的合同当事人可以直接通过网络在线交付，合同的全程均可以在线完成，履行时间、履行方式、检验、退货和风险承担等方面都有其不同于有形信息产品的特殊性。

非信息产品合同是不以信息产品为标的的合同，这类合同只是通过电子商务形式达成，但在合同的交付与履行上与传统合同区别不大。

（二）点击合同、以电子数据交换方式订立的合同与以电子邮件方式订立的合同

根据电子合同订立的方式不同，主要可以分为点击合同、以电子数据交换（EDI）方式订立的合同与以电子邮件（E-mail）方式订立的合同，此种分类的意义在于合同成立的时间不同。

点击合同，即电子形式的格式合同，在实践中可能通过点击使用网站、进行注册等方式而成立。点击合同在电子商务活动中的应用非常广泛，这和互联网技术的高度智能化有关。几乎所有的电子商务企业和网站都会运用点击合同来规定其与消费者或用户之间的一般性权利和义务。作为格式合同，其带来便捷与效率的同时可能导致不公平，需要作为格式合同提供者的电子商务经营者与网站设立者进行充分的公示。点击合同一般点击即成立、生效，在产生纠纷时，需要结合格式合同的相关规则确认其效力。

以 EDI 方式订立的合同是指按照一个公认的标准，将商业或行政事务处理转换成结构化的事务处理报文数据格式，并借助计算机网络实现的一种数据电文传输方法。典型的以 EDI 方式订立合同的流程表现如下：企业收到一份 EDI 订单，信息系统自动处理该订单，检查订单是否符合要求，然后通知企业内部管理系统组织生产，向零配件供应商订购相关配件等。EDI 订单从法律性质上可被看作要约，信息处理系统核查确认为承诺。《电子商务法》第四十八条规定，电子商务当事人使用自动信息系统订立或者履行合同的行为对使用该系统的当事人具有法律效力。

以 E-mail 方式订立电子合同也比较常见，当事人通过 E-mail 方式完成要约和承诺过程而订立合同。E-mail 是互联网上应用最广泛的通信工具，以 E-mail 方式订立的合同能够直观地反映订约双方的意思表示，但是在传输过程中 E-mail 数据包易被截获、修改，安全性较低。在实践中，当事人以 E-mail 方式订立合同的，宜采用电子签名来确保合同的真实性和安全性。根据我国合同法的规定，以 E-mail 方式订立合同可以基于双方当事人的意思在意思表示达成一致时成立，也可以要求签订确认书，在签订确认书时成立。

（三）电子商务服务合同与电子商务交易合同

根据电子合同的内容是直接产生当事人之间的商品销售或服务提供的交易关系还是为当事人之间的直接电子商务交易关系提供基础和辅助服务，可将电子合同分为电子商务服务合同与电子商务交易合同。此种分类的意义在于确定不同内容电子合同的当事人及不同的权利与义务。

1. 电子商务服务合同

电子商务服务合同是服务提供者与其用户之间基于信息发布、传递、交流等基础服务以及物流、信用、支付等辅助服务而成立的合同关系，其表现为各种类型的电子商务

服务协议。电子商务服务是最基本的网络经营形态，这种服务关系一般是双方建立的固定的长期服务关系如电子邮件系统的用户与网站经营者之间的关系，因购物或接受服务而填写各种表格，均可成立服务提供者与用户之间的法律关系，受服务提供者发布的用户协议调整。电子商务服务法律关系既可能通过用户的注册登记建立，也可能通过明示的合同建立。合同一般表现为网络服务提供者提供的格式合同，可能表现为网站提供的服务声明或类似的事先拟定好的格式合同。当用户注册时，只要按照服务商确定的程序，浏览各项条款后，点击确认即可完成服务合同的缔结。

在电子商务交易环境中，任何主体不论是自然人、法人还是其他组织，只要接受服务提供者网站上指定的服务规则，都可能成为用户。缔结合同、在线注册、接受服务等均可作为判断对方是否为网络用户的依据。

按照电子商务服务合同提供服务种类的不同，电子商务服务合同可以分为网络接入服务提供者与用户的合同、网络内容服务提供者与用户的合同以及网络交易服务提供者与用户的合同，其中网络接入服务提供者主要提供通信管道的服务，网络内容服务提供者主要提供信息服务，网络交易服务提供者则为电子商务交易的顺利进行提供辅助性服务。电子商务不同类型服务提供者的具体法律地位与权利义务前已述及，不赘述。

2. 电子商务交易合同

电子商务交易合同是订立于电子商务经营者与其客户之间的合同，电子商务经营者通过互联网等网络与信息技术销售商品或提供服务，其可以自建网站销售商品或提供服务，在实践中表现为垂直电商，可能不仅销售商品或提供服务，还提供其他的基础或辅助服务，这就使得其同时具有服务提供者与交易当事人的角色；非平台电子商务经营者也可以借助其他主体建立的电子商务交易平台进行商品销售或服务提供等电子商务交易活动。平台内电子商务经营者即属此类。作为平台内电子商务平台经营者，应满足传统部门法中规定的作为一般经营者的义务，同时还应符合电子商务平台经营者设定的平台内经营者应当履行的义务；当电子商务平台经营者同时也从事自营业务销售商品或提供服务时，其与平台内电子商务经营者承担相同的义务。

由于在网站上的业务的集成性，一个交易往往可能牵涉多种法律关系，这需要根据合同相对性和具体交易内容来具体区分，一项具体的合同义务或法律责任该由哪个经营者来承担。在电子商务服务提供者为用户从事经营提供服务的情形下，就需要区分电子商务服务提供者与作为用户身份的电子商务经营者。电子商务交易合同的当事人一方必然为电子商务经营者，另一方可能因为消费需要与电子商务经营者发生交易关系，也可能因为经营需要与电子商务经营者发生交易关系，在交易相对人为消费者时，需要履行消费者权益保护义务，适用消费者权益保护法的相关规定。在“导入案例”中，段某某与世纪卓越公司的合同属于非信息产品合同、点击合同与电子商务交易合同。

三、电子合同法律制度的调整对象与适用范围

电子合同法律制度主要是调整通过数据电文等网络信息技术缔结与履行合同而引发的实体性与程序性问题。电子合同法律制度是传统合同法律制度与以电子方式订立合同引发特殊问题的结合，尊重传统合同法发挥作用的同时，对电子方式订立合同产生的特

殊法律问题加以调整和规范。

电子合同法律制度的调整对象为电子合同。理论上，无论主体是公法主体还是私法主体，只要实施电子行为缔结合同，均应受到电子合同法律制度的调整。然而，鉴于电子商务法作为商法的定位，本书将电子合同的范围限于平等主体之间订立的电子合同而不包括公法主体缔结的如电子政务合同。作为立足于传统合同法的电子合同法律制度，其适用范围应遵守合同法适用范围的一般规定，同时，作为电子签名法的一部分，应遵守电子签名法适用范围的规定。具体而言，第一，有关身份关系的协议不属于电子合同法律制度的适用范围。《中华人民共和国合同法》明确规定了婚姻、收养、监护等有关身份关系的协议，适用其他法律。电子合同法律制度也应遵守上述适用范围的规定。第二，电子签名法排除的文书类型不属于电子合同法律制度的适用范围。《中华人民共和国电子签名法》第三条明确规定了电子签名法不适用于下列文书：(1) 涉及婚姻、收养、继承等人身关系的；(2) 涉及土地、房屋等不动产权益转让的；(3) 涉及停止供水、供热、供气、供电等公用事业服务的；(4) 法律、行政法规规定的不适用电子文书的其他情形。

第二节　电子合同的成立

根据我国合同法的相关规定，一般情形下合同成立即生效，除非是附条件、附期限或者需要履行相应的手续。合同的成立、生效不同于合同的有效，合同的成立、生效是当事人对自己权利与义务的衡量和肯定，完全是个人之间的事情；而合同的有效则是国家或法律对当事人之间已经成立的合同进行评价，以决定是否让其产生法律效力的过程。只有有效的合同才产生法律强制保护的效力。

一般而言，合同成立是指当事人意思表示一致而达成协议的状态。其要件有二：(1) 存在两个或两个以上的当事人；(2) 当事人意思表示一致，即合意。由于合同成立阶段并不考察当事人的缔约资格，所以合同成立的过程，关键是当事人意思表示达成一致的过程，也就是合同的订立过程。根据合同法的规定，合同的订立过程分为要约与承诺两个阶段。在电子合同订立的过程中，主体之间的意思表示通过数据电文传送和存储，因此，电子合同订立过程中要约与承诺的生效、撤回和撤销以及合同成立的时间与地点均有一定的特殊性。

一、电子合同中的要约与要约邀请

(一) 要约的一般原理

1. 要约的概念与要件

要约是希望和他人订立合同的意思表示，该意思表示应当符合两个要件：(1) 内容具体明确；（2）表明经受要约人承诺，要约人即受该意思表示的约束。

所谓内容具体明确，是要求要约的内容应当具备合同成立所必需的条款，以确保该要约经受要约人承诺后是可以付诸实施的，通说认为，要约至少应包括标的、数量、要约人的姓名或名称三项，并根据交易的具体情况而增加。

所谓经受要约人承诺，要约人即受该意思表示的约束，是指要约人订立合同的意思是确定的，只要经相对人承诺，要约人即要遵守该意思表示内容，而无须再次作出订立合同的意思表示。要约人可以在要约中声明自己受要约的约束，但这不是必要条件。要约人只要表达出明确的缔约意图即可，一般而言，一份内容具体明确的要约就足以推定其存在缔约意图。

2. 要约的约束力

要约一经生效，对要约人和受要约人均具有拘束力。要约对要约人的拘束力，表现在要约一经生效，要约人不得随意改变要约的内容，亦不得撤回要约；要约对受要约人的拘束力，主要是指要约生效后受要约人取得作出承诺以使合同成立的权利，但并不因此承担必须承诺的义务。

3. 要约的失效

根据我国合同法的规定，出现下列情形之一的，要约失效：（1）拒绝要约的通知到达要约人；（2）要约人依法撤销要约；（3）承诺期限届满，受要约人未作出承诺；（4）受要约人对要约的内容作出实质性变更。

（二）电子合同中要约与要约邀请的区分

要约邀请，是希望他人向自己发出要约的意思表示，它不因相对人的承诺而成立合同，对要约邀请的发出人没有法律约束力。因此，在合同订立中，区分要约与要约邀请具有重要意义。

对于要约与要约邀请的区分标准，存在多种学说，分歧也不小。理论上，可以根据要约的法律构成来区分要约与要约邀请，但在实践中进行区分相当困难。通常认为，根据交易的具体现象进行区分比较合理，也具有可操作性。合同法界定了要约与要约邀请的概念，同时也明确规定了寄送的价目表、拍卖公告、招标公告、招股说明书、商业广告等为要约邀请，但商业广告的内容符合要约规定的，视为要约。

在电子商务环境中区分要约和要约邀请使得这一问题变得更加复杂，但因为要约与要约邀请在合同成立中的意义不同，依然有必要对其加以区分。依据通说，在电子商务中应将电子商务广告和在线交易区别考察，在线交易又应当考虑标的为实物还是计算机信息。

1. 电子商务广告

无论是线上还是线下，广告都可以分为普通商业广告和悬赏广告两大类型。对于商业广告，大陆法系和英美法系的规则相近，原则上将其视为要约邀请；如果普通商业广告中含有合同得以成立的确定内容和希望订立合同的愿望，则视为要约。

电子商务广告的发布者通常在网站上发布横幅广告或其他网页广告，或者通过电子邮件寄送商品信息。其在发布广告时是否有特别声明就成为判定广告为要约或要约邀请的标准。如果在广告中有特别声明，就应根据特别声明的内容判断其为要约还是要约邀请。如果有类似“广告和信息仅供参考”“此广告和信息的发布者不承担合同责任”的声明，则广告只能认定为要约邀请；如果公开声明“可就提议作出承诺”“广告和信息的发布者承担合同责任”等，则表明广告的发布人愿意接受广告约束，与承诺者缔结合同，此时的广告可视为要约。在没有特别声明的情况下，对要约和要约邀请的区分，应综合考虑具体交易惯例，原则上应将广告认定为要约邀请，除非其具备要约的基本要件。

悬赏广告是指广告人以广告形式声明对完成广告规定的特定行为的任何人，给付广告中约定报酬的意思表示行为。对于悬赏广告，各国合同法一般认为是一项要约，我国司法实践也多将其认定为要约，一旦某人完成悬赏广告指定的行为，即是对广告人的有效承诺，双方形成债权债务关系。在电子商务环境下，认定悬赏广告发布人的身份时，由于通过电子交易方式，需要借助电子认证和电子签名等技术确认广告发布人的身份，但这并不改变悬赏广告本身的要约性质。

2. 在线交易中的商品展示

在线交易的模式主要有两种：普通的访问网页进行交易以及通过专门的电子商务交易平台交易，即通过垂直电商、微信、网络直播等交易以及与平台电商进行交易。电子商务经营者如产品制造商或大型商场等通常会在互联网上自建网站或页面，消费者通过访问其网站页面购买其商品或其提供的服务，其对应着电子商务中的 B2C 模式。而专门的电子商务交易平台有 B2B 平台如阿里巴巴和 C2C 平台如淘宝，分别为商家之间和个人之间的交易提供从商谈到付款的一整套交易系统。在线交易的标的主要为实物或信息产品。根据标的属性及交易媒介的不同，认定要约与要约邀请时应遵从不同的规则。

(1) 通过访问自建网站或网页进行交易。第一，交易实物商品，在网页销售实物商品的交易模式中，明码标价的网页商品展示类似于商店标有价格的商品陈列。但应注意网页上展示的并非真实的商品而仅仅是商品图片，理论上存在多人同时点击同一商品购买的可能性，尤其是浏览访问量大的网站或网页这种可能性更大。若将网页上展示实物商品的行为认定为要约，则可能导致商品图片仍在但已无物可卖或者同一商品尤其是特定商品被卖数次从而导致一物多售，进而导致合同履行障碍及违约责任承担等结果，增加了交易成本，故通说认为网页展示实物商品的行为，属于要约邀请。第二，交易计算机信息产品，由于计算机信息产品存在可以无限复制、随时下载的特殊性，不存在售罄以及一物多售的问题，因此，在网页上展示计算机信息并标明数量和价格的行为，可以认定为要约。

在“导入案例”中，虽然合同法规定，当事人订立合同，采取要约、承诺方式，且承诺生效时合同成立。网站展示商品对商品的描述非常具体和明确时，虽然符合要约的构成要件，但上文原因已释明，也应区分商品是实物还是信息而确定网站展示商品的性质。况且商事交易更应尊重当事人的意思自治，当事人在对展示属于要约或者要约邀请存在合意或者网站已经事先声明的情况下，应尊重交易主体在交易时的合意。亚马逊网在使用条件部分明确约定商品展示的性质为要约邀请，消费者下单为要约，只有网站发出送货确认才构成承诺。消费者同意该使用条件，视为双方就此达成了合意。依据网站的声明，消费者下单付款后，在网站确认发货前合同并未成立。然而，依据《电子商务法》第四十九条的规定，除非另有约定，电子商务经营者发布的商品或服务信息符合要约条件的，用户选择该商品或服务并提交订单成功，合同成立。电子商务经营者不得以格式条款等方式约定消费者支付价款后合同不成立；格式条款等含有该内容的，其内容无效。故依据上述规定，在段某某下单付款后，其与亚马逊网站之间的买卖合同已经成立。

（2）通过电子商务交易平台进行交易。电子商务交易平台一般都建立有严谨的交易程序，具有科学成熟的技术保障，能为交易双方提供高效的交流机制。在卖方通过交易平台销售货物的初始，一般都应交易平台的要求而填写了准确的商品数量，平台会进行剩余件数的提醒，不存在售罄的问题；买卖双方交易的每个步骤都在交易平台程序确认后进行，也不存在一物多售问题。因此，在电子商务交易平台上进行商品展示从而进行商品销售的行为，无论是展示实物商品还是计算机信息，都可以认定为要约。

（三）电子合同中要约的撤回与撤销

1. 电子合同中要约的撤回

根据我国合同法的规定，要约生效以前可以撤回。要约人撤回要约，应当向对方发出通知，撤回要约的通知先于要约或与要约同时到达受要约人，则撤回生效。

电子商务活动中，数据电文在信息系统之间的传递几乎没有延迟，要约的撤回变得很难实现。因此，对于电子商务合同中是否存在讨论要约撤回的必要存在两种观点；一种观点认为撤回要约在电子商务环境中是不可能的，在电子合同中谈论要约的撤回没有意义。另一种观点则认为，电子要约的撤回虽然非常困难，但也存在可能，尤其是在网络拥挤或服务器发生故障的情况下，数据电文可能被存储到某一技术媒介而延迟到达受要约人，使得撤回要约的通知可能更早地到达受要约人。故从尊重契约自由原则和维护法律的一致性出发，法律应承认要约人撤回要约的权利。本书赞同后一种观点，不能因为在一般情形下不会发生就剥夺当事人撤回要约的权利，应尊重和赋予要约人对其发出要约的撤回权，只要技术上可以实现即可。

2. 电子合同中要约的撤销

《中华人民共和国合同法》明确规定要约生效后还可以撤销，但撤销通知应当在受要约人发出承诺通知以前到达受要约人。法律规定以下两种要约不得撤销：（1）要约人确定了承诺期限或以其他形式明示要约不可撤销；（2）受要约人有理由认为要约是不可撤销的，并已经为履行合同做了准备工作。

在电子商务交易中，同要约撤回一样，要约撤销也应该是要约人的一项重要权利。只要在要约生效与受要约人承诺之间存在时间间隔，就有撤销的可能，具体能否实现撤销的后果取决于电子商务交易中要约的具体发出方式。如果要约以电子邮件的方式发出，那么在受要约人回复之前当然可以撤销；如果当事人通过即时通信工具在网上协商，这与口头方式无异，要约人在受要约人作出承诺前可以撤销；如果当事人采用电子自动交易系统从事电子商务，承诺由交易系统自动回复，则要约人无法撤销要约。

二、电子合同中的承诺

（一）电子合同中承诺的一般原理

承诺，是受要约人同意要约的意思表示。承诺的法律意义在于，承诺生效则合同成立。根据我国合同法的规定，一项有效的承诺须具备以下构成要件：

1. 承诺必须由受要约人向要约人作出

一方面，作出承诺的人必须是受要约人。受要约人为特定人时，承诺须由该特定人作出；受要约人为不特定人时，承诺可以由不特定人中的任何人作出。受要约人的承诺行为，可以由其本人或其授权的代理人作出。另一方面，承诺必须向要约人或要约人的代理人作出。

2. 承诺的内容必须与要约的内容保持实质性一致

根据我国合同法的规定，如果受要约人对要约的内容作出实质性变更，则不是有效承诺而为新要约。所谓实质性变更是指对合同标的、数量、质量、价款、报酬、履行期限、履行地点、履行方式、违约责任和解决争议方法等的变更。对要约的上述内容以外的非实质性内容进行变更的，除非要约人及时表示反对或者要约表明承诺不得对要约的内容作出任何变更，承诺有效。

3. 承诺必须在要约的有效期间内作出

当要约中规定了承诺期限时，承诺必须于此期限内作出。当要约没有规定承诺期限时，如果当事人以对话方式从事电子商务，则承诺应立即作出；如果当事人以非对话方式从事电子商务，则承诺应在合理的期间作出。承诺在要约的有效期届满之后到达要约人的，除要约人及时通知该承诺有效或有证据证明迟到是因客观原因造成的外，不发生承诺的效力，应视为新要约。

在电子商务交易活动中，承诺的意义在于使电子合同成立，电子商务交易当事人的承诺与合同的成立与履行几乎没有时间间隔，尤其是对于点击合同，完成点击即意味着承诺生效，也意味着合同开始履行。

（二）电子合同中承诺的撤回与生效

承诺的撤回，是指受要约人在承诺生效之前将其取消的行为。不同于英美法系立法对要约、承诺生效采用投邮主义原则，要约、承诺一经发出即告生效，不存在撤回问题。我国合同法采纳大陆法系立法对要约、承诺生效采到达主义原则，即要约、承诺只有到达要约人时才发生效力，因此允许要约人撤回要约、受要约人撤回承诺。我国合同法规定，承诺可以撤回。撤回承诺的通知应当在承诺通知到达要约人之前或者与承诺通知同时到达要约人。

在理论上及合同法立法上，要约、承诺的生效与撤回均遵从一致的规则，在电子合同中也应该保持规则的一致性。关于要约撤回的规则当然也应该适用于承诺的撤回，以数据电文发出的承诺可以撤回。在电子商务活动中，数据电文的传输可能遇到网络故障、断电停网、信息系统感染病毒等情况，因此受要约人撤回以数据电文形式发出的承诺的情形是可能发生的。为实现对消费者权益的保护，《电子商务法》第五十条第二款也规定了电子商务经营者应当保证用户在提交订单前可以更正输入错误。在电子合同订立的过程中，电子商务经营者的安全维护义务具体表现为应当清晰、全面、明确地告知用户订立合同的步骤、注意事项、下载方法等事项，并保证用户能够便利、完整地阅览和下载。这体现为《电子商务法》第五十条的规定。

三、电子合同成立的时间和地点

（一）电子合同成立的时间

合同成立的时间与承诺生效的时间紧密相关。我国合同法规定要约、承诺生效时间采纳到达主义，这也是多数国家合同法采纳的规则，因为到达主义更有助于维护交易安全。美国《统一计算机信息交易法》对电子信息的生效时间采用了到达主义而放弃了其合同法采纳的投邮主义。作为该法律制定者的美国统一州法委员会对此的正式解释是："之所以放弃'投邮主义'是为了避免收到与否的不确定性，采用到达主义是考虑到电子信息传输的迅捷性，而把没有收到的风险置于发送人。"可以说，电子商务交易本身就已经意味和代表着高效率，因而安全成了每个国家立法者考虑的第一要素，到达主义恰恰符合这一要求。

在电子合同订立过程中，因为数据电文的特殊性，意思表示的传输不再是直观的或"可见的"，所以何种情况视为法律上数据电文的"发出"或"收到"，成为立法必须澄清的问题。

联合国《电子商务示范法》是对全球电子商务立法都产生重要影响的法律文件，其关于数据电文发出与到达时间的规定具有参考意义。关于数据电文的发出时间，其规定如下："除非发件人与收件人另有协议，一项数据电文的发出时间以它进入发件人或者代表发件人发送数据电文的人的控制范围之外的某一信息系统的时间为准。"关于数据电文的到达时间，其规定，除非发件人与收件人另有协议，数据电文的收到时间按下述办法确定：(a) 如收件人为接收数据电文而指定了某一信息系统，则以数据电文进入该指定信息系统的时间为收到时间；如数据电文发给了收件人的一个信息系统但不是指定的信息系统，则以收件人检索到该数据电文的时间为收到时间。(b) 如收件人并未指定某一信息系统，则以数据电文进入收件人的任一信息系统的时间为收到时间。

《中华人民共和国合同法》和《中华人民共和国电子签名法》对数据电文形式的要约或承诺的到达时间做了明确规定：收件人指定特定系统接收数据电文的，该数据电文进入该特定系统的时间，视为到达时间；未指定特定系统的，该数据电文进入收件人的任何系统的首次时间，视为到达时间。然而，《中华人民共和国民法总则》在规定以非对话方式作出的采用数据电文形式的意思表示的生效时间时，修改了合同法与电子签名法的规定，规定尊重当事人对采用数据电文形式的意思表示的生效时间的约定：在没有另外约定时，相对人指定特定系统接收数据电文的，该数据电文进入该特定系统时生效；未指定特定系统的，相对人知道或者应当知道该数据电文进入其系统时生效。该规定与联合国

《电子商务示范法》规定的精神一致，兼顾了交易相对人的利益，更加科学。《电子商务法》第四十九条规定了电子商务合同的成立时间，除非当事人另有约定，电子商务经营者发布的商品或服务信息符合要约条件的，用户选择该商品或者服务并提交订单成功，合同成立。

需要注意的是，由于数据电文的特殊属性，在考虑数据电文形式的要约、承诺的发出或到达时，还应考虑以下几个问题：

1. 不同信息系统间数据格式不兼容或不完全兼容时信息发送或接收的认定

在有些情况下，虽然发送者发送的是有意义的信息，但是由于接收者的信息系统与发送者的信息系统不兼容或不完全兼容，接收到的信息可能无法阅读或无法理解。对此，美国《统一电子交易法》"一项信息应该以接收者所指定的信息系统能够处理的方式发送或者接收，才认为这项信息已经被发送或者接收"的规定有借鉴意义。

2. 点击合同中承诺无法撤回时对消费者的保护

在点击合同中，承诺人一旦点击确认图标，承诺在瞬间即到达点击合同的提供者，承诺人很难有撤回的机会。为保护点击合同中处于相对弱势地位的消费者，欧盟《电子商务指令》规定：消费者通过点击合同完成承诺后，点击合同的提供者应当对该合同向消费者进行确认，该确认过程是合同成立的必要步骤。这有利于保护在电子商务交易中的消费者。

3. 双方使用同一信息系统时信息发出与收到的确认

在电子合同订立过程中，发件人和收件人有时可能使用的是同一信息系统。针对这一情况，《联合国国际合同使用电子通信公约》规定："当发件人与收件人使用同一信息系统时，数据电文能够由收件人检索的时间，视为数据电文发出和收到的时间。"这一规定有助于更好地保护收件人的利益。

（二）电子合同成立的地点

电子合同成立的地点对于确定合同纠纷的诉讼管辖以及解决纠纷的准据法具有重要意义。各国立法一般以承诺发出或到达的地点作为判断合同成立地点的依据。例如，《中华人民共和国合同法》规定承诺生效的地点为合同成立的地点。在电子合同的订立过程中，数据电文的传输过程变得不直观而且技术性强，一项数据电文的发出和接收的地点具有相当的随意性或者难以在技术上确定，从而影响到法律的确定性。

针对这种情况，《电子商务示范法》以"营业地""主要的营业地""惯常居住地"为基点，区分了推定收到地点与实际收到地点，规定："除非发端人和收件人另有协议，数据电文应以发端人设有营业地的地点视为其发出地点，而以收件人设有营业地的地点视为其收到地点。"另外，"如果发端人或收件人有一个以上的营业地，应以对基础交易具有最密切关系的营业地为准，又如果并无任何基础交易，则以其主要的营业地为准；如果发端人或收件人没有营业地，则以其惯常居住地为准。"上述"营业地""主要的营业地""惯常居住地"术语的含义与《联合国国际货物销售合同公约》保持一致。此外，依据联合国国际贸易法委员会在《电子商务示范法》颁布指南中的解释，区分推定的收到时间和实际的收到时间，是在法律事实上确立一种不容反驳的推定，当一项有关合同订立或者法律冲突的法律要求确定一项数据电文的收到地点时，即可使用这种推定。其目的并非为了在发件人与收件人之间分摊风险。这一规则被许多国家的电子商务立法所采纳。

《中华人民共和国合同法》直接规定了收件人的主营业地为数据电文形式合同的成立地点，没有主营业地时，收件人的经常居住地为合同成立的地点，除非当事人另有约定。相比而言，《中华人民共和国电子签名法》对数据电文发送与接收时间的规定更加细化和具有合理性，其充分借鉴了联合国《电子商务示范法》的规定，尊重当事人对数据电文发送、接收地点的约定：在当事人没有约定时，发件人的主营业地为数据电文的发送地点，收件人的主营业地为数据电文的接收地点；没有主营业地的，其经常居住地为发送或者接收地点。我国《电子商务法》对电子商务合同的成立地点未做明确规定，按照后法优于前法的基本规则，应适用《中华人民共和国电子签名法》的相关规定。

四、确认收讫规则

（一）确认收讫的概念与价值

在立法对要约和承诺的生效普遍采用到达主义的情形下，接收人法律风险较小。由于互联网的开放性和复杂性，发送人在发出要约或承诺后，被他人运用技术截获的可能性更大，无法确切知道接收人收到与否，自己是否处于受约束的状态。因此，为平衡双方当事人的利益、减少发送人的风险、实现交易安全，有些国家的电子商务立法建立了确认收讫规则。

确认收讫是指在接收人收到发送的信息时，由其本人或指定的代理人或通过自动交易系统向发送人发出表明其已收到的通知。利用确认收讫规则有利于解决信息发出后的不确定问题，以发回的信息来证实信息是否到达以及传递中有无错误和缺漏发生。联合国在《电子商务示范法》颁布指南指出：确认收讫有时用来包括各种各样的程序，从简单的确认收到一项电文到具体表明同意某一数据电文的内容。联合国《电子商务示范法》对确认收讫的应用规定了以下 5 项主要原则：

（1）确认收讫可以用任何方式或行为进行；

（2）发送人要求以确认收讫为条件的，在收到确认之前，视信息为未发送；

（3）发送人未要求以确认收讫为条件，并在合理期限内未收到确认的，可通知接收人并指定期限，在上述期限内仍未收到的，视信息为未发送；

（4）发送人收到确认的，表明信息已由收件人收到，但不表明收到的内容与发出的内容一致；

（5）确认收讫的法律后果由当事人或各国自己决定。

从立法精神看，确认收讫规则并不是订立合同的必经程序，而是旨在消除电子合同订立过程中的不确定性。确认收讫一方面能减少风险，但同时也增加了商业成本，与电子商务追求效率的精神相悖。电子商务活动中是否采用确认收讫规则，应充分尊重当事人的意思自治。《中华人民共和国电子签名法》第十条规定：“法律、行政法规规定或者当事人约定数据电文需要确认收讫的，应当确认收讫。发件人收到收件人的收讫确认时，数据电文视为已经收到。”

（二）确认收讫的法律效力

在约定或依法律规定采用确认收讫规则的情况下，确定确认收讫的法律效力非常重要。确认收讫是否表明接收人同意所接收信息的具体内容？对收到的要约发出“确认收讫”回信是否意味着承诺？一般来说，除非当事人之间有特别约定或法律有明确规定，确认收讫仅仅表明接收人收到电子信息，具有接收回执的效果，并不意味着接收人同意电子信息的内容或愿意承担相应的法律后果。在合同法的理论与立法上，确认收讫通常不被作为承诺来对待。其原因如下：第一，顾名思义，确认收讫的表达就已表明是确认收到，通常是接收人的接收电脑在收到要约方的信息时自动发出的，仅仅是告知收到信息的事实而没有任何意思表示的意义，不被用来确认相关电子信息的实质内容。第二，应尊重当事人之间的约定。当然，在当事人之间有特别约定，如信息发送者在发出信息时即已声明“本信息要求确认收讫，且确认收讫意味着承诺”时，接收人的确认收讫行为可能被认为是接受的意思表示。

在“导入案例”中，亚马逊网站使用条件中关于合同缔结条款的如下约定虽然具有确认收讫的性质，但因明确表明了发送电子邮件或短信确认只意味着收到订单但不代表接受订单，故在法律效力上仅仅是告知收到信息的事实：“如果您通过本网站订购商品，本网站上展示的商品和价格等信息仅仅是要约邀请，您的订单将成为订购商品的要约。收到您的订单后，我们将向您发送电子邮件或短信确认我们已收到您的订单，其中载明订单的细节，但该确认不代表我们接受您的订单。只有当我们向您发出发货确认的电子邮件或短信，通知您我们将您订购的商品发出时，才构成我们对您的订单的接受，我们和您之间的订购合同才成立”。

第三节　电子合同的效力

根据我国合同法“依法成立的合同，自成立时生效”的规定，一般情况下合同成立即生效，但是已成立的合同不一定有效，有效的合同也不一定立即生效，这在电子合同中也不例外。与一般的合同是否有效取决于对已成立合同是否符合法律规定的判断一样，电子合同的有效与否也取决于法律的判断，只有得到法律的认可，才能发生效力。与合同是否有效是基于法律而进行的价值判断不同，合同是否生效更多取决于当事人的意思。

一、电子合同的有效要件

《中华人民共和国合同法》中未明确规定合同的有效要件，《中华人民共和国民法总则》第一百四十三条规定了民事法律行为有效的要件，即行为人具有相应的民事行为能力，意思表示真实，不违反法律、行政法规的强制性规定，不违背公序良俗。作为典型法律行为的合同，其有效当然也应该符合上述条件。电子合同的有效也应符合一般合同的有效要件，但同时应兼顾电子合同的特殊性。

（一）当事人在订立电子合同时必须具有相应的行为能力

在电子商务环境下从事任何具有法律意义的行为，仍然应当坚持民商法有关当事人能力的规定，行为人欠缺相应的行为能力而从事的电子缔约行为，仍有可能被撤销或者被确认无效。在立法上发挥立法的导向作用，应坚持传统合同法关于合同当事人应该具有行为能力的规定。不同于传统合同当事人身份确定的方式是通过当事人的证照、资料以及签名或盖章，在电子商务活动中无法借助于这种有形感知，而只能借助于电子文件的方式确定当事人的身份。包括《中华人民共和国电子签名法》在内的许多国家的立法均援用了“功能等同”原则来规定可靠的电子签名与手写签名或盖章具有同等的法律效力。

在电子商务交易中，可通过当事人在数据电文中的电子签名或者 B2C 中消费者填写的姓名、身份证号等自然信息判断行为人是否具有行为能力，或者在 B2B 中基于企业组织提供的营业执照、授权委托书等资料判断其为法人组织抑或法人的分支机构，实施电子商务交易行为者是否有充分的授权等。但是，由于电子商务交易的远程性和虚拟性，当事人基于对自身隐私的考虑，或者防止他人冒用自己的身份等原因，可能以化名或代码进入某商业网站，所登录的身份与真实情况往往不符。此时，识别当事人的真实身份变得非常困难。即便在消费者提供的姓名与身份证号是真实的信息时，也只能知其年龄但不知其精神健康状况，依据《中华人民共和国民法总则》的基本规定，判定自然人的行为能力状况需要结合年龄与精神状况。总之，在电子商务环境下确认主体的行为能力变得异常困难。

为了保护交易稳定、维护交易安全，当事人行为能力的真实情况需要被考虑在内，但是不应被绝对尊重。《电子商务法》第四十八条第二款规定了电子商务当事人民事行为能力的推定制度，除非有相反证据足以推翻，应推定电子商务中的当事人具有相应的民事行为能力，这是基于电子商务市场虚拟性的特点而进行的规定，有助于实现交易效率。在司法实践中以当事人行为能力状况认定合同是否有效时应区分无行为能力者或限制行为能力者是电子合同的主动订约方还是被动订约方、是仅仅接受信息服务还是购买了商品等而区别对待：主动要约订立电子合同者一般不得以其无行为能力或限制行为能力而撤销其合同；在浏览和接受信息服务的情形下，尤其是接受公共信息服务的人，一般不以无行为能力或限制行为能力而认为无效。若在电子合同中还是依据实际的行为能力状况判定合同的效力，则既不利于当事人利益的保护，也不利于电子商务的发展。即使实际行为人不具备相应的民事行为能力，根据商法的外观主义原则，也应当由在网站上注册的用户名下的主体承担合同责任。在实践中，这常发生在未成年人利用其父母的用户名实施电子商务交易的情形中，注册了用户名的父母仍应承担责任，因为这也是其未尽监管职责的表现。在“导入案例”中，基于上述原因，即便是段某某七岁的儿子趁其不注意发送了购买商品的意思表示，从保护电子商务交易秩序的角度看，也不应影响合同的效力。

（二）当事人订立电子合同时意思表示真实

意思自治是作为私法的合同法的基本原则，只有确保当事人意思的真实才能保证当事人的意思自治。理论上，要求电子合同当事人在缔结合同过程中的要约与承诺均为其本人真实且独立的意思表示，合同才有效。但是在电子商务环境中，人们一般采用用户名方式登录网络，且以用户名从事电子商务交易行为。在电子商务交易平台的信息系统中，人们往往建立一个电子账号代表自己，并利用这个电子账号从事网上交易。电子账号一般由用户名（user name）和密码（pin 或 password）组成。用户名被公之于众，成为真实使用人或控制者的网络身份识别符号，而密码由真实使用人或控制者个人享有和掌握。电子账号就成为了人们互相识别和信任的标志，能够将电子账号与实际使用人或控制者对应起来。在电子商务中，虽然有作为真实交易者的自然人、法人或其他组织的存在，除非他们是从事电子商务经营活动，才需要公示其真实的信息，否则完全可以凭借电子账号参与电子商务交易，账号成为替代现实身份识别的方法，仅凭账号即可确定当事人的网络身份。

基于账号发出的交易信息都应当被作为账号所有人或控制者的真实意思，即使通过账号发出缔约意思的实际行为人与该用户的所有人或控制者不一致，也应当由电子账号的使用人或控制者承担责任。这也是在电子账户情况下电子记录归属的基本规则。然而在现实生活中，为防止在电子商务环境中可能发生的盗用或冒用他人用户名及密码的行为，必须平衡和保护相关当事人的利益。为此，理论界普遍认可以“来源推定”和“显而易见”规则解决这一问题，以维护电子商务交易安全。

“来源推定”规则指对于一项信息，在没有相反的约定时，凡是以发送者的名义发送或来自发送者信息系统的信息或者是按照双方事先约定的方式发送的信息，都应该被视为来自该发送者或是由该发送者发送的；即使是他人未经其合法授权而利用其信息系统擅自发送信息的情形也不例外，只要接收者或者任何一个正常的诚实之人都可以作出类似的来源认定。“显而易见”规则意味着，虽然是来自发送者信息系统的信息，或是按照双方事先约定的方式发送的信息，如果信息的接收者只要适当或稍微注意或按照双方事先约定的或惯用的检测、监测方法、程序等即可很容易地辨别出信息不是来自发送者，该信息的发送者就可以不受该有关信息内容的拘束；或者说，该信息即可被视为根本没有发送过。联合国《电子商务法示范法》与《中华人民共和国电子签名法》的相关规定均体现了上述原则的内涵。《电子商务法》对此未做特别规定，应适用《中华人民共和国电子签名法》的相关规则。在“导入案例”中，上述来源推定规则也可以成为段某某七岁的儿子擅自发送购买链接而成立之合同有效的依据。

（三）电子合同不违反法律、行政法规的强制性规定，不违背公序良俗

在理解与运用法律的过程中，任意性规范与强制性规范的识别与把握非常关键。在我国法律体系中，人们行为的直接参照依据是法律、行政法规的规定，在法律规范的分

类中，强制性规范与任意性规范的分类直接决定着人们行为的效力。根据合同法司法解释所做的限缩性解释，所谓违反法律、行政法规强制性规定的合同无效，是指违反法律、行政法规效力性强制性规定的合同无效。合同法律制度存在的价值在于鼓励和促进交易，电子合同法律制度也不例外，其在违反法律、行政法规的效力性强制性规定以及公共秩序与善良风俗时，当然无效。《电子商务法》第四十九条规定了电子商务合同格式条款无效的情形，即电子商务经营者不得以格式条款等方式约定消费者支付价款后合同不成立；格式条款等含有该内容的，其内容无效。

二、电子合同效力瑕疵的情形

同一般合同一样，电子合同的瑕疵效力也包括无效、撤销、效力待定等状态，合同法中关于瑕疵合同效力的规定仍然适用，同时，在电子合同订立过程中使用了数据电文等现代通信手段，产生了新的问题，包括当事人行为能力的确认方法及标价错误、电脑故障、数据传输错误等对合同效力的影响。

（一）电子合同当事人缔约行为能力的认定及其对合同效力的影响

当事人具有完全民事行为能力是合同的有效要件之一，电子合同也不例外。电子合同的交易主体有自然人、法人与非法人组织多种形态，在电子商务活动发生时，无法像传统交易通过提供的文件、资料与现场确认来判断交易相对人的民事行为能力状况。电子商务活动参与者的行为能力状况只能通过用户名、密码、电子签名、文件加密、确认收讫等方式确认。具体而言：

1. 自然人电子缔约行为能力的确认与合同效力

在电子商务中，当事人订立电子合同都是通过数据电文的形式进行身份认证，为解决身份认证问题，应通过推定或者借助认定的技术规则，规定自然人缔约行为能力的特殊认定规则。《电子商务法》规定了包括自然人在内的电子商务当事人相应民事行为能力的推定制度。采纳商法的外观主义原则，只要通过身份认证或其他形式表明自己具有行为能力，即认定发件人具有行为能力，相对方不承担审查义务；在注重便捷性与效率性的同时，也要兼顾民商事主体行为能力制度所蕴含的利益与价值，电子合同的当事人通过实名身份认证或其他形式表明发件人不具备行为能力的，应当视为其不具备相应的行为能力。也就是说，自然人通过实名身份认证或者其他形式，表明其具有民事行为能力的，以其名义发出数据电文的发件人，视为具有相应的行为能力；表明其为限制民事行为能力或无行为能力人的，以其名义发出数据电文的发件人，视为不具备相应的行为能力。完全行为能力者和限制行为能力者在其能力范围内订立的内容合法的电子合同是有效合同，无行为能力者订立的电子合同无效，限制行为能力者未征得其法定代理人同意订立的合同效力待定。这解决了行为能力欠缺者的保护问题。行为能力欠缺者之所以能够参与到电子商务交易中，原因在于监护人或法定代理人监管失责，同时由于能够借助实名身份认证或者其他相关技术，交易相对人也负有注意义务，在明知对方当事人欠缺相应行为能力的情形下仍然与对方订立合同，应当承担未尽注意义务而导致的相应责任。因此，在合同被撤销或者被确认无效后，电子合同相对人遭受的损失，可以与行为能力欠缺者的法定代理人按照各自的过错承担责任。

对于没有通过相关技术手段表明行为能力状态的，则从公平的角度出发，不应该适用商法的外观主义原则，而应当适用一般的民事行为能力确认制度，并进而确定电子合同的效力。作为电子合同当事人的自然人未通过任何实名身份认证或其他形式表明其行为能力的，其行为能力的确定应当依据《中华人民共和国民法总则》关于行为能力的规定。在交易相对人对发件人具备行为能力有明确要求，而发件人不具备行为能力时，由发件人的监护人承担相应的责任。行为能力欠缺的发件人未经其法定代理人同意订立的电子合同效力待定。我国台湾地区邮政法与电信法均规定，无行为能力人或限制行为能力人对于电信事业的使用行为以及关于邮政事务对邮政公司所为之行为，视为有行为能力人。由此，“对于接受公共信息服务的人，不论其年龄或精神状况如何均应视为完全民事行为能力人”的观点得到了学界的多数赞同。相信随着电子商务的深入发展与人工智能技术的不断应用，自然人对电子合同缔约行为能力的推定与拟制会越来越常态化，适用领域会越来越广泛。

2. 法人与非法人组织电子合同缔约行为能力的认定与合同效力

在电子合同订立过程中，对企业或非企业组织缔约行为能力的认定主要是依据相关的法律法规与电子商务交易平台的相关规则。通常，法人或非法人组织参与电子商务多是以经营者的身份，为保护交易秩序、维护消费者的合法权益，立法一向注重对经营者的行为规制。

(1) 根据《中华人民共和国电信条例》和我国《互联网信息服务管理办法》的规定，我国对经营性网站的设立实行许可制度，设立网上企业需要严格的审批程序。

(2) 线下企业建立网站进行在线交易成为电子商务经营者的，根据我国商主体法定的原则，只有经过工商登记才能获得商主体资格，即企业在设立时已经进行了注册登记，建立网站经营的，企业应当承担公示与披露的义务，在其网站上显著的位置公示其营业执照、获得的行政许可等相关信息，当事人可以通过合法手段进行查询与认证。

(3) 对于不建立网站而是依托电子商务交易平台进行交易的平台内电子商务经营者，交易平台作为交易磋商服务的提供者，同时负有监管之责，一般会有严格的认证手续。目前国内比较有影响的阿里巴巴、易趣、淘宝等电子商务交易平台，对在其平台上经营的企业或自然人均要求实名认证，平台作为掌握经营者一手资料的主体，严谨的认证制度在一定程度上弥补了工商行政监管的不足。

根据我国合同法相关司法解释的规定，即便企业超越经营范围订立的合同，除非违反限制经营、禁止经营或特许经营的规定，否则合同不因此而无效。

(二) 效力待定的电子合同

根据《中华人民共和国民法总则》与《中华人民共和国合同法》的相关规定，行为人没有代理权、超越代理权或者代理权终止后以被代理人名义订立的合同，未经被代理人追认的，对被代理人不发生效力，由行为人承担责任。在电子商务的 B2B 交易方式下，由于交易双方不能如传统贸易中那样审查被代理人的授权情况，较容易产生代理权限纠纷，可能导致所签合同得不到被代理人的认可。电子商务交易实践中通常有下列两种情形：一是双方或一方使用的是未经加密、认证的电子邮件系统。在这种情形下传输的数据电文有被他人截获、篡改的可能，发生超出被代理人授权范围的情况，此时被代理人可能拒绝承认代理行为的效力，从而否定自己的合同责任。二是双方均采用了数字认证等安全系统。在这种情形下，虽然数据电文的真实性和原始性得到了保障，但如果交易一方认为承认已经存在的合同于己不利而想毁约，他可能会声称所做的意思表示系其工作人员或系统操作员未经授权的擅自作为。在上述情况下，否认合同效力的一方应该提供充足的证据证明事实的存在，否则应承担合同责任。尤其是第二种情形，这属于企业内部的行为，不应该对外发生效力，合同对方当事人完全可以援用表见代理的规则，要求交易对方承担合同责任。从广义上讲，表见代理虽然也属于无权代理的一种情形，但发生有权代理的法律后果。

此外，根据《中华人民共和国民法总则》与《中华人民共和国合同法》的规定，效力待定的合同事由以及限制行为能力人超越其精神和智力状况订立的合同，相对人可以催告法定代理人自收到通知之日起一个月内予以追认，法定代理人未作表示的，视为拒绝追认。然而在电子合同中，无论是从必要性还是可行性上，限制行为能力人的交易相对人都既无法也没有必要催告限制行为能力人的法定代理人追认。若限制行为能力人的法定代理人不予追认，则应该主动向电子合同的对方当事人发出撤销通知，否则视为自动接受合同。

（三）可撤销的电子合同

根据民法和合同法的规定，基于重大误解、受欺诈、被胁迫、乘人之危导致显失公平等情形订立的合同，受害方有权请求人民法院或仲裁机构予以撤销。

1. 电子错误下的合同撤销

（1）电子错误的概念与价值。在电子合同中，最常见的导致电子合同撤销的原因是发生电子错误。电子错误法律制度为美国《统一计算机信息交易法》首创，是指一个信息系统没有向自然人提供检测、避免或纠正电子行为错误的合理方法，自然人在使用此信息系统生成一个数据电文时发生错误的，可以进行抗辩以避免承担由该数据电文引起的法律后果的法律制度。随着电子商务的发展，电子错误的适用领域扩展到所有主体参与的电子合同，而非仅限于自然人为主体的合同。电子错误包含的内容非常广泛，不仅包括电子意思表示错误，而且包括利用电子方式进行通知时的错误，进行电子履行时的错误，以及自然人生成一个数据电文时所发生的错误。电子错误应当符合以下构成要件：第一，当事人的意思表示产生了错误；第二，该错误与使用信息系统存在直接的关系；第三，该信息系统的程序设置正当，即当事人未故意设置某一程序以改变原始信息的内容。电子错误法律制度的价值在于创造一个法定规则，在满足此规则的条件下当事人可以不因电子错误而承担责任。

（2）电子错误的法律后果。由于电子错误并非当事人真实的意思表示，所以原则上应允许当事人撤销。联合国《国际合同中使用电子通信公约》与美国《统一计算机信息交易法》等电子商务立法，规定了电子错误发生后双方当事人有约定与无约定情况下的法律后果：

在当事人双方有约定的情形下，若当事人双方约定使用某种安全程序检测电子错误，一方遵守而另一方未遵守时，在未遵守约定方如遵守约定就可以检测到错误的情形下，遵守方可以撤销错误电子信息所产生的效力，不论合同是否已经订立或履行。这也是过错原则的体现。在当事人双方没有约定的情形下，若信息发出者检测到己方发出的信息可能发生电子错误，应及时通知信息接收方，信息接收方应在合理的时间内确认。信息接收方确认的，则错误信息不发生效力，信息发出者可以撤销错误信息；信息接收方不确认的，则信息发出者应提供充分证据证明存在错误，否则其不能撤销其所发出的信息，这是由电子合同的效率要求决定的。若信息接收方检测到信息发出方存在信息错误，应及时通知对方。信息发出方确认的，则双方均有权撤销错误信息；信息发出方未确认的，则信息接收方可以撤销错误信息。

基于电子错误导致合同或某一条款无效或被撤销，当事人应当返还因此所带来的利益，不能返还的应给予补偿。因电子错误导致当事人一方受到损失的，若错误可以归责于一方，则由责任方赔偿损失；若错误不可归责于任何一方而是由于信息系统的故障，则由信息系统的服务提供者或者其他应承担系统安全保障义务的当事人承担赔偿责任；若错误因不可抗力所致，则损失由自己承担。

2. 传统撤销事由在电子合同中的运用

在电子合同中，传统合同法规定的撤销事由依然可以适用，但需考虑交易效率维护的基本价值，以及提供相关证据的难度，是否允许当事人撤销错误的意思表示应考虑撤销是否会损害相对人的信赖利益。以最常见的网上标价错误为例，因为输入错误而将高价物品的价格标得极低，根据一般的商业实践，促销出售等情形商家会在显著位置标识并宣传，若没有则意味着为一般的销售，在这种不合理低价的情况下，若再坚持表意人无过失才可以撤销意思表示的规则，对商家明显不公平，法律不应该保护利用对方错误而不当获利的消费者，应当允许商家撤销。作为消费者，也要注意留存证据，防止商家滥用撤销权逃避本该承担的义务。在“导入案例”中，世纪卓越公司没有以明显标识表明其促销的意图，商品的价格又低得不合理，所以此时可以突破表意人无过失才可以撤销意思表示规则的限制，允许其撤销，但应当赔偿因此给相对人造成的信赖利益的损失。法院的判决合理，从保护消费者利益的角度出发，应当认为段某某对交易产生了信赖。

三、特殊类型的电子合同

（一）自动交易电子合同

1. 自动交易电子合同的常见情形

在传统合同订立的过程中，当事人的要约与承诺是必经的两个阶段，无论是要约的发出人还是承诺的发出人，都会参与协商的过程。在电子商务活动中，一些电子商务经营者会使用智能化的交易系统自动发送、接收、处理数据电文，甚至部分或全部地履行合同。基于自动交易系统订立的合同称为自动交易电子合同。自动交易电子合同通常存在以下几种情形：第一，EDI系统在企业间的应用，即企业运用EDI系统，以标准化的格式传输和处理商业文件；第二，作为电子商务经营者的一方当事人使用自动交易系统销售产品或提供服务；第三，电子商务平台经营者运用自动竞价交易系统提供平台服务。

2. 自动交易电子合同中自动交易系统的法律属性

所谓自动交易系统是指不需要人的审查或操作，而能够独立地发出、接收、处理数据电文，以及部分或全部地履行合同的计算机程序、电子手段或其他自动化手段。从构成上看，自动交易系统是自动化功能的软件、硬件或其结合；从商业用途看，它可用于搜索一商品或服务的价格、完成在线买卖或对交易发出授权，它执行的是商人的意思表示或根据其意思表示而履行合同，是科技发展解放人类的典型代表。

自动交易系统在美国《统一电子交易法》中被称为“electronic agent”，即电子代理人。说到底，自动交易系统是一系列电子设施的集合，其虽然具有一定的程序预设的、有限的智能，但不具有自然人那样综合判断行为后果的能力，并且没有独立的利益以及承担义务的财产基础，不是人格化的主体，是融合了一定技术并能够为人提供服务的财产。为避免与“代理人”概念混淆，本书不用电子代理人的概念。自动交易系统仅仅是当事人设立的一种智能化工具，其行为即是当事人的行为。因为自动交易系统执行的是设立人编制的程序，反映的是设立人的意志，是当事人意志的延伸，故自动交易系统所发出的数据电文的法律效力归属于该系统的设立人，自动交易系统出现错误后的责任也应由设立人来承担，设立人不得以所发送的信息未经自己审查为由而否认。无论自动交易系统仅仅扩展了系统设立人参与的方式，还是设立人对电子商务的参与，一旦设定都意味着设立人愿意承受通过系统交易带来的后果。

3. 自动交易系统错误的法律后果

如果因自动交易系统发生不可归责于合同当事人的故障，导致系统设立人一方与另一方当事人往来的数据电文发生错误，在通知对方当事人之后，发件人有充分证据证明的，有权撤销该项错误表示。技术实施中的风险与障碍不可避免，立法应该对当事人之间的利益平衡提供支持。

在一方当事人为消费者的自动交易电子合同中，如果消费者在知道出现电子错误时采取了如下措施，则消费者可以撤销在与卖方的自动交易系统交易过程中源自其本人的电子错误的效力：第一，及时通知了对方当事人因自己的原因造成该数据电文存在错误，并表明本人不愿受该错误意思表示的约束；第二，采取合理措施避免相对人的损失，包括遵照对方的指示退还因错误而可能收到的任何产品，或者根据指示销毁这种产品；第三，未使用因电子错误而收到的产品或服务，未从中获利或将其转让给他人，或者自动交易系统未能提供给消费者预防或纠正错误的机会。

（二）点击合同

1. 点击合同的概念与特征

标准化合同即格式合同是20世纪合同法发展的主要标志，对电子合同的规范与调整是21世纪合同法发展的主要标志。电子商务的发展与对效率的追求使得点击合同出现并大量应用。点击合同是格式合同与电子合同的结合，是指由商品或服务的提供者通过计算机程序预先设定合同条款的全部或一部分，以规定其与相对人之间的法律关系，相对人必须点击“同意”才能订立的合同。电子合同本身就具有格式化的特征，而点击合同可谓格式合同中的格式合同，其极大地提高了交易效率，促进了电子商务的繁荣与发展，同时也因为格式化的不公平条款可能侵害了对方当事人的合法权益。相信，只要有在互联网上购物或注册电子邮件的经历，就是点击合同的参与者，因为上述活动通常被要求点击“同意”才可继续进行。点击合同的出现适应了电子商务追求效率的特点，迅即得到了广泛应用，在产品销售、服务提供、信息产品使用许可、网络通信服务、网站会员注册等买卖关系与非买卖关系领域都可以见到点击合同的使用。

点击合同是典型的格式合同，所以它既具有格式合同所具有的一般特点，也有自己的特殊性：

（1）点击合同由一方当事人预先拟订，其条款是定型化的，相对人的意思具有附和性。同时，点击合同并非完全不能选择，其具有部分可选择性。某些点击合同的条款可供相对人选择，基于相对人选择的不同，权利义务关系也会有不同。

（2）点击合同可以广泛、重复使用，其相对人可以是不确定的任何人。同时，在电子商务交易的过程中，根据法律、法规、政策及商业环境的变化，点击合同内容的提供者会不断更新和修订合同的具体内容，如物联网与区块链的发展会使得电子商务交易的方式发生质的变化，点击合同的内容会进行相应的调整。

（3）点击合同具有互动性。传统格式合同一般不具有可变性，不会因相对人的不同而改变其内容，而点击合同则往往通过事先设定的程序，根据订约人数、履行地点等因素自动改变合同的价格等条款。

2. 点击合同效力判定的考量因素

点击合同是格式合同的一种表现形式，因此它应符合合同有效的原理和格式合同有效的一般要件。根据我国合同法及其司法解释的规定，符合一般合同无效情形事由的格式合同也无效，造成对方人身伤害的免责条款无效，故意或重大过失造成对方财产损失的免责条款无效，此外，格式合同的提供者未尽主动提示、被动说明的义务，其中存在的格式条款提供者免除己方责任、加重对方责任、排除对方主要权利的条款无效。

意思自治原则要求合同的有效要件之一必须是当事人意思表示真实。为了达成点击合同成立、实现参与电子商务交易的目的，相对人只有点击“同意”才能继续下去，因为很多点击合同中都会有“若不同意则无法继续”的表述，因此，点击“同意”并不意味着一定是内心真实意思的表达，可能是形式上的意思表示一致。同时，探究每一位点击合同参与者的真意又难以做到。故应运用合同法所规定的格式合同提供者的提示与说明义务，只要点击合同的制定者在合同中进行了充分的主动提示，对相关必要术语进行了清晰的解释，相对人的点击“同意”就应该认定为是其真实意思表示。当然，在法律和行政法规存在效力性强制性规定时，点击合同中对该规定违反的内容与条款无效。

具体而言，在点击合同中认定合同提供者是否已经尽到主动提示的义务应考虑不同的合同类型。通常认为，在对方当事人为消费者的点击合同中，点击合同的提供者需提供更加清晰的规则与说明，应对相关的服务提供、商品性能及责任承担等关键性条款以明确、直接的方式在合同订立之前或者订立之时告知并提醒消费者注意，可以采取合同法司法解释规定的改变字体、加重、涂黑等足以引起消费者注意的方式。最重要的是，应当在点击合同中规定所有的条款，不得在合同之外另行规定其他条款。对方当事人是经营者的，则基于双方均为商主体且理性能力相当而无须加以特别的保护，只需要注意双方之间的交易惯例及行业惯例的适用。

（三）团购电子合同

1. 团购电子合同的内容

团购电子合同是一种因多人参与某种商品或服务的交易而通过数据电文等电子方式订立的合同。随着网络通信技术的不断发展，团购合同的条件、形式等也不断变化，从鼓励创新的理念出发，应当允许电子商务经营者创造团购合同的具体方式与内容，团购电子合同的内容可以在合同法规定的合同应当具备的一般条款的基础上包括最低成团人数、折扣人数、付款方式等。需要注意的是，一旦确定了上述决定团购电子合同能否成立的条款，团购活动的电子商务经营者就不得再进行变更，同时应有稳定的技术手段来保障交易对方当事人知悉团购的进展情况。

2. 团购电子合同的成立与解除

同其他合同的成立与生效一样，团购电子合同也是在双方意思表示一致时成立与生效的。但不同于一般的合同，团购电子合同的履行与参团人数密切相关，团购电子商务经营者多是通过团购实现薄利多销的效果。

为实现权利与义务的平衡，要求团购活动电子商务经营者在成团后承担以团购价格履行合同的义务，也应该赋予其在团购人数未达到规定数量时解除合同的权利。在参团人数未达到规定数量导致合同被解除时，团购活动电子商务经营者应当及时通知参与团购的相对方。相对方已经支付价款的，除非双方另有约定，经营者应当返还其已支付的价款和银行同期存款利息。

3. 团购电子合同的质量保障义务

由于团购价格往往比较优惠，若团购电子商务经营者为了节约交易成本在不加说明的情况下提供与正价支付者不同的商品以及服务，这是违反诚实信用原则的行为，侵害了买方的利益，因此，应特别规定团购电子合同中的质量保障义务。团购电子商务经营者向团购交易相对方提供的商品或服务不得低于对非团购交易相对方提供的同种类商品或服务的质量，除非其在网页显著位置做了品质差别的清晰对比与说明且买方仍然购买的，否则，经营者的行为构成瑕疵履行，买方有权要求其承担减价、重做、修补等违约责任。

（四）代购电子合同

1. 代购电子合同的概念与性质

代购电子合同是指买受人和电子商务经营者约定由电子商务经营者代其购买商品或服务的合同。在实践中，很多电子商务经营者借助其掌握的资源，不仅自营商品和服务，也会接受买受人的委托，在自有商品或服务不足时，代买受人购买其所需要的商品或服务。当然，也有专业从事代购业务的电子商务经营者。一旦接受委托，电子商务经营者就成为受托人而与作为委托人的买受人之间成立委托合同法律关系。

2. 代购经营者协助维权的义务

代购经营者与买受人之间的委托合同关系应遵守合同法关于委托合同当事人权利与义务的规定，通常不需要承担因标的质量问题导致的责任。同时，代购经营者是基于委托人、买受人的指示以自己的名义与第三方签订合同，因此，应负有协助买受人维权的义务。也就是在代购商品出现质量瑕疵时，代购经营者能够证明其已经尽到谨慎选购、包装和寄送标的的注意义务的，或者能够证明即使谨慎履行代购义务仍然不能避免出现该质量瑕疵的，代购经营者不承担责任，但应该按照买受人的要求或协助买受人向出卖人主张权利。

第四节 电子合同的履行与违约救济

一、电子合同的履行

合同的履行是指合同债务人按照合同的约定或者法律规定，全面、适当地完成自己应承担的合同义务，使合同债权人的债权得以完全实现的过程。合同的履行是合同订立的目的，是合同法律效力的集中体现。《中华人民共和国合同法》明确规定了“当事人应当按照约定全面履行自己的义务”，这是法律对于合同履行的基本要求。

在电子合同的履行中，应注意标的是否为信息产品而规定有不同的履行规则。以非信息产品为标的的合同有物理载体的存在，由于传统合同法就是以实物存在为基础构建的交易规则，其依照传统合同法的规定履行即可。而在以信息产品为标的的合同中，虽然也可以适用传统合同的履行规则，但存在一些基于其特性的特殊规则。

(一) 电子合同履行的原则

《中华人民共和国合同法》虽然没有明确规定合同履行的原则，但是通常认为，合同履行的原则主要有适当履行原则和协作履行原则，这两个原则仍然适用于电子合同的履行。

1. 适当履行原则

适当履行原则也称全面履行原则、正确履行原则，是指当事人应依合同约定或者法律规定的标的、质量、数量，由适当主体在适当的期限、地点，以适当的方式，全面完成合同义务的原则。对于电子合同而言，如果是线下交付，交付一方必须在合同约定或法律规定的期限内依约发货或者完成履行条件由买受人自提，买受人应当按照约定或法定的时间完成付款的义务；如果是在线交付，交付一方应给予对方合理检验的机会，保证交付的质量，买受人应按照约定的方式线上或线下完成付款。

2. 协作履行原则

协作履行原则是指在合同履行过程中，双方当事人不仅应全面适当履行自己的义务，还应基于诚实信用原则互助协作共同完成合同义务的原则。协作履行原则往往是对债权人所提出的要求，具体包括以下内容：第一，在债务人履行合同债务时，债权人应适当受领给付；第二，在债务人履行合同债务时，债权人应给予适当的便利条件；第三，在债务人因故不能履行或不能完全履行合同义务时，债权人应积极采取措施，避免损失扩大。电子合同履行中的协作履行主要体现在：第一，为便于债务人依约发货，债权人应及时告知其地址和身份信息，尤其是在有与合同约定不同的履行地址时；第二，债权人不得无正当理由拒绝接受债务人履行债务；第三，在线交付信息产品的，债权人应使其信息系统处于开放、适于接受的状态。此外，协作履行还包括当事人双方均应负担通知、协助、保密义务的内容，不得非法利用其所掌握或收集的对方当事人的相关资料。

（二）电子合同的履行方式与地点

1. 电子合同的履行方式

根据现有电子商务开展的实践，电子合同主要有三种履行方式：第一种是在线付款、在线交货。此类合同的标的一般是信息产品，例如计算机软件、音像产品、电子图书等的付费下载等。第二种是在线付款、离线交货，如网上付款后再送货。第三种是离线付款、离线交货，如网上购买商品货到时付款的模式。第一种履行方式只适用于无附着载体的信息产品，后两种电子合同的标的既可以是附着载体的信息产品，也可以是非信息产品。

2. 电子合同的履行地点及交付完成的标志

对于以非信息产品及附着载体的信息产品为标的的电子合同，由于有有形载体的存在，其与传统动产买卖的履行规则区别不大，应当按照合同的约定履行；约定不明确的，依当事人之间达成的补充协议履行；不能达成补充协议的，按照交易习惯确定；仍不能确定的，按照合同法的规定履行，即当履行地点不明确时，给付货币的在接受货币一方所在地履行，交付不动产的在不动产所在地履行，其他标的在履行义务一方所在地履行。根据电子商务经营者关于“存在表面瑕疵应当拒绝签收或者让快递员签字”的经营惯例，电子商务经营者尤其是平台内电子商务经营者通常要求买方在签收之前验货，加之主流电子商务平台目前通行的纠纷解决规则也将货物经卖方签收才视为经营者完成交付，故在经营者委托承运人交付标的的情形下，不应该再直接适用合同法中出卖人在货交第一承运人时完成交付义务的规则，而应当以承运人将货物运送到指定收货地点并经收货人或者其授权的人签字确认收货的时间为交付的时间。《电子商务法》第五十一条也明确规定了“合同标的为交付商品并采用快递物流方式交付的，收货人签收时间为交付时间”。

对于无附着载体的信息产品的交付，再依据传统合同法无法确定时以义务人一方所在地为合同履行地显然不科学，也不符合数据传输的规律。理论与实务界通常以信息系统为参照标准确定合同的履行地。如美国《统一计算机信息交易法》第六百零六条规定，以电子方式交付拷贝的地点为许可方指定或使用的信息处理系统；所有权凭证可以通过惯用的银行渠道交付。至于交付完成的标准，则是使对方当事人能够有效地支配该信息产品。具体而言，在无技术保护措施阻止访问的情况下，信息产品的买受人将信息下载到自己的终端服务器或者以随时访问、浏览、检索或储存等方式获得信息，即应当认为提供信息产品的电子商务经营者履行了交付义务；在有技术保护措施的情况下，提供信息产品的电子商务经营者将破解该信息上所附加的技术保护措施的有效信息如用户账号与密码等发送给买受人，即为履行了交付义务。《电子商务法》第五十一条第二款规定了以在线传输方式交付的交付时间，即除非当事人另有约定，合同标的为采用在线传输方式交付的，合同标的进入对方当事人指定的特定系统并且能够检索识别的时间为交付时间。

对于提供服务的交付，由于《电子商务法》对此未做明确规定，从合同目的出发，应以服务接受者所在地作为合同的履行地。对于提供服务的交付时间，《电子商务法》第五十一条规定如下：除非当事人另有约定，合同标的为提供服务的，生成的电子凭证或者实物凭证中载明的时间为交付时间；前述凭证没有载明时间或者载明时间与实际提供服务时间不一致的，实际提供服务的时间为交付时间。

（三）信息产品合同履行中当事人的权利与义务

1. 提供信息产品的电子商务经营者的权利与义务

（1）交付相关使用资料的义务。信息产品提供方应当交付如何控制、访问信息产品的资料给买方，以实现有效交付，让买方能够真正有效地支配所接受的信息，实现合同目的。

（2）合同履行抗辩权。不同于一般合同中履行的抗辩权，无载体信息产品履行中当事人的抗辩权具有特殊性。当接受信息产品的一方不履行义务时，信息产品提供方有权以中止访问等措施进行抗辩。信息产品提供者有权在对方有严重违约行为时中止对方获取信息。作为一种抗辩，其并非免除己方义务的履行而只是暂时停止履行。作为电子合同中履行抗辩权的一种特殊形式，中止访问必须符合以下条件：第一，信息产品电子合同必须是双务合同，当事人双方具有对待给付义务。第二，合同约定的义务已到履行期。第三，信息产品接受者未按照合同的约定履行，存在违约行为。第四，信息产品提供者采取中止措施之前，应通知信息产品接受者。如果信息接受者在通知规定的合理时间内消除了违约行为，则中止访问的抗辩权也相应消灭。

（3）依合同的约定行使一定的信息控制权。为防止信息产品被滥用，在合同明确约定的情况下，信息产品提供方可以依照合同条款对交付后的信息保留诸如用户认证程序、软件使用次数限制、信息访问范围与时间限制等情形的控制权。为防止该权利的行使对信息产品接受方的不当影响，提供方应当在控制权利行使前运用技术条件向接受方发出通知。

2. 信息产品接受方对信息产品检验的权利与义务

作为信息产品的接受方，即信息产品的买受人，根据合同法的规定，当事人约定检验期间的，买受人应当在检验期间内将标的的数量或者质量不符合约定的情形通知出卖人。当事人没有约定检验期间的，买受人应当在发现或者应当发现标的的数量或者质量不符合约定的合理期间内通知出卖人。对于以信息产品为标的的买卖合同而言，信息产品的买受人也应当有权进行检验，但是由于信息产品消费具有的一次性以及非损耗性特征，信息产品的买受人是否已经使用信息产品以及是否从信息产品中受益很难判断；此外，信息产品的可复制性使得复制信息产品的成本几乎为零，为防止买受人收到信息产品加以利用或复制后又否认收到信息产品，信息产品买受人应承担比传统实体产品消费者更加严苛的验收义务，其应当保证其信息系统处于可接受交付的状态，并在接收信息产品后立即安装、使用或浏览该信息，以确定信息产品是否符合合同约定的质量与数量；若有异议，应当在接收之时起的很短时间如一个工作日内提出异议，否则视为买受人收到了信息产品，信息产品经营者完成了交付义务，且信息产品符合合同约定。

三、电子合同违约责任的承担方式

(一) 违约责任的归责原则与构成要件

归责原则，是指当归责事由出现时基于一定考量而由法律确定责任由谁承担的原则。具体到合同法上，归责原则就是确立违约责任成立与否的原则，理论上包括过错责任与严格责任。不同的归责原则对当事人会产生较大的影响，明确违约责任的归责原则具有重要意义，其决定着违约责任的构成要件，决定着举证责任的内容，决定着违约责任的赔偿范围。

从比较法来看，英美法系的违约责任主要采用的是严格责任，大陆法系则以过错责任为原则。通过合同自由原则可允许当事人运用特别约定，两大法系之间相互借鉴的努力均使两者之间趋于接近。合同法总则中将严格责任确定为违约责任的一般归责原则，在分则有名合同部分也规定了过错责任的适用情形，与合同法理论和国际立法趋势相一致。通常认为，违约责任的一般构成要件是有违约行为，无免责事由。

电子合同具有不同于传统合同的特殊之处，但其合同属性并未改变。因此，电子合同违约责任的一般归责原则与构成要件也应遵循《中华人民共和国合同法》关于严格责任的规定。

(二) 免责事由

理论上，合同违约的免责事由包括法定免责事由与约定免责事由。

1. 法定免责事由

法定的免责事由通常是指不可抗力与债权人的过错。在电子商务环境中，不可避免地会出现网络故障、病毒感染、黑客攻击等问题，上述问题的出现是否构成合同当事人可以据以免责的不可抗力要依具体情况来考察。

根据《中华人民共和国民法总则》的规定，不可抗力是指不能预见、不能避免并不能克服的客观情况。即对不可抗力的认定采取主客观结合说：从性质上，不可抗力应具备客观性，即其发生是不以人的意志为转移的客观事件；但在具体认定一个事件是否可以成为违约方的免责事由时，还必须考虑违约方的主观过错。当不可抗力致使物品灭失或不能给付时，债务人可以免责；当不可抗力致使合同部分不能履行或迟延履行时，则免除债务人部分责任或迟延履行责任。

在认定是否构成电子合同的不可抗力时，也应以主客观结合作为判断标准。只有在债务人一方采取了合理且必要的措施，尽到了足够注意的义务的前提下仍然发生了网络故障、病毒感染、黑客攻击等问题时，才可以基于不可抗力免除自己的违约责任。也就是说，要求依不可抗力免责的一方自身对所谓不可抗力的发生必须不存在过错，如在己方不存在过错情形下的病毒感染、黑客攻击、网络传输与电子错误等。需要注意的是，发生不可抗力后，只是免除电子合同义务人一方相应的违约责任，其他主体的侵权或违约责任不能免除。

债权人过错是另一种法定免责事由，根据《中华人民共和国合同法》的规定，双方都存在过错的，应承担各自的责任，并不承担因对方过错所导致的损失的责任。当事人没有及时采取措施导致损失扩大的，无权就扩大部分的损失要求赔偿，债权人应承担因自己过错而致使损失扩大部分的责任。在电子合同中，若因为债权人自身提供的信息系统不适格导致了损失，则无权要求按时履行交付义务的义务人承担责任。

2. 约定免责事由

约定免责条款，指当事人在合同中事先约定的，旨在排除或限制其未来可能发生的违约责任的条款。约定免责条款是当今非平台电子商务经营者、电子商务平台经营者及电子商务服务提供者降低法律风险的最有效手段。当然，存在约定免责条款，并不意味着一定免责。免责条款的约定不得违反法律、行政法规的效力性强制性规定和社会公共利益，不得排除当事人的基本义务，不得不合理免除己方责任、排除对方主要权利或免除故意或重大过失导致的财产损失责任及免除人身损害责任。

（三）违约责任承担方式

按照《中华人民共和国合同法》的规定，合同违约责任的承担方式主要包括支付违约金、采取补救措施、赔偿损失和实际履行。传统合同法规定的违约责任承担方式的适用条件与情形在电子合同中应继续适用，但考虑到以无载体信息产品为标的合同的特点，信息产品具有易复制性适于实际履行，具有高技术性因而替代成本很高，信息产品合同目的就是获得有关信息，信息产品销售、许可与服务一体连接的特点使得法律关系比较复杂，实际履行有利于减少信息产品接受者的损失，从平衡双方当事人利益从而实现利益最大化的角度，应优选实际履行这种违约责任承担方式。当然，实际履行也只是守约方可以选择的违约方承担责任的方式之一，具体由守约方在权衡利弊的基础上选择接受实际履行还是其他补救措施。

此外，信息产品电子合同履行中的违约还有下列两种责任承担方式：

1. 继续使用

继续使用是实际履行在信息产品电子合同中的具体体现，是在信息产品提供方违反合同时，在合同未被撤销的情况下，作为守约方的信息产品接受方可以继续使用合同项下的信息和信息权。当然，如果守约方选择继续使用这种承担方式，则该方仍应继续受合同条款的约束，依合同履行自己应负担的义务。

2. 停止使用

停止使用是指在信息产品接受者违约时，信息产品提供者可以在撤销或解除合同时，请求对方停止使用并交回有关信息产品。这是为了克服信息产品易于被复制的特点而保护信息产品提供者利益的有效手段，信息产品接受者交回信息载体或拷贝的意义并不大，唯有停止使用才能保护许可方的利益。在“导入案例”中，若相对人交付的扫地机因质量问题导致段某某人身或财产损害，应适用侵权与违约竞合时由守约人与受害者选择有利于自己的救济方式，若选择违约救济，则依据合同法规定的相关责任承担方式。假若购买的是信息产品，守约方还可以选择继续使用的救济方式。

本章小结

虽然电子合同订立的手段或形式实现了电子化，但其仍然属于一种特殊形式的合同，合同法所规定的有关合同的订立、效力、履行与违约救济的基本规则对电子合同仍然适用，但需结合电子合同订立过程、方式、成立生效条件、表现形式、内容上及履行与支付上的特殊性而关注电子合同制度的特殊规则。依据不同标准，电子合同有不同的分类。与传统合同法有自己的适用范围一样，电子合同也有涉及人身关系、涉及不动产权益转让、涉及公用事业服务等排除适用的领域。电子合同的成立也需像传统合同一样经过要约与承诺两个阶段，但区分要约与要约邀请变得复杂，应当考虑是电子商务广告还是在线交易，是实物在线交易还是计算机信息在线交易来认定。要约撤回与撤销、承诺、合同成立时间与地点制度在传统合同法规则的基础上再结合电子合同特殊性来具体认定。确认收讫规则是为了减少发送人风险而设立的制度，电子合同也会产生有效、效力待定、撤销、无效等法律效力状态。自动交易电子合同、点击合同、团购电子合同及代购电子合同的特殊权利与义务应予注意。电子合同履行与违约救济的规则主要受电子合同标的属性的影响。

关键术语

电子合同概念与特征　信息产品合同　电子商务交易合同　要约撤回与撤销　承诺撤回与生效　电子合同成立时间与地点　确认收讫　电子合同有效　效力瑕疵　电子错误　自动交易电子合同　点击合同　团购电子合同　代购电子合同　电子合同履行原则　中止访问　免责事由　停止使用　继续使用

习　题

一、名词解释

1. 电子合同
2. 信息产品合同
3. 点击合同
4. 确认收讫规则
5. “来源推定”规则
6. “显而易见”规则
7. 电子错误
8. 自动交易电子合同
9. 团购电子合同
10. 代购电子合同
11. 中止访问
12. 停止使用

二、选择题（不定项）

1. 我国最早确认电子合同合法性的法律是（　　）。

A.《中华人民共和国合同法》　　B.《中华人民共和国电子签名法》

C.《电子商务示范法》　　D.《电子商务法》

2. 根据电子合同标的的不同，可将电子合同分为（　　）。

A. 电子商务服务合同　　B. 电子商务交易合同

C. 信息产品合同　　D. 非信息产品合同

3. 下列属于电子合同法律制度适用范围的是（　　）。

A. 收养协议　　B. 房屋买卖合同

C. 供水合同　　D. 专利许可合同

4. 根据我国合同法的规定，下列属于要约失效情形的是（　　）。

A. 拒绝要约的通知到达要约人

B. 要约人依法撤回要约

C. 要约人依法撤销要约

D. 受要约人对要约的内容作出实质性变更

5. 某网页上一则消息介绍了某种商品的基本信息、价格、数量等情况，并明示购物者单击即可购买，则该消息的法律性质属于（　　）。

A. 要约邀请　　B. 要约　　C. 反要约　　D. 承诺

6. 下列关于电子合同订立中要约、承诺撤回与撤销的说法中正确的是（　　）。

A. 当要约以电子邮件的方式发出时，其在受要约人回复之后可以被撤销

B. 当事人采用自动交易系统交易，在交易系统自动承诺回复后，要约人可以撤销要约

C. 受要约人在电子合同中可以撤回承诺

D. 当事人在网上以即时通信工具进行协商，要约人不可以撤销

7. 下列关于我国法人与非法人组织电子合同缔约能力认定的说法中正确的是（　　）。

A. 法人与非法人组织可以自由设立网上企业进行经营，只要经营合法的产品就无须经过审批与许可

B. 即便已经线下登记，建立网站经营必须在网站显著位置进行公示与披露，以便当事人查询与验证

C. 依托平台进行交易的，必须遵守平台规定的认证手续

D. 无论是以经营性用户还是消费性用户身份订立电子合同，都必须实名注册

8. 下列属于电子错误构成要件的是（　　）。

A. 当事人的意思表示产生了错误

B. 当事人表示错误与使用信息系统存在直接的关系

C. 当事人故意设置某一程序以改变原始信息的内容

D. 当事人使用信息系统的程序设置正当

9. 下列属于信息产品合同履行中信息产品提供者应享有权利和负担义务的有（　　）。

A. 条件具备时行使中止访问的抗辩权　　B. 交付相关使用资料

C. 依合同约定行使一定的信息控制权　　D. 检验权与通知义务

10. 下列哪些情形可构成电子合同履行中的不可抗力或免责事由？（　　）。

A. 网络故障　　B. 病毒感染　　C. 黑客攻击　　D. 债权人过错

三、简答题

1. 试述电子合同的概念与特征。
2. 简述信息产品合同与非信息产品合同的联系与区别。
3. 简述电子合同法律制度的调整对象与适用范围。
4. 试述电子合同要约与要约邀请的区分标准。
5. 你如何评价电子合同中要约可以撤回的观点？请试着列举一些具体的情形。
6. 电子合同中承诺的生效要件有哪些？
7. 简述我国相关法律中对电子要约与承诺到达时间的规定并简要评价。
8. 简述确定电子要约、承诺发出或达到时应考虑的基本要素。
9. 简述确认收讫规则的价值与法律效力。
10. 电子合同的有效要件有哪些？
11. 当事人缔约能力对电子合同效力的影响有哪些？
12. 电子合同效力待定的情形是什么？
13. 可撤销电子合同的事由有哪些？
14. 试述特殊类型电子合同的特殊性。
15. 试述电子合同履行方式与地点的基本规则。
16. 试列举信息产品电子合同违约责任的承担方式。

四、案例分析题

原告朱某某于 2010 年 12 月 24 日晚登录被告浙江淘宝网络有限公司的域名为 www. taobao. com 的电子商务平台“淘宝网”后，在店铺名称为“大大小小”的五钻店铺通过阿里旺旺询问购买劲霸牌大衣。原告先通过该平台实时通信工具“阿里旺旺”，后通过通信工具 QQ 与店铺的工作人员交谈，进行询价及衣服规格的确认。原告在该店铺点击确定购买劲霸牌大衣并付款 1 500 元到支付宝平台后，核查已买物品，发现已购物品为该平台的另一家店铺“游戏屋”家的大强一卡通充值游戏卡，且该游戏充值卡为虚拟商品，不需要填写收货人，属自动发货，而且卡密已被查看并充值。后因与被告协商退款未果，原告遂诉至一审法院，要求被告立即双倍返还原告购物款 3 000 元，并由被告承担本案诉讼费用。另查明，原告于 2010 年 12 月 24 日晚登录被告的电子商务平台“淘宝网”时，与原告发生交易的店铺名称为“大大小小”的淘宝店铺已于 2010 年 12 月 23 日被盗，但在 2010 年 12 月 24 日晚仍在正常经营，与原告在通信工具交流的并非真实的“大大小小”店铺工作人员。

一审法院认为：被告作为淘宝网的运营和管理者，在其提供的电子商务平台上应负有监管、规范交易行为之义务，也负有采取合理及适当方法保障交易安全之义务。原告登录设在被告之交易平台的“大大小小”店铺时，该店铺已经被盗，致使原告认购商品并付款后，原告购买的商品竟变成大强一卡通充值卡，系被告交易平台安全防范措施不力及店铺被盗后被告未及时采取适度、合理方法进行处理所致，原告所受损失被告应予以赔偿。现原告要求被告双倍返还购物款，因被告在本案中并未有欺诈情形，被告也并非合同一方当事人，其仅承担安保措施不力及在其交易平台的店铺被盗后，未能及时采取措施予以合理及适度处理之责任，故被告仅赔付原告购物款 1 500 元为宜。被告并未提供相应证据以证明原告曾登录被告交易平台的“游戏屋”店铺并与该店铺之间发生任何交易行为，也即原告并未与“游戏屋”店铺建立买卖合同关系，至于原告并未认购的“游戏屋”店铺商品通过被盗的“大大小小”店铺的非法链接没有缘由地流转至原告，与原告无关，原告不承担责任。综上，判决被告浙江淘宝网络有限公司赔偿原告朱某某购物款 1 500 元。案件受理费 50 元全部由被告负担。

浙江淘宝网络有限公司不服上述判决提起了上诉，认为自己并非交易主体，已尽到相关监管职责，且被上诉人也存在疏忽大意。二审法院与一审法院认定的事实相同，但认为上诉人上诉理由成立，原审判处不当，应予纠正。经法院审判委员会讨论决定，终审判决如下：一是撤销一审判决；二是驳回朱某某的诉讼请求。一审案件受理费 50 元、二审案件受理费 50 元，共计 100 元，由朱某某负担。

根据案例回答下列问题：

1. 本案中存在哪些合同法律关系，分别是什么？

2. 两审法院作出截然不同的判决结果，你认为哪个判决更合理合法？为什么？

第六章

电子支付法律制度

【本章要点】

1. 掌握电子支付的概念与特征；

2. 了解电子支付的分类标准、分类与意义；

3. 了解国内外电子支付立法的概况；

4. 掌握我国电子支付法律制度体系的构成与特征；

5. 了解电子支付基本原则、网上银行、电子货币与虚拟货币、第三方电子支付等相关法律问题；

6. 掌握电子支付法律关系及当事人之间的权利与义务；

7. 明晰电子支付的法律责任承担机制。

导入案例

原告白某某在淘宝网向卖家黄丽旋购买诺基亚手机一台；向卖家广州长弓网络科技有限公司购买笔记本散热器一台；向卖家马棪秋购买笔记本电脑一台。上述三笔交易白某某均以支付宝作为货款支付方式。而后白某某表示未收到上述三笔货而申请退款，并申请淘宝网客服介入处理纠纷。经淘宝网客服人员联系，卖家广州长弓网络科技有限公司、黄丽旋和卖家马棪秋分别提供了经由原告签收的物流底单和经确认核实的网站物流跟踪截图，并拒绝了退款申请。据此，淘宝网确认货物已经本人签收，淘宝网客服认为白某某在交易处理期间逾期未有效举证疑义的凭证，经法务确认后全额打款给卖家。白某某分别以未收到网购商品为由发起售后维权，要求淘宝网客服介入处理退款事宜。淘宝网客服经核实，确认白某某对笔记本散热器和笔记本电脑的维权不成立。经淘宝客服与卖家广州长弓网络科技有限公司及卖家黄丽旋协商，两卖家同意退还部分款项给白某某。

白某某以浙江淘宝网络有限公司、支付宝（中国）网络技术有限公司为被告诉至法院，诉讼请求为：一是网购商品消费者有准予验货权和签字确认权；二是两被告退还原告在淘宝网上购买商品所被扣取的款项；三是两被告赔偿因诉讼立案、参加开庭的误工费、车旅费、邮寄费、复印费等损失；四是两被告提供涉案的三个淘宝卖家的身份证号码、姓名、地址等真实身份信息；五是两被告在同一媒体赔礼道歉及恢复名誉、消除影响、澄清事实，并赔偿精神损害抚慰金；六是本案诉讼费用由两被告负担。

经查明，浙江淘宝网络有限公司（以下简称“淘宝公司”）为管理淘宝网网站，制定了《淘宝网服务协议》，其中规定：淘宝公司负责按“现状”和“可得到”的状态向会员提供淘宝平台服务，但淘宝公司对淘宝平台服务不做任何明示或暗示的保证，淘宝平台仅作为交易地点、场所，会员应自行谨慎判断确定相关物品及/或信息的真实性、合法性和有效性，并自行承担因此产生的责任与损失。又查明，支付宝（中国）网络技术有限公司（以下简称“支付宝公司”）向支付宝用户提供“支付宝”软件系统及（或）附随的货款代收代付的中介服务，包括交易管理和退款管理等代收代付货款的服务。支付宝公司声明其委托淘宝公司以其名义向客户提供因淘宝网交易引发的退款争议处理及相关的客户服务。用户需与支付宝公司签订《支付宝服务协议》，该协议中的《支付宝议处理规则》规定：用户同意使用支付宝服务即表示其同意支付宝公司有权处理争议，但支付宝公司不对争议处理结果承担任何责任；产生争议后，交易双方即不可撤销地同意支付宝公司有权根据交易双方提供的相关材料，按照本规则的约定将争议货款的全部或部分支付给交易一方或双方，规则未能明确的，交易双方授权支付宝公司自行判断并决定将争议货款的全部或部分支付给交易一方或双方；买方投诉没有收到商品，发货方应当提供发货单和交易对方收到货的签收单，或者支付宝公司认可的其他证明文件。

被告淘宝公司答辩称：淘宝公司并非本案适格的被告。淘宝网是网络服务的提供者和经营者，但并不是具体商品的经营者。在淘宝网上交易双方的支付是通过支付宝进行的，包括交易管理和退款管理等以及代收代付货款的服务。在淘宝网上的买家会员与卖家会员是买卖合同的相对方，与支付宝公司之间是代收代付货款服务合同关系。淘宝公司仅仅是向买卖双方提供了电子商务平台，既不是买卖合同的当事人，也非交易双方代收代付的中介。因退款引发的纠纷，是支付宝会员与支付宝公司之间的纠纷。淘宝公司受支付宝公司的委托代支付宝公司处理退款纠纷，即便淘宝公司的判断错误导致支付宝退款发生错误，也是由支付宝公司按照《支付宝服务协议》对外承担责任后，再向淘宝公司主张责任，而不是由《支付宝服务协议》的相对方直接向淘宝公司主张违约责任。故原告所提诉讼请求无法律依据，请求法院驳回原告对淘宝公司的诉讼请求。

被告支付宝公司答辩称：第一，支付宝公司处理涉诉交易的退款纠纷完全符合

《支付宝服务协议》及《支付宝争议处理规则》，并没有违约行为。根据《支付宝争议处理规则》第五条“投诉没有收到商品”的规定，发货方应当提供发货单和交易对方收到货的签收单，或者支付宝公司认可的其他证明文件。关于卖家提供的签收底单上买家签字的真实性，根据《支付宝争议处理规则》第一条的约定，支付宝公司将款项打给卖家并不存在任何过错，亦不存在违约行为，“您同意：您使用支付宝服务即表示您同意本公司有权处理争议，但本公司非司法机关，对证据的鉴别能力及对纠纷的处理能力有限，本公司处理争议完全基于您之委托，本公司不保证争议处理结果符合您的期望，亦不对争议处理结果承担任何责任。”第二，根据《非金融机构支付服务管理办法》和《支付宝服务协议》的规定，支付宝公司有为客户保守基本信息及商业秘密的义务，因此不会也不能向原告提供涉案的三个淘宝卖家的身份信息。综上所述，原告所提的诉讼请求无法律依据，请求法院予以驳回。

法院认为：原告均选择以支付宝作为货款支付方式，在利用支付宝交易发生纠纷时，被告淘宝公司仅是基于被告支付宝公司的委托，以代理人的身份处理争议，代理行为的法律后果应由被代理人支付宝公司承担。淘宝公司仅是为交易双方提供网上交易的平台，本身并不参与交易。根据《支付宝争议处理规则》的规定，买方投诉没有收到商品，发货方应当提供发货单和交易对方收到货的签收单，或者支付宝公司认可的其他证明文件。在本案中，卖家广州长弓网络科技有限公司、黄丽旋和卖家马棪秋在淘宝网客服的联系下配合提供收货证明均符合《支付宝争议处理规则》的规定。之后，原告就退款纠纷发起投诉，被告支付宝公司委托淘宝公司处理争议，经协商已退回的款项，亦是按照《支付宝争议处理规则》处理的结果。被告支付宝公司并无组织双方对快递面单上的“白某某”签字是否系原告本人笔迹进行鉴定的义务，在物流公司提供了物流信息并出具签收证明的情况下，被告支付宝公司根据《支付宝争议处理规则》将款项打给卖家，并不存在过错。因此，原告主张两被告存在欺诈的理由不成立。原告要求判令网购商品消费者有准予验货权和签字确认权，并不属于本案审理范围。因被告淘宝公司引入的第三方支付即支付宝服务需实名认证，两被告在诉讼过程中也已经向原告提供了三个淘宝卖家的真实姓名及名称，但为了便于原告主张权利，两被告仍应当向原告提供卖家黄丽旋、马棪秋的身份证号码、地址及卖家广州长弓网络科技有限公司的住所地。故判决如下：一是浙江淘宝网络有限公司、支付宝（中国）网络技术有限公司于本判决生效之日起十日内向白某某提供黄丽旋、马棪秋的身份证号码、地址以及广州长弓网络科技有限公司的住所地信息；二是驳回白某某的其他诉讼请求。【案例摘自［2011］杭西民初字第 2468 号】

问题：

1. 白某某与支付宝公司之间的法律关系是什么性质？（相关内容见本章第二节。）

2. 电子支付在促进电子商务的发展方面具有哪些优势？支付宝的支付属于什么性质？其是否应受我国电子支付法律制度的调整？（相关内容见本章第一节。）

3. 若白某某通过银行而非支付宝付款，则依据相关国际规则与惯例，资金风险如何承担？当事人有何权利与义务？（相关内容见本章第一节。）

4. 支付宝公司的法律地位是什么？应如何对其规范？（相关内容见本章第一节。）

5. 支付宝公司在为白某某提供支付服务的过程中承担何种义务与责任？（相关内容见本章第一节与第三节。）

作为除电子商务交易平台以外其他服务提供的主要环节之一，电子支付制度发挥着重要作用，是电子商务交易顺利进行的保障。在我国，已有大量专门的法律法规对电子支付的相关问题予以规范。鉴于本书的主要目标是围绕电子商务法律关系的相关内容进行分析，以及篇幅所限，对技术性的规则与内容不做过多讨论，而主要是论述在电子支付中当事人的权利、义务及责任承担规则，发挥法律对电子支付当事人权利与义务配置的导向作用。对于电子支付的监管问题，由于其属于我国金融体系的必要组成部分，是银行和类银行金融组织在电子商务迅猛发展的背景下为适应电子商务发展需要而开展的业务，故我国金融监管的相关规则可以适用于电子支付行为。

第一节　电子支付的概念与主体类型

一、电子支付的概念与种类

（一）电子支付的概念与特征

1. 电子支付的概念

从历史上看，电子支付方式的出现要早于互联网。早期的电子支付主要是以银行为主体进行的支付行为，包括下列几个阶段与形态：第一，银行间转账，即银行间采用安全的专用网络进行电子资金转账，利用通信网络进行账户交易信息的电子传输，办理结算；第二，银行计算机与其他机构计算机之间资金的结算，如代发工资或代缴水、电、煤气、电话费等代理结算业务；第三，利用网络终端向用户提供各项银行服务，如用户在银行自动柜员机上进行各种业务的操作；第四，利用银行销售点终端向用户提供自动扣款服务，这也是现阶段电子支付的主要方式。随着电子商务的快速发展，以及我国金融体系的多元化创新，越来越多的非银行机构加入电子支付的行列，并且可随时随地通过互联网进行直接转账结算。

对于电子支付（electronic payment）的概念，根据我国中国人民银行颁布的《电子支付指引（第一号）》的规定，电子支付是指单位、个人直接或授权他人通过电子终端发出支付指令，实现货币支付与资金转移的行为。这一概念体现了电子支付发展的新阶段与新趋势，其将电子支付的工具界定为电子终端即电子通信设备，包括计算机、网络、电话和自动柜员机等在内的所有电子终端。随着区块链技术的发展，终端的表现形式会更加多样，有助于实现支付的及时性与精准性。此外，这一概念将电子支付的主体扩张到了银行之外，顺应了电子支付资金来源广泛的特点。

2. 电子支付的特征

与传统的支付方式相比，电子支付具有以下特征：

(1) 不同于传统支付方式通过现金流转、票据转让及银行汇兑等物理实体流转来完成款项支付，电子支付是采用先进的技术通过数字流转来完成信息传输、采用数字化的方式进行款项支付。

(2) 不同于传统支付在较为封闭的系统中运作、使用传统通信媒介、对工作环境要求不高的特点，电子支付需要在开放的计算机网络系统平台内，借助自动结算系统、电汇系统、自动柜员机系统、销售点系统和电子银行系统等电子支付系统以及信用卡、借记卡、智能卡等电子支付工具，对软硬件设施的要求都比较高。

(3) 不同于传统支付方式不便、耗时、低效与昂贵的特点，电子支付具有方便、快捷、高效、经济的优势。用户只要拥有一台接入互联网的计算机，便可足不出户，在很短的时间内完成整个支付过程。支付费用仅相当于传统代价的几十分之一，甚至几百分之一。在“导入案例”中，上述电子支付的特征也是电子支付促进电子商务发展能够发挥的优势。

（二）电子支付的种类

根据不同的分类标准，可以对电子支付做以下划分。

1. 网上支付、电话支付、移动支付、销售点终端交易、自动柜员机交易及其他电子支付

这是根据电子支付指令发起方式不同而对电子支付所做的分类，其分类意义在于确定电子支付可适用的终端工具及所需要的系统环境。上述电子支付方式既包括线上也包括线下，均可基于约定或惯例适用于电子商务领域。上述支付服务提供者应采取相应的技术手段保证支付安全。

2. 大额电子支付与小额电子支付

这是根据服务对象的不同和支付金额的大小对电子支付所做的分类，其分类意义在于不同的服务对象适用的法律关系有别。大额电子支付也称生产型、批发型电子支付，主要应用于商家对商家即 B2B 的交易支付；小额电子支付也称消费型、零售型电子支付，主要应用于广大的个人消费者与从事商品和服务的工商企业即 B2C 的交易支付。在有消费者为参与者的小额电子支付中，要注意运用消费者权益保护法的相关规定。

3. 贷记划拨与借记划拨

这是根据支付系统处理划拨类型的不同而对电子支付所做的分类，其分类意义在于在确定以银行为资金划拨主体的电子支付中，发动银行支付程序的不同主体承担的风险不同。通常认为，由收款人发动银行程序所进行的资金划拨，称为借记划拨；由付款人

发动银行程序所进行的资金划拨，称为贷记划拨。通常采取的电子支付方式是由付款人发动的贷记划拨。

4. 互联网环境下的电子支付与非互联网环境下的电子支付

这是根据支付系统的封闭性程度不同而对电子支付进行的分类，其分类意义在于两种电子支付的风险有别，互联网环境下的电子支付主要表现为以网上银行和电子货币进行支付，非互联网环境下的电子支付则是指通过自动柜员机（ATM）、销售终端（POS）等进行支付。相比而言，互联网环境下的电子支付风险较高，支付服务提供者也在不断提升技术手段以防控风险。

二、电子支付法律制度体系

电子支付法律制度是一个包括电子银行组织和业务管理法律制度、电子资金划拨和转移法律制度、电子清算和结算法律制度、电子签名法律制度、电子证据法律制度、电子合同法律制度、消费者权益保护法律制度及反洗钱法律制度等内容在内的一个复杂的系统体系。

（一）电子支付法的概念

广义的电子支付法是在调整中央银行、商业银行和其他非银行支付机构以电子方式进行的清算和资金转账结算过程中发生的各种社会关系的法律规范的总称。狭义的电子支付法指电子支付基本法。我国目前没有统一的电子支付基本法。2005 年 10 月 26 日，中国人民银行发布的《电子支付指引（第一号）》（以下简称《指引》），可以被视为目前我国规范电子支付最全面的指导性行政法规。此外，中国银行业监督管理委员会发布的《电子银行业务管理办法》和《电子银行安全评估指引》，对规范电子支付组织、防范金融风险、维护银行和客户在电子支付中的合法权益也起着重要作用。2010 年 9 月 1 日，中国人民银行施行的《非金融机构支付服务管理办法》，对规范非金融机构支付服务行为、防范支付风险、保护当事人合法权益起着主要作用。《电子商务法》第五十三条至第五十七条用五个条文规定了电子商务支付服务提供者与用户应享有的权利与承担的义务。

（二）电子支付法律制度的特征

电子支付法以调整银行和客户之间的关系为主线，引导和规范互联网上发生的、银行为客户提供的电子支付业务。相对于调整传统的支付方式法律，电子支付法具有以下法律特征：

1. 法律规范的技术性

同诸多商法规范体现技术性要求的特征类似，在支付系统立法中，许多电子支付相关的法律规范也都是直接或间接地由技术规范演变而来的。电子支付法对数据电文的有效性、电子签名的应用、电子认证的推广等都提出了明确要求。法律中的技术应用对当事人之间的支付形式、权利的行使和义务的履行，都有着极其重要的影响。

2. 法律关系的复杂性

电子支付参与主体众多，包括银行、付款人、收款人、第三方支付平台、认证服务提供机构等，各个参与者之间都会发生各种各样复杂的支付关系。在这些复杂的关系中，银行与客户之间的关系是这类电子支付赖以存在的基础和前提。另外，电子支付本身具有高技术性，在电子支付活动中支付工具和支付方式复杂，主体在经济交往中的一般性支付需求千差万别，且与人们日常生活息息相关，社会影响广泛。以调整银行和客户之间的关系为主线，明确各方权利与义务，全面理顺复杂的支付关系是电子支付法的重点。在“导入案例”中，支付宝的支付属于第三方支付平台的支付，属于我国电子支付体系的一部分。

3. 立法方向的发展性

目前，我国电子支付业务处于创新发展时期。为了给电子支付业务的创新和发展创造较为宽松的制度环境，促进电子支付效率的提高，保障电子支付安全，国家已经发布了数个电子支付方面的行政法规及其他规范性法律文件，用以引导和规范电子支付行为。涉及电子支付业务的许多法律制度问题仍处于研究和探索阶段，待条件成熟后再上升为立法，体现了促进电子支付业务创新发展、打造有利于电子商务交易的支付环境的整体指导思想。

（三）电子支付立法概况

近年来，电子支付发展迅速，新兴的电子支付工具不断出现，电子支付交易量不断增加，逐步成为我国零售支付体系的重要组成部分。但在电子支付过程中出现的问题也越来越多，交易的有效性与安全性成为交易各方十分关注的问题。因此，电子商务的发展迫切要求就电子支付活动建立稳定、完善的法律环境，以保障电子交易活动的顺利进行。

1. 国外立法概况

在国际社会中，电子支付的特征决定了它的法律渊源非常广泛。制定法、判例、组织清算规则、银行实务惯例等的相互联系共同构成了规范电子支付的法律制度群。美国电子支付立法较早，也比较成熟。1978 年，美国颁布了世界上首部电子支付方面的法律《电子资金划拨法》，该法调整小额消费者电子资金划拨问题，强调保护消费者权益。与之相配套，美国联邦储备系统理事会颁布 E 条例、D 条例等作为小额电子资金划拨的补充法。1989 年，美国颁布《统一商法典》，其中第 4A 编与《电子资金划拨法》相衔接，主要调整大额商业性电子资金划拨问题。1968 年美国的《诚实借贷法》和相应的 Z 条例主要调整与信用卡有关的交易。此外，美国联邦储备银行发布了电子支付的操作规范以及民间清算机构如美国自动清算协会的章程和运作规章等。

英国有多部自律组织清算规则，如《票据交换所自动收付系统清算规则》《CHAPS 清算规则》等；另外，还有一些银行实务惯例，如 1992 年由英国银行家协会等民间团体共同公布的《银行业惯例守则》。

为推动国际电子支付的广泛应用，1992 年联合国国际贸易法委员会制定了《国际资金支付示范法》；1993 年，参照美国《统一商法典》的有关规定，联合国制定并发布了《国际贷记划拨示范法》，它成为调整大额电子支付的法律，为各国立法提供了借鉴。

欧盟在 20 世纪 90 年代中期就开始对电子支付进行监管，1998 年 7 月发布了《电子货币机构指令（草案）》，2000 年 10 月正式发布《电子货币机构指令》，标志着欧盟关于电子货币的法律框架正式形成。欧洲中央银行也提出了建立电子货币系统的基本要求，即严格管理、可靠明确的法律保障、技术安全保障、有效防范洗钱等金融犯罪活动、货币统计报告、电子货币可回购性等。在“导入案例”中，上述国外立法的相关规则可为我国电子支付法律制度的构建与完善提供参考。

2. 我国立法概况

我国有关电子支付方面的法律主要表现为部门规章及其他规范性法律文件，立法位阶较低，彼此之间可能存在效力冲突因而需要协调。《中国金融集成电路（IC）卡规范》《金融 IC 卡行业一卡多应用规范》《中国银联 POS 终端规范》是调整电子支付金融卡流通方面的规范，为国内金融卡跨行跨地区通用、设备共享及与国际接轨提供了强有力的支持，为智能卡在金融业的大规模使用提供了安全性与兼容性保障。《关于加强集成电路卡管理有关问题的通知》《全国 IC 卡应用（2008—2013 年）发展规划》《IC 卡管理条例》《集成电路卡注册管理办法》《IC 卡通用技术规范》《银行卡业务管理办法》等相继出台，促进了各种电子支付系统的规范化和兼容化。

《中华人民共和国刑法》、《计算机信息系统安全保护条例》及其实施办法、《计算机信息网络国际互联网安全保护管理办法》、《金融机构计算机信息系统安全保护工作暂行规定》等法律法规与部门规章构成了电子支付网络安全保护方面的制度体系。

2005 年《中华人民共和国电子签名法》的颁布和实施加快了我国电子支付的立法进程，《网络交易平台服务规范》《互联网安全保护技术措施规定》《支付清算组织管理办法（征求意见稿）》《电子支付指引（第一号）》《电子银行业务管理办法》《电子银行安全评估指引》《金融机构反洗钱规定》《关于改进个人支付结算服务的通知》《电子认证服务管理办法》等一系列部门规章与其他规范性法律文件的实施与适用发挥了规范电子支付行业、防范金融风险、维护银行和客户在电子支付中的合法权益、提升支付效率等作用。

2010 年，中国人民银行又相继发布了《非金融机构支付服务管理办法》及其实施细则，对目前发展迅速的第三方电子支付服务行为进行了规范，只有依法取得《支付业务许可证》，非金融机构才能成为支付机构提供支付服务，有助于防范市场风险，保护当事人的合法权益。2011 年 5 月，包括支付宝、财付通在内的首批 27 家公司获得了中国人民银行颁发的《支付业务许可证》。为进一步规范非银行支付机构的网络支付业务，防范支付风险，保护当事人的合法权益，中国人民银行于 2015 年 12 月 28 日又发布了《非银行支付机构网络支付业务管理办法》，自 2016 年 7 月 1 日起施行。2018 年 8 月 31 日全国人大常委会通过、2019 年 1 月 1 日开始施行的《电子商务法》也是电子支付法律制度重要的法律依据。

三、电子支付制度的几个法律问题

由于电子支付法律制度内容体系的复杂性，本小节将对电子支付中操作性过强的规范与法律制度所存在问题做一概括，本章后面两节将集中讨论电子支付法律关系当事人的权利、义务与责任。

（一）电子支付法律制度的基本原则

虽然电子支付不是只针对电子商务开展的支付服务，但不可否认的是，电子商务的快速发展促进了电子支付的普及性应用。电子支付法律制度已经成为电子商务法的重要组成部分，电子商务法的基本原则对电子支付领域仍然适用，同时在电子支付领域应该特别强调的原则有：

1. 效率与安全保障原则

应该将效率与安全保障原则作为电子支付法的首要原则，以解决电子支付系统易受攻击、电子资金账户安全性难以得到保障的问题与对法律的需求，这就要求电子支付服务提供者采用各种技术手段提高交易者身份的确定性，同时法律制度应提供电子支付风险的分担机制。

2. 线上线下公平竞争原则

在电子支付中，除法律另有规定外，应该一体保护传统支付活动与电子支付活动，对与传统支付活动功能相同的行为赋予同等的法律效力，这也是国际公认的功能等同原则的基本要求，也有助于发挥电子支付促进电子商务发展的作用。

3. 鼓励创新与促进发展原则

应该鼓励电子支付领域新技术的采用和推广，对于电子支付服务提供者为提高支付安全所采取的任何一种技术都应该被同等对待，得到鼓励。这也是国际电子商务立法技术中立原则的体现，法律应对技术的创新与发展持中立态度，不得加以歧视。

（二）网上银行的法律问题

作为新生事物，网上银行的出现对传统法律制度产生了冲击，针对网上银行的法律制度应包括下列内容：

1. 顺应法律关系主体的变化进行规则调整

由于法律关系参与主体的变化，由传统支付关系中银行与客户面对面的关系，变成银行或非银行支付机构与客户通过计算机产生的关系，网上银行法律关系中的当事人最多有五方，即资金划拨人或称付款人、划拨人代理银行、资金受拨人或称收款人、受拨人代理银行及其他参与电子资金划拨的中介银行，法律规则应处理好上述主体间的权利与义务。

2. 网上银行监管法律制度的完善

在实践中，网上银行都是依存于传统银行存在的，实质上是传统银行的一个业务部门，其市场准入条件参照其他国家及我国香港地区的规定，通常是从现有银行开展网上银行业务或者现有银行设立网上银行分支机构开始进行。第一，网上银行的审批制与报告制。我国网上银行除了符合《中华人民共和国中国人民银行法》《中华人民共和国商业银行法》《中华人民共和国公司法》规定的一般银行应该具备的条件外，我国银行业监督管理委员会发布的《电子银行业务管理办法》中根据电子银行业务的不同类型分别适用审批制和报告制。明确利用互联网等开放性网络或无线网络开办的电子银行业务包括网上银行、手机银行，以及利用掌上电脑等个人数据辅助设备开办的电子银行业务适用审批制。第二，网上银行的市场准入条件。明确了网上银行业务的适用主体为各类银行机构；开办网上银行应具有健全的内控机制、良好的电子化基础设施、平稳合理的资产负债指标、有必要的网上银行业务经营管理知识的相关人员等市场准入条件。第三，网上银行的风险管理措施。开办网上银行应采取具备运行安全策略、制定并实施充分的物理安全措施、采用合适的加密技术和措施、实施有效的防止交易系统被攻击的措施以及制定必要的系统运行考核指标等风险管理措施；违法开展网上银行业务应承担相应的法律后果。

3. 电子资金划拨风险承担机制的健全

电子资金划拨与电子支付无实质区别，二者为资金转移之实质与形式的关系，从广义角度看，电子资金划拨是电子支付的核心组成部分。依据美国《电子资金划拨法》《统一商法典》及联合国国际贸易法委员会《国际贷记划拨示范法》《电子资金划拨法律指南》等规则与惯例，电子资金划拨中相关的法律规则可以概括如下：

（1）银行对划拨指令的要求、认证与后果承担。在电子资金划拨中，付款人应依据其与银行在服务协议中约定的形式要件发出支付指令，若付款人代理银行收到的指令不符合要求，或者支付金额超出客户在银行的存款额，银行有权及时通知指令人不予执行并说明原因。此外，银行在收到指令后，除对指令的形式要件进行审查外，还应当对指令进行安全认证。若银行收到的指令经过了安全程序的认证，则依据指令产生的后果应由付款人承担，否则在一般情形下因未经授权的支付命令造成损失的风险由银行承担。

（2）电子资金划拨的完成。当付款人向其代理行发出支付指令后，一旦代理行借记了付款人的账户，其执行即告完结，付款人从此时起既无权要求撤销其支付指令，也无权要求退回划拨的资金。同理，收款人的账户被贷记后，即使收款人尚未提取贷记的款项，其对贷记款项的权利也不可被剥夺，收款人银行对收款人的支付具有终结性和不可撤销性。

（3）支付中错误的责任承担。第一，当支付指令中存在对收款人名称、账号等错误或不符的情况时，收款人代理行有权不接受付款人代理行的支付指令，付款人代理行应将款项退回付款人，由此造成的利息及其他损失由付款人自行承担。第二，支付指令内容本身或在传输过程中产生的错误，付款人原则上应对支付指令的正确性负责，除非指令接收人存在失误，因支付指令内容错误导致的损失应由付款人承担；对于指令在传输中的错误，除非当事人另有约定，一般也由付款人承担由此造成的损失。第三，由支付指令执行中的错误导致的损失应当由指令接收人承担。当然，除非另有约定，银行承担的责任仅限于返还相当于划拨资金本金及利息以及划拨费用的款项，而不承担划拨未能完成造成的间接损失，否则有违电子划拨迅捷与廉价的优越性。

上述规则主要是针对大额电子资金划拨的，对于消费者为一方当事人的小额电子资金划拨，在通常情形下未经授权的电子资金划拨的风险责任由银行承担，除非消费者存在过错，才由消费者承担。上述规则可供我国的相关立法予以参考和完善。在“导入案例”中，若白某某选择通过银行支付，则应参照上述规则分配资金划拨中的风险。

（三）电子货币与虚拟货币的法律问题

所谓电子货币，即以电子信息或数字化数据形式存储在一定电子装置中的电子数据，其是货币价值的电子化，是依附于实体货币的一种支付工具与手段。而虚拟货币是网络服务商发行的用于购买自己或签约服务商所提供的商品或服务的一种电子数据，与电子货币相比，虚拟货币功能单一、使用范围有限、发行主体同时是商品或服务的提供人，故不属于电子货币。

1. 电子货币的法律问题

第一，电子货币的发行主体与条件。电子货币的发行主体包括金融机构与非金融机构两类，非金融机构发行电子货币的条件有待明晰。此外，电子货币的可回赎性及回赎的具体条件也应当明确规定。第二，电子货币的法律风险。目前在我国主要表现为网络金融立法相对滞后与模糊导致的交易风险，电子货币交易者的身份认证、以电子货币交易对合同效力的影响等规则亟须明确，从而保证交易的顺利进行。尤其是电子货币的超强流通性使得电子货币是否还应当保留像传统纸币那样的匿名值得讨论。

新闻链接：据北京电视台财经频道 2018 年 3 月 15 日的报道，中国人民银行将成为全球范围内首个发行数字货币并开展正式应用的中央银行，即将发行数字货币即数字化的人民币，与支付宝、微信支付、电子银行等是现有法定货币的信息化过程、是基于电子账户实现的支付方式不同，数字货币本身是货币，而不仅仅是支付工具。央行的数字货币被称为数字货币电子支付（DCEP），通过移动通信或其他网络系统传递，是基于区块链分布式记账的法定数字货币，本质上追求零售支付系统的便捷高效、低成本与高度安全性。

2. 虚拟货币的法律问题

第一，虚拟货币的发行主体与应否回赎。通常认为，网络服务商是虚拟货币的发行主体，其目的是为了推动其销售商品或服务的主营业务，依据交易惯例，虚拟货币发行人一般不需要承担回赎义务。第二，我国《中华人民共和国中国人民银行法》《关于进一步加强网吧及网络游戏管理工作的通知》《关于加强网络游戏虚拟货币管理工作的通知》等法律与部门规章中有关虚拟货币的具体管理规定是有关虚拟货币的直接规范依据，其中明确规定，严格区分虚拟交易和电子商务的实物交易，网络游戏经营单位发行的虚拟货币不能用于购买实物产品。

（四）第三方电子支付的法律问题

第三方支付在电子商务交易中对于交易成功提供了必要的支持，可以在交易质量、交易诚信与交易纠纷解决等整个交易过程中对交易双方进行约束与监督。其在提供服务的过程中也面临着下列一些问题。

1. 第三方电子支付的含义及其法律地位

第三方电子支付是具备一定实力与信誉保障的独立组织，在与各银行签约的基础上，提供与银行支付结算系统接口的交易支持平台的支付模式。第三方支付平台可以发挥电子商务交易监督人的作用，作为电子商务的主要支付方式，增强了交易双方的信用，保证了交易的迅捷与安全。第三方支付平台的法律地位即其在法律上的定位，目前其合法性不存异议，但是法律对其调整与规范到底是依据金融机构的规则还是依据第三方中介服务的模式来进行，存在争议，也直接影响到第三方支付企业的生存与发展。

在“导入案例”中，支付宝公司作为第三方电子支付机构，其行为虽然具有一定的金融属性，但还是应考虑其地位的特殊性，对其规制上比照但不能完全遵从金融机构的模式。

2. 第三方电子支付机构的市场准入与业务监管

目前，中国人民银行制定的《非金融机构支付服务管理办法》对非金融机构支付业务的申请与许可、监督与管理及支付业务的总体经营原则进行了规定。

(1) 非金融机构申请提供支付服务应具备的条件主要有：符合《中华人民共和国公司法》规定的公司；基于从事支付业务的范围为全国还是同一省（自治区、直辖市），注册资金的最低限额为实缴货币资金 1 亿元或 3 千万元人民币；主要出资人为具有相关领域从业经验和一定营利能力的公司法人；有 5 名以上熟悉支付业务的高级管理人员；具有相应的反洗钱措施并提交相应验收资料；提交必要的支付业务设施的技术安全监测认证证明；申请人及其高级管理人员和主要出资人应具备良好的资信状况并出具相应的无犯罪证明材料；有健全的组织机构设置、内部控制制度和风险控制措施；有符合要求的营业场所和安全保障措施等。

(2) 进行支付业务应依法取得《支付业务许可证》，该许可证需经所在地中国人民银行副省级城市中心支行以上的分支机构审查后，报中国人民银行批准，自颁发之日起有效期 5 年，期满前 6 个月内可以提出续期申请，经过两级审批程序后，可以获得 5 年的续期。

(3) 第三方支付业务的范围及监督管理。非金融机构支付服务主要包括网络支付、预付卡的发行与受理、银行卡收单以及中国人民银行确定的其他支付服务。支付机构接受的客户备付金不属于支付机构的自有财产，支付机构应在同一商业银行专户存放接收的客户备付金，且只能按照客户的要求使用，禁止支付机构以任何形式挪用客户备付金。支付机构之间的货币资金转移应当委托银行业金融机构办理，不得通过支付机构相互存放货币资金或委托其他支付机构等形式办理。支付机构不得办理银行业金融机构之间的货币资金转移。中国人民银行对第三方支付业务履行法定监管职责。支付机构和备付金存管银行应分别按规定向中国人民银行报送备付金存管协议、备付金专用存款账户及客户备付金的存管或使用情况等信息资料。中国人民银行将依法对支付机构的客户备付金专用存款账户及相关账户等进行现场检查。商业银行履行协作监督责任。商业银行作为备付金存管银行，应当对存放在本机构的客户备付金的使用情况进行监督，并有权对支付机构违反规定使用客户备付金的申请或指令予以拒绝。支付机构拟调整不同备付金专用存款账户的头寸时，必须经其备付金存管银行的法人机构进行复核。

3. 第三方电子支付的法律关系

(1) 与客户的关系。第三方电子支付应对客户承担下列义务：第一，制定支付服务协议，明确其与客户的权利和义务、纠纷处理原则、违约责任等事项。支付机构应当公开披露支付服务协议的格式条款，并报所在地中国人民银行分支机构备案。第二，接受客户备付金时，只能按收取的支付服务费向客户开具发票，不得按接受的客户备付金金额开具发票。第三，应当按规定核对客户的有效身份证件或其他有效身份证明文件，并登记客户身份基本信息。支付机构明知或应知客户利用其支付业务实施违法犯罪活动的，应当停止为其办理支付业务。第四，依法保守客户的商业秘密，不得对外泄露；按规定妥善保管客户身份基本信息、支付业务信息、会计档案等资料，确保自身及特约商户均不存储客户敏感信息。第五，以显著方式提示客户注意服务协议中与其有重大利害关系的事项，采取有效方式确认客户充分知晓并清晰理解相关权利、义务和责任；增加信息透明度，定期公开披露风险事件、客户投诉等信息，加强客户和舆论监督。第六，充分尊重客户真实意愿，由客户自主选择提供网络支付服务的机构、资金收付方式等，不得以诱导、强迫等方式侵害客户自主选择权；支付机构变更协议条款、提高服务收费标准或者新设收费项目，应以客户知悉且自愿接受相关调整为前提。第七，及时处理客户提出的差错争议和投诉，并建立健全风险准备金和客户损失赔付机制，对不能有效证明因客户原因导致的资金损失及时先行赔付；对安全性较低的支付账户余额付款交易设置单日累计限额，并对采用不足两类要素进行验证的交易无条件全额承担客户风险损失赔付责任。在“导入案例”中，支付宝公司应对其客户白某某承担上述义务。

（2）与商业银行或信用卡组织的关系。第三方电子支付机构不是银行，其必须依靠信用卡组织和商业银行体系构建自己的服务框架，接受其支付与资金保管服务的客户通过信用卡或者银行账号将资金置入第三方支付机构的账户中。通常其与商业银行或信用卡组织之间的服务协议主要对下列内容进行约定：第一，支付机构接受客户备付金的，依法应当在商业银行开立备付金专用存款账户存放备付金，并将备付金存管协议报送所在地中国人民银行分支机构。第二，明晰对消费者信用卡或者银行账号的认证义务与责任。第三，银行应该配合客户的指令进行资金划拨。第四，对出现欺诈和退款要求的确认条件。

（3）接受中国人民银行的监管。第一，按照《支付业务许可证》核准的业务范围从事经营活动，不得从事核准范围之外的业务，不得将业务外包，不得转让、出租、出借《支付业务许可证》。第二，按照审慎经营的要求，制订支付业务办法及客户权益保障措施，建立健全风险管理和内部控制制度，并报所在地中国人民银行分支机构备案。第三，应当具备必要的技术手段，确保支付指令的完整性、一致性和不可抵赖性，支付业务处理的及时性、准确性和支付业务的安全性；具备灾难恢复处理能力和应急处理能力，确保支付业务的连续性。第四，接受中国人民银行及其分支机构定期或不定期的现场检查和非现场检查，如实提供有关资料，不得拒绝、阻挠、逃避检查，不得谎报、隐匿、销毁相关证据材料。

第二节　电子支付当事人的权利与义务

一、电子支付法律关系

（一）电子支付法律关系的概念与性质

电子支付法律关系，是指在电子商务活动中，因采用网络支付工具而产生的各方当事人之间的法律关系。

从法律性质来看，虽然在电子支付法律关系中因参与当事人众多导致其相互间的关系极为复杂，当事人之间的基础法律关系仍是合同法律关系，应受《中华人民共和国合同法》的调整与规范。具体包括：第一，付款人与收款人之间的买卖或其他合同关系，付款人依据该合同向收款人支付一定的价款；第二，付款人、收款人与银行间的金融服务合同关系，银行依据付款人、收款人的指令进行资金划拨与收取；第三，认证机构与付款人、收款人之间的认证服务合同关系，付款人、收款人都可能在电子支付活动中成为证书用户，其相对方则成为证书信赖方。

（二）电子支付法律关系的构成

1. 电子支付法律关系的主体

电子支付法律关系的主体即电子支付法律关系的当事人，是指在电子商务法律关系中，依法享有电子商务交易结果的权利和承担电子支付义务的自然人、法人或其他组织。关于电子支付法律关系的主体，有四主体说与八主体说两种主要观点：其中四主体说认为电子支付的当事人主要包括付款人、收款人、银行和认证机构四类，八主体说则认为电子支付的当事人包括付款人、付款人银行、收款人、收款人银行、中间银行、网络在线服务商、认证机构和支付系统等。本书认为，八主体说在一定意义上是四主体说的具体化，并无实质区别，故采纳四主体说，同时需要注意存在第三方电子支付情形下第三方支付机构的法律主体地位。在“导入案例”中，支付宝公司与白某某之间为支付服务法律关系，属于电子商务服务法律关系的一种。

在四主体说中，付款人依据服务协议向付款人银行发出付款指示；收款人依据服务协议要求收款人银行妥当接受所划拨来的资金；银行则包括付款人银行、收款人银行和中间银行，其依据与电子支付客户所订立的金融服务协议提供信用中介、支付中介和结算中介等电子支付服务；认证机构即CA，是在网上建立的一种权威的、可信赖的、公正的第三方信任机构，为参与电子商务各方的各种认证要求提供证书服务，确认用户身份。随着具有去信任、去中介化特点的区块链技术的发展，电子商务交易不需要再依靠银行等中介机构进行支付交易。随着区块链技术的普及，电子支付法律关系也将产生根本性的变化，更多是交易双方通过区块链技术进行交易。

2. 电子支付法律关系的内容

电子支付法律关系的内容，即电子支付法律关系主体间形成合同的关系，及在此基础上产生的具体权利与义务。

3. 电子支付法律关系的客体

电子支付法律关系的客体是电子支付行为。交易双方通过电子支付行为，实现资金从付款人银行账户到收款人银行账户的划拨。

二、电子支付当事人的权利与义务

（一）收款人在电子支付中的权利与义务

收款人通常为电子商务交易中的卖家，其在电子支付中一般处于收款人的地位。收款人在电子支付中享有下列两项基本权利：第一，获得支付的权利，即收款人根据其与付款人订立的买卖或其他合同享有通过电子方式得到支付的权利；第二，获得通知的权利，即收款人根据付款人与银行间及其自身与银行间的金融服务合同享有从金融机构获得电子支付通知的权利。同时，收款人承担如下义务：第一，在获得支付后，有告知付款人已收到款项、货物已经发出并请求付款人查收及查验、进行质量检查的义务；第二，在付款人告知已完成支付而收款人未收到款项时，有及时告知付款人并请其协助核实支付完成情况的义务。

（二）银行等电子支付服务提供者在电子支付中的权利与义务

1. 电子支付服务提供者在电子支付中的权利

（1）支付指令接受或拒绝的处置权。在电子支付中，电子支付服务提供者基于对当事人信用情况与自身风险的判断，可以接受指令人的支付指令，也可以拒绝支付指令或者要求指令人修正其发出的无法执行的、不符合规定程序和要求的指令，以在提供金融服务促进电子支付的同时防范自身的风险。

（2）对指令人的付款请求权。支付服务提供者有权要求付款人或指令人按时支付所指令的资金并承担因支付而发生的费用。

（3）对指令引起后果的免责权。在通常情况下，未经授权的支付指令造成的损失与风险应当由支付服务提供者承担。然而，只要能证明是由于指令人的过错而致使其他人假冒指令人通过了安全程序和认证程序，支付服务提供者就有权要求指令人承担指令引起的后果。《电子商务法》明确规定，对于非因支付服务提供者自身原因导致的支付指令错误，电子支付服务提供者不需要承担责任；在未经授权的支付是因用户的过错造成时，电子支付服务提供者不承担责任。

2. 支付服务提供者在电子支付中的义务

（1）对客户指令的审查义务。在接收到客户的支付指令时，支付服务提供者有义务审查客户的支付指令是否合法有效、支付方式是否正确。其虽然是支付服务提供者应承担的一项义务，但本质上是为保护其自身合法权益，避免承担不必要的法律风险。通过审查，支付服务提供者可以对该指令予以认证，鉴别发出支付指令客户身份的真实性，即证实发出、修改或取消支付指令的信息是客户发出的；同时，检测支付指令或信息在传送过程中或在内容上是否存在错误，保证电子支付的迅捷。

（2）依照付款人指令完成资金支付的义务。支付服务提供者应当就未按照付款人的指令完成资金支付而给付款人造成的全部直接损失向付款人承担责任。如果支付服务提供者能够证明未按照付款人的指令完成资金支付是由于非因其原因导致的系统故障或者其所不能控制的其他不可抗力等情况引起的，支付服务提供者可以免除其自身责任。

（3）公开披露相关信息与说明的义务。金融服务合同本质上是格式合同，支付服务提供者作为格式合同的提供者，依据合同法的规定，应履行主动提示与说明义务。在传统格式合同中，格式合同提供者的说明义务不是主动而是在对方当事人的要求下进行的，而在电子商务中，当事人通常不会面对面，故应该要求格式合同提供者主动进行必要的说明。支付服务提供者在电子支付中有义务以易于理解的词句和形式向付款人公开披露相关信息，揭示电子支付的程序、后果、操作要领及系统风险等能够确保付款人掌握在判定是否通过电子方式传输其金钱时所需要的基本信息。对上述信息进行说明与解释，可以使消费者更好地理解其权利与义务，选择适当的支付方式以及在发生问题时能够更好地保护自己的利益。要求支付服务提供者承担公开披露相关信息与进行说明的义务，有利于解决电子商务纠纷中举证困难的问题：所公开披露的电子支付信息构成付款人支付服务提供者投诉及对投诉进行调查的凭据，并且是判定支付服务提供者是否已尽公开及说明义务的依据；而且支付服务提供者发送给付款人表明其已向他人进行电子资金划拨的交易收据和定期通知，可以作为此划拨的证明或构成划拨完成自身已履行义务的初步证据。

（4）建立并遵守电子支付安全程序的义务。通常，为防止未经授权的人向银行传送支付指令等信息，支付服务提供者会与客户约定建立使用密码或其他有效的身份认证手段进行电子支付的安全程序，银行应遵守上述约定进行电子支付行为，经过安全程序认证的行为会被认为是付款人的行为而由付款人承担相应的后果。然而，由于电子技术传输中的风险，存在一项安全程序原则的例外：若付款人能够举证电子支付指令不是由能够接近安全程序的其所属雇员或其代理人发出的，也不是从付款人可以控制的来源发出的，即使支付指令经过了安全认证程序，付款人也不需对该支付指令造成的损失负责。根据《电子商务法》第五十四条、第五十五条、第五十七条的规定，电子支付服务提供者提供电子支付服务应符合国家有关支付安全管理的要求；在支付指令发生错误时，应当及时查找原因并采取相关措施予以纠正；发现支付指令未经授权或者收到用户支付指令未经授权的通知时应当立即采取措施防止损失扩大。

（5）保存电子支付交易记录的义务。在国内外有关电子支付和电子货币的立法中均将保留电子支付中相关的交易记录规定为金融机构的一项基本义务。电子支付使得资金在银行和其他金融机构之间转移不容易留下任何痕迹，则电子支付交易记录的保存就变得非常有必要，通过对这些交易记录进行保存，使交易在银行的账簿上留下踪迹，从而有利于有关机构对犯罪活动进行追踪，产生纠纷时也可以作为电子证据。甚至还有学者建议引入第三方存储制度以解决电子数据证据效力认定的问题。《电子商务法》第五十三条明确规定，电子支付服务提供者为电子商务提供电子支付服务，应当遵守国家规定，告知用户电子支付服务的功能、使用方法、注意事项、相关风险和收费标准等事项，不得附加不合理交易条件。电子支付服务提供者应当确保电子支付指令的完整性、一致性、可跟踪稽核和不可篡改。电子支付服务提供者应当向用户免费提供对账服务以及最近三年的交易记录。

（6）支付确认的义务。支付服务提供者完成电子支付后，应当及时准确地向用户提供符合约定方式的确认支付信息。支付服务提供者应该有合格技术保证支付确认的要求，也可以委托第三方机构如电子认证机构完成支付确认环节。《电子商务法》第五十六条明确规定，电子支付服务提供者完成电子支付后，应当及时准确地向用户提供符合约定方式的确认支付的信息。

（7）专款专用备付金的义务。所谓备付金是指在电子支付账户中存放的、支付服务提供者为办理客户委托的支付业务而实际收到的预收代付货币。备付金的使用限于付款人委托的支付业务和法律、行政法规规定的其他情形，任何单位和个人不得擅自使用；

付款人有权要求支付服务提供者将其备付金划转至本人或本单位银行结算账户，不得设置障碍或者收取不合理费用；当支付服务提供者破产清算时，备付金不得用于清偿支付服务提供者的其他债务，而应当优先用于向付款人清偿。

（三）付款人在电子支付中的权利和义务

1. 付款人在电子支付中的权利

付款人通常为电子商务交易中的买家，其在电子支付中一般处于付款人的地位，在《电子商务法》中被称为用户。在电子支付中，付款人享有的权利有：

（1）违约损害赔偿请求权。其有权要求接受指令的网上银行按照指令的时间及时将指定的金额支付给指定的收款人。如果接受指令的网上银行没有按指令完成义务，付款人有权要求其承担违约责任，赔偿因此造成的损失。

（2）知情权与自愿交易权。付款人作为电子支付服务的使用人，有权知悉电子支付服务的功能、使用方法、注意事项、相关风险与收费标准等，有权自主选择提供支付服务的银行等金融机构，有权拒绝不合理的交易条件。

（3）交易记录获取权。付款人有权要求支付服务提供者提供月度对账服务及一定期间内的交易记录，除非金融服务协议另有约定，有权对其免费获得。《电子商务法》第五十三条第三款规定了电子支付服务提供者应当向用户免费提供对账服务以及最近三年的交易记录。

2. 付款人在电子支付中的义务

付款人在电子支付中的基本义务主要包括以下几项：

（1）发出并检查指令的义务。付款人应签发正确的支付指令，并按照银行等金融机构的程序，检查指令有无错误和歧义，并有及时发出修正、修改错误或有歧义指令的义务。《电子商务法》第五十五条明确规定，用户在发出支付指令前，应当核对支付指令所包含的金额、收款人等完整信息。

（2）支付的义务。付款人一旦向付款人银行发出指令后自身应当受其指令的约束，承担从其指定账户内付款的义务。

（3）接受认证的义务。在符合商业惯例的情况下，付款人有义务接受认证机构的认证，保证电子支付的安全。与此相关，付款人应有风险防范意识，不能设置容易被其他人识别的个人识别码或其他密码。

（4）保管与通知的义务。付款人应当按照与支付服务提供者服务协议的约定，在合法范围内使用电子支付服务、支付服务费用，妥善保管交易密码、数字证书等安全工具。身份信息发生变更，发现安全工具遗失、被盗用或者其他未授权交易的，应当及时通知支付服务提供者。《电子商务法》第五十七条第一款明确规定，用户应当妥善保管交易密码、电子签名数据等安全工具。用户发现安全工具遗失、被盗用或者未经授权的支付的，应当及时通知电子支付服务提供者。

电子支付服务提供者在我国目前的实践中还是以银行等金融机构为主体，第三方支付机构兴起并不断参与其中，《电子商务法》并未区分银行等金融机构与第三方支付机构作为支付服务提供者在权利与义务上的区别。二者在提供支付服务中的具体权利与义务、资质及主体条件等相关区别见本章第一节的内容。

（四）电子认证服务机构的权利与义务

电子认证服务机构作为可信赖的第三方信任机构，依据电子商务参与各方的认证要求而提供证书服务、确认用户身份，在电子支付中发挥着重要的作用。

1. 电子认证服务机构的权利

（1）对申请者资料进行审查的权利。电子认证服务机构确认用户身份的功能决定了其应该对申请者的资料进行认真、仔细审查，以确保其真实性。如果申请者为个人，对其审查的内容包括申请者的姓名、身份证号、联系电话、通信地址、邮政编码、电子邮箱等资料；如果申请者是法人或非法人组织，除审查申请者提供的上述具体材料外，还要审查法人或非法人组织的名称、主页地址、营业执照号、税务登记号、地址、电子邮箱、所属行业类别、组织机构代码、电话、传真等信息。

（2）发放电子证书的权利。电子认证服务机构有权在对证书申请者进行资格审查后，发放电子证书。根据我国《电子认证服务管理办法》的规定，电子签名认证证书应当准确载明签发电子签名认证证书的电子认证服务机构名称、证书持有人名称、证书序列号、证书有效期、证书持有人的电子签名验证数据、电子认证服务机构的电子签名以及工业和信息化部规定的其他内容。

（3）撤销电子证书的权利。根据《电子认证服务管理办法》的规定，出现证书持有人申请撤销证书、证书持有人提供的信息不真实、证书持有人没有履行双方合同规定的义务、证书的安全性不能得到保证等情况之一，以及法律、行政法规规定的其他情况的，电子认证服务机构可以撤销其签发的电子签名认证证书。

（4）收取费用的权利。根据《电子认证服务管理办法》的规定，作为企业法人，电子认证服务机构有权在向申请者提供电子认证服务后向申请者收取相关的费用。

2. 电子认证服务机构的义务

（1）公开重要信息的义务。根据《电子认证服务管理办法》的规定，取得认证资格的电子认证服务机构，在提供电子认证服务之前，应当通过互联网公布机构名称和法定代表人、机构住所和联系办法、《电子认证服务许可证》编号、发证机关和发证日期、《电子认证服务许可证》有效期的起止时间等信息。电子认证服务机构在《电子认证服务许可证》的有效期内变更法人名称、住所、法定代表人、注册资本的，应当在完成工商变更登记之日起 15 日内办理《电子认证服务许可证》变更手续；《电子认证服务许可证》的有效期届满需要延续的，电子认证服务机构应在许可证有效期届满 30 日前向工业和信息化部申请办理延续手续，并自办结之日起 5 日内依法公布相关信息。

（2）对认证客户信息的保密义务。认证机构在承担信息披露义务的同时，对用户重要的信息应该承担保密的义务，以维护用户的合法权益。

（3）保证使用系统安全的义务。电子认证服务机构应该使用可信赖系统完成证书的颁发和撤销等各项操作。联合国国际贸易法委员会《电子签名示范法》第十条对“可信赖性”做了规定，在确定认证服务提供者使用的系统、程序和人力资源是否可信赖及可信赖的程度时，应考虑下列因素：①财力和人力资源，包括现有资产；②软件和硬件系统的质量；③证书及其申请书的处理程序和记录的保留；④是否可向证书中指明的签名人和潜在的依赖方提供信息；⑤由独立机构进行审计的经常性和审计的范围；⑥是否存在国家、资格鉴定机构或认证提供者作出的关于上述条件遵守情况或上述条件是否存在的声明。

（4）担保证书真实、准确的义务。电子认证服务机构一旦将证书颁发给用户，就承担着对证书持有人与证书信赖人担保证书所述内容真实、准确的义务。

（5）妥善保管自身私钥的义务。认证机构自身的私钥对于验证该认证机构作为颁发数字证书机构的身份具有不可或缺的作用，一旦丢失，该认证机构所颁发的所有证书都将作废。因此，妥善保管自身私钥是认证机构的重要义务。

第三节　电子支付的法律责任承担

从广义上讲，法律责任包括民事责任、行政责任与刑事责任，鉴于电子商务法商法属性的定位，本书主要是从民事责任的角度进行论述。电子支付中的民事责任主要包括合同责任及其他民事责任。

民事责任是指违反约定或者法定义务的行为人所应承担的否定性评价。对于民事责任的具体承担方式，根据《中华人民共和国民法总则》与《中华人民共和国合同法》的相关规定，包括停止侵害，返还财产，恢复原状，赔偿损失，支付违约金，继续履行以及采取修理、更换、重做等补救措施等。在电子支付法律关系中，由于电子支付参与主体不同，可以从电子认证服务机构、付款人与收款人以及支付服务提供者三个方面的主体进行具体分析。

一、电子认证服务机构的法律责任

电子认证服务机构的法律责任承担方式主要有下列几个：

（一）赔偿损失

由于电子认证服务机构的过错而导致用户遭受损失的，应当在合理的范围内，由认证机构予以赔偿。

（二）继续履行

电子认证服务机构出现CA系统和设备停机、终止、信息丢失等技术问题，而导致认证操作出现问题、发布失效信息或证书发布不完善的，电子认证服务机构在修复CA系统和设备后，应立即发布正确、有效、完整的认证证书，以充分履行其与用户之间的合同。

（三）采取相应措施进行补救

如果电子认证服务机构出现管理漏洞、CA方密钥泄漏、用户注册信息泄漏等问题，应立即采取有效措施，及时更正、修补出现问题的环节，避免引起进一步的损失。对已经给客户造成的损失应进行赔偿，除非能证明其属于不可抗力。

二、付款人与收款人法律责任的承担方式

付款人与收款人属于电子支付法律关系中的客户，其承担法律责任的前提通常是存在过错。

（一）赔偿损失

在电子支付中，因客户自身的过错而造成其他各参与方损失的，诸如密钥或个人信息泄漏、非法使用证书而产生的损失，存在过错的客户应负责赔偿。

（二）采取补救措施

当用户密钥丢失、泄漏或者发现所发出的指令或提供的信息错误时，应及时通知接收银行或认证机构，以使接收银行或认证机构采取相应的防范措施，防止网络入侵、冒领等事件或者避免其他参与主体因使用错误证书而蒙受损失。当用户发现银行执行指令出现错误或发现认证机构发布的用户信息错误或证书不完善时，应立即中止交易，并通知银行或认证机构修改错误。

三、支付服务提供者法律责任的承担方式

（一）继续履行

如果原资金划拨未能及时到位或者到位资金未能及时通知网络交易客户，支付服务提供者有义务返还客户本金，并按照原定利率返还利息。如果支付服务提供者到位的资金金额小于支付指令所载数量，则其有义务补足差额。如果支付服务提供者到位的资金金额大于支付指令所载数量，则其有权依照法律提供的其他方式从收款人处得到偿还。

（二）赔偿损失

对由于支付服务提供者的过错如提供电子支付服务不符合国家有关支付安全管理要求而造成的客户相关损失，应当在可预见的范围内予以赔偿。因支付服务提供者原因导致支付指令发生错误的，其应当及时查找原因，并采取相关措施予以纠正，因此给付款人造成的损失，应当予以赔偿。对于未经授权的支付造成的损失，除法律另有规定或能证明是付款人过错导致的以外，产生的后果由支付服务提供者承担，其应当赔偿由此造成的损失。明确规定了过错推定原则，解决了用户举证困难的问题。

（三）采取补救措施

在支付指令发生错误时，电子支付服务提供者应及时查找原因并采取相关措施予以纠正；如果电子支付指令未能成功执行，支付服务提供者应当及时提示客户并采取必要的补救措施。当支付服务提供者接到付款人发现支付指令未经授权或者收到付款人支付指令未经授权的通知时，应当立即采取防止损失扩大的措施。支付服务提供者未及时采取措施导致损失扩大的，对损失扩大部分承担责任。在“导入案例”中，支付宝公司作为提供支付服务的第三方支付机构，在相关责任规则不明晰时，可运用上述规则确定权利与义务。

本章小结

电子支付是主体直接或授权他人通过电子终端发出支付指令、实现货币支付与资金转移的行为，具有数字化、便捷性、开放性等特点。基于不同的分类标准，电子支付可以有不同的分类，影响着当事人的权利、义务与承担的风险。我国电子支付法律制度是一个包含着银行组织业务管理、电子资金划拨转移、电子清算与结算、电子签名、电子合同、消费者权益保护等制度在内的复杂系统，具有技术性、复杂性和发展性的特点。国际上电子支付的立法为我国相关制度的完善提供了借鉴，应了解其基本内容与趋势。在我国，需要把握电子支付特别应该强调的效率与安全保障、线上线下公平竞争、鼓励创新与促进发展等基本原则；网上银行市场准入条件、监管方式与电子资金划拨的风险承担机制均应明确；明晰电子货币与虚拟货币的区别；第三方电子支付的法律地位、市场准入与业务监管等也有自己的特点，需要注意梳理其与相关主体间法律关系的性质及权利的享有和义务的承担。掌握电子支付法律关系的要素及当事人的具体权利与义务，不同主体在电子支付法律关系中的权利、义务与责任也有所区别。

关键术语

电子支付　大额电子支付　小额电子支付　贷记划拨　借记划拨　电子支付法　电子资金支付基本原则　网上银行监管　电子资金划拨风险承担机制　电子货币　虚拟货币　第三方电子支付　电子支付法律关系　电子支付法律责任

习　题

一、名词解释

1. 电子支付　　　　2. 电子认证服务机构
3. 第三方电子支付机构　　　　4. 电子货币
5. 大额电子资金划拨

二、选择题（不定项）

1. 贷记划拨与借记划拨是依据（　　）为标准而对电子支付所做的分类。

A. 电子支付指令发起方式不同　　　　B. 服务对象和金额大小不同

C. 支付系统处理划拨类型不同　　　　D. 支付系统的封闭性程度不同

2. 世界上首部电子支付方面的法律是（　　）。

A. 美国《统一商法典》　　　　　　　B. 美国《电子资金划拨法》

C. 联合国《国际资金支付示范法》　　D. 欧盟《电子货币机构指令》

3. 下列不属于电子支付当事人的是（　　）。

A. 付款人和收款人　　B. 银行　　　　C. 认证中心　　　　D. 通信网络

4. 当电子支付中发生网上虚假交易时，各方当事人中应承担过错责任的是（　　）。

A. 银行　　　　　　　B. 认证机构　　C. 付款人　　　　　D. 收款人

三、简答题

1. 试述电子支付的概念与特征。

2. 简述电子支付法律制度的构成与特征。

3. 电子支付法律制度特别应遵循的基本原则有哪些？

4. 你如何评价我国网上银行市场准入条件与监管制度？

5. 国际上电子资金划拨风险承担机制包括哪些内容？我国应如何借鉴？

6. 电子货币和虚拟货币的区别是什么？

7. 试述第三方电子支付的含义与法律地位。你对我国现行第三方支付的法律规则如何评价？

8. 你认为电子支付法律关系的主体有哪些？不同主体分别享有哪些权利，承担什么义务？

9. 在电子支付法律关系中不同主体承担责任的具体方式有哪些？

四、案例分析题

原告张某于 2015 年 11 月 30 日在被告工商银行清远某行开户并申请了牡丹灵通卡，其后开通了网上银行业务，并通过网上银行界面自行设置了密码。2016 年 5 月 12 日下午 5 时许，原告发现原告信用卡内的 8 000 元被他人通过网上银行业务转到了第三人深圳市某计算机系统有限公司经营的财付通账户内。2016 年 5 月 16 日，原告与第三人联系，要求第三人采取措施。第三人收到原告情况反映后，报案并冻结了转入该财付通账户中的 6 000 元资金。5 月 22 日和 23 日第三人将 6 000 元返还给原告，但余款 2 000 元已经转移支付，至今无法追回。再查，原告被盗窃的 8 000 元是以充值的方式被注入财付通账户中的。原告张某诉称：原、被告签订了“牡丹灵通卡”表格，依照约定原告开通网上银行，但不对外转账。其认为被告违约对外转账，要求被告支付 2 000 元给原告，第三人承担连带支付责任；被告及第三人负担本案的诉讼费。被告工商银行清远某行认为原告的诉讼请求没有事实及法律依据，请求法院依法驳回原告的诉讼请求。第三人深圳市某计算机系统有限公司请求法院依法驳回原告要求第三人承担连带支付责任的诉讼请求。

清远市某人民法院认为，原告张某由于对自身的银行账户密码保管不善，导致账户密码被盗，从而造成 8 000 元资金被转走的损失应当自行承担。对于网上银行的交易，银行一方只能通过客户的注册卡号或存折账号、客户证书及相应密码来识别客户的身份，并以客户发出的电子交易指令作为办理电子银行业务的合法有效依据。被告工商银行清远某行在该笔 8 000 元转账交易中已经尽到了谨慎的注意，无须承担责任。至于原告诉称当初约定不进行对外转账，但是其后盗窃者用原告的密码要求转账，由于密码无误银行方则会认为原告是以自己的该行为否定了当初不对外转账的约定。另外，盗窃者采取充值的方式将 8 000 元赃款注入自己在第三人深圳市某计算机系统有限公司的财付通账户，其后第三人收到报案后及时采取措施，冻结该财付通账户，截留了 6 000 元资金，并及时返还6 000 元给原告。第三人提供的财付通是一个供买卖双方进行交易的支付平台，并不介入双方的资金流转，虽知悉资金的流转状况，但并无审查资金来源合法性的义务，故驳回原告的诉讼请求。张某不服一审判决提起了上诉，二审驳回上诉，维持原判。

根据案例回答下列问题：

1. 请描述一下第三方支付的运行模式。
2. 第三方支付平台的行为是转账吗？为什么？
3. 被告银行是否应当承担原告张某的损失？为什么？
4. 第三人财付通是否应当承担连带支付责任？为什么？

第七章

电子商务物流与电子商务促进法律制度

【本章要点】

1. 了解电子商务物流的相关概念和我国物流法律制度体系的构成、存在的问题与完善建议；

2. 了解国际上物流立法的概况及相关条约与惯例主要调整的领域；

3. 掌握货物运输、仓储、配送几个物流主要构成环节存在的基本问题，包括合同当事人的权利与义务及违反义务应承担的责任；

4. 掌握电子商务物流企业应承担的义务；

5. 掌握在电子商务物流法律关系中具体的责任承担；

6. 了解我国现阶段电子商务促进制度的内容构成。

导入案例

原告杨某通过网购的形式从被告付某某处购买电脑物品，该物品由原告杨某作为买家直接向卖家付某某支付运费。同日，被告付某某委托某速递公司送货。该货物到达巴彦淖尔市乌拉特前旗被他人冒领，原告杨某实际未取得该货物，且该电脑物品款及邮寄费已通过网上银行实际支付。

法院认为：在买卖合同中，买家通过网上银行已经支付了货款，即已完成了作为买受人的付款义务，网购卖家的交付义务是按照买卖双方的约定将货物送到买家手中，由买家签收。在运输过程中，网购卖家作为托运人委托速递公司将货物送达收货人手中，但速递公司的工作人员在送货时未验证对方身份信息擅自将货物交由他人签收，所以在买卖合同中，出卖人即网购卖家因尚未完成货物交付义务，构成违约，故对原告请求被告付某某赔偿已付的电脑物品款并承担邮寄费的诉讼请求予以支持。速递公司在履行运输合同过程中擅自将货物交由非收货人签收，未完成合同义务，亦构成违约。根据合同相对性原则，合同中的权利与义务只约束订立合同的双方当事人，被告付某某与被告某速递公司之间的运输合同纠纷，被告付某某可另行主张权利。本案原告杨某并未与被告某速递公司直接签订书面或口头的运输合同，故法院对原告请求被告某速递公司赔偿已付的电脑物品款，并承担邮寄费的请求不予支持。【案例摘自（2013）乌前民初字第2301号】

问题：

1. 我国物流行业的整体状况如何？法律制度是否健全？（相关内容见本章第一节。）

2. 杨某、付某某与某速递公司之间分别是什么法律关系？（相关内容见本章第一节。）

3. 某速递公司作为物流服务企业具有哪些权利与义务？本案中其是否已履行应承担的义务？（相关内容见本章第二节。）

4. 在合同法中货交第一承运人的风险转移规则是否适用于本案？为什么？（相关内容见本章第三节。）

5. 某速递公司应否承担责任？对谁承担？法院的判决是否合理？（相关内容见本章第三节。）

第一节　电子商务物流法律制度概述

一、物流的概念及其与电子商务的关系

根据我国国家标准《物流术语》的定义，物流是指物品从供应地向接收地的实体流动过程。根据实际需要，对运输、储存、搬运、装卸、包装、流通加工、配送、信息处理等基本功能进行有机结合。物流活动是对上述物流的功能加以实施与管理的过程。我国通说认为，现代物流是根据客户的需求，以最经济的费用，将物品从供给地向需求地转移的过程，现代物流更强调信息系统在各项物流活动中收集、处理信息和辅助决策的重要作用。现代物流系统是以物流企业为主体、以第三方物流配送服务为主要形式、物流和信息流相结合的涉及供应链全过程的物流系统。

当前电子商务交易的标的主要包括信息产品和非信息产品，信息产品又包括有载体信息产品和无载体信息产品，只有无载体信息产品可以实现线上交付而无须线下交付过程，更多的电子商务交易活动需要借助物流实现。电子商务的飞速发展使得物流企业的

业务范围得到无限拓展，有助于物流供需双方高效地达成交易。电子商务与现代物流关系密切，现代物流是电子商务的重要组成部分，其信息交易与组织管理也需要借助电子商务的手段实现，电子商务创造了全新的商品流通模式，确立了信息流在现代流通中的主导地位，也使现代物流具备了信息化、自动化、网络化、智能化和社会化的特点，促进了现代物流业的空前繁荣，反过来现代物流也成为电子商务健康、快速发展的保驾护航者。

二、物流法律制度体系

虽然物流是电子商务飞速发展的推动力，因而在一定意义上成为电子商务的重要组成部分，但其还是与电子商务有着截然的分野，具有自身的行业属性与特点。所谓物流法律制度是指调整物流活动中产生的社会关系的法律规范的总称。

1. 国际物流立法状况

国际上与物流有关的法律文件体现在有关贸易的法规与公约中，其内容主要涉及国际销售中买卖双方在品质、包装、交付、保险、通知等方面的权利、义务与责任。其中对物流影响最大的国际公约与惯例有《联合国国际货物销售合同公约》、《国际贸易术语解释通则》、《跟单信用证统一惯例》、《统一提单的若干法律规定的国际公约》（又称《海牙规则》）、《修改统一提单的若干法律规定的国际公约议定书》（又称《维斯比规则》）、《联合国海上货物运输公约》（又称《汉堡规则》）以及《联合国国际货物多式联运公约》等。其中，前三个国际公约与惯例主要规定销售合同当事人的权利与义务及与售出货物交付相关的事项，其对于与贸易最终交割相关的各个过程尤其是物流过程有重大影响；后四个公约是有关国际海上物流运输的公约。《海牙规则》是国际上有关海上货物运输尤其是关于提单最重要的国际公约之一，其主要包括承运人的最低限度责任与义务、托运人的责任与义务、索赔通知与诉讼时效、承运人的免责条款、承运人对货物灭失或损害的赔偿限额五个方面的内容。《维斯比规则》是对《海牙规则》的修改，扩大了后者的适用范围，增加了承运人的最高赔偿限额，补充了托盘和集装箱货物运输赔偿限额的计算方法，明确了当提单被转让给第三人后该提单所记载内容对承运人来说就是最终证据以及仅限于承运人本人过失或严重违反义务时承运人的责任限制权利才丧失的规则。《汉堡规则》在总结国际航运实践经验的基础上，本着平等互利的原则，废除了《海牙规则》中许多片面袒护承运人利益的、不合理的各项免责条款，加重了承运人对货运所应承担的责任，提高了责任赔偿限额，延长了承运人的责任期间，明确了对货物提出索赔的时效。此外，还针对航运、贸易方面出现的新问题作出了规定。《联合国国际货物多式联运公约》因为参加国家过少而没有达到生效条件，但其为适应国际集装箱多式联运的发展需要而规定的国际货物多式联运中管理、经营人的赔偿责任与期间及法律管辖等内容对于各国在国际多式联运的立法与实践发挥了有益的指导作用。

2. 我国物流法律制度体系

随着电子商务与现代物流业的发展，与物流有关的法律规范不断出台，其内容涵盖运输、物流等方面，同时，国务院及相关部委也颁行了调整和规范有关物流法律关系的行政法规与部门规章。

《中华人民共和国合同法》《中华人民共和国公路法》《中华人民共和国海商法》《中华人民共和国铁路法》《中华人民共和国民用航空法》《中华人民共和国海上交通安全法》是调整与物流、运输等业务有关的法律，提供了物流及相关运输的基本依据，《汽车货物运输规则》《道路货物运输服务业管理办法》《中华人民共和国高速公路交通管理办法》《中华人民共和国道路交通管理条例》《城市道路管理条例》《道路零担货物运输管理办法》《铁路货运事故处理规则》《铁路货物运输杂费管理办法》《铁路货物运输规程》《铁路货物运输管理规则》《航空货物运输合同实施细则》《国务院关于开办民用航空运输企业审批权限的暂行规定》《民航局关于航空运输服务方面罚款的暂行规定》《国内水路运输管理条例》《中华人民共和国国际海运条例》等行政法规与部门规章规定了在公路运输、铁路运输、航空运输、水路运输等方面应遵循的基本规则。《中华人民共和国国际货物运输代理业管理规定》及其实施细则、《外商投资国际货物运输代理企业审批规定》明晰了国际货运代理人的法律地位以及中外合资企业从事国际货物运输代理业务的条件与审批程序。《中华人民共和国航道管理条例》《中华人民共和国海港管理暂行条例》《民用机场管理暂行条例》《仓储保管合同实施细则》《中华人民共和国公路管理条例》等一系列行政法规与部门规章则是调整与物流有关的道路交通与仓储管理等流通设施的规则。此外，我国已经加入《统一提单的若干法律规定的国际公约》等有关支付的国际公约，除基于公共秩序声明保留的条款外，条约规定的内容对我国的外贸物流领域也具有法律的效力。

3. 我国物流法律制度的问题与完善

在电子商务活动中，商品生产与交换的全过程都需要各类物流活动的支持，这也对现代物流制度提出了新的要求与挑战，缺乏高效、合理而流畅的现代物流系统一定会影响电子商务优势的有效发挥。现代物流系统的构建与发展除了物流企业自身进行现代化的转型努力外，法律法规的健全也会发挥积极的推动作用。然而，我国与物流有关的职能分属于不同部门，各部门根据各自的行业特点和部门利益制定规章，致使物流法律法规分散不统一，这与电子商务环境下物流产业跨部门、跨地区、跨行业的复合性严重冲突，对物流行业的健康发展难以形成有效保护与推动。

首先，我国现行有关物流法律制度的最大问题在于其行业分散性特征明显，各部门基于各自管理的行业特点进行物流相关立法，彼此之间缺乏协调甚至存在冲突，不利于整合物流各环节与各功能之间的关系，难以形成行业优势。其次，我国直接具有操作性的物流法律法规多由中央各部委、地方制定和颁布，有条例、办法、规定和通知等多种形式，规范性不强，缺乏对物流主体行为的制约作用，法律效力层次较低。最后，多头立法的现状使得很多需要明确规定的内容缺乏规定。因此，形成一套整合物流相关各行业、各环节与各功能的物流法律制度是当务之急。这有助于促进我国现代物流体系的建立，增强国际竞争力，也必将推动我国电子商务行业的快速发展。

为适应电子商务发展的需要，我国有关快递物流的立法与相关政策也在不断制定与实施。据 2018 年 3 月 27 日中国政府网的报道，国务院总理当日签署国务院令，公布已经原则通过的《快递暂行条例》，自 2018 年 5 月 1 日起施行。该条例以促进快递业持续健康发展为重点，规定了一系列保障行业发展的制度措施，主要有：经营快递业务的企业及其分支机构开办快递末端网点，按要求备案后无须办理营业执照；县级以上地方人民政府应当将快递业的发展纳入本级国民经济和社会发展规划，统筹考虑快件大型集散、分拣等基础设施用地的需要；县级以上地方人民政府公安、交通运输等部门和邮政管理部门建立健全快递运输保障机制，依法保障快递服务车辆通行和临时停靠的权利；企业事业单位、住宅小区管理单位采取多种方式为开展快递服务提供必要的便利；支持在大型车站、码头、机场等交通枢纽配套建设快件运输通道和接驳场所；鼓励经营快递业务的企业依法开展进出境快递业务，支持在重点口岸建设进出境快件处理中心、在境外依法开办快递服务机构并设置快件处理场所；海关、出入境检验检疫、邮政管理等部门应当建立协作机制，完善进出境快件管理，推动实现便捷通关等。

《快递暂行条例》规定了一系列安全制度，包括寄件人交寄快件和企业收寄快件应当遵守禁止寄递和限制寄递物品的规定；要贯彻落实法律规定的实名收寄制度，执行收寄验视制度；经营快递业务的企业可以自行或者委托第三方企业对快件进行安全检查等。《快递暂行条例》完善了快递服务规则，明确各方权利义务，保护消费者合法权益，包括明确快件收寄规则、投递规则；细化无法投递、无法退回快件的处理规则和快件损失赔偿规则；专门规定用户个人信息保护制度，对于出售、泄露或者非法提供快递服务过程中知悉的用户信息等违法行为，规定了严格的法律责任。

《快递暂行条例》在邮政法规体系中发挥着承上启下的作用，在一定意义上发挥了物流行业统一立法的作用。加之在2018年年初，国务院办公厅公布了《关于推进电子商务与快递物流协同发展的意见》，新的政策举措必将大大提高快递业创新能力，推动新兴业态发展，培养快递产业新动能；推动互联网、大数据、人工智能与快递业深度融合；吸引各类资源进入快递市场，积极推动创新，培育新的行业增长点；加强国际快递能力建设，提高快递业服务跨境电商的水平；调动社会共治的各方面力量，助力破解行业发展难题，推动行业持续健康发展。

三、物流制度的几个法律问题

通常认为，物流是货物运输、仓储、配送几个主要环节构成的活动，物流法律制度也是由货物运输合同法律制度、仓储法律制度与配送法律制度等构成的有机系统。本部分讨论几个传统物流法律制度的基本问题。

（一）货物运输合同的法律问题

1. 货物运输合同的概念与特点

货物运输合同简称货运合同，属于比较常见的运输合同的一种，是承运人将货物运输到约定地点，托运人或者收货人支付运费的合同。货物运输合同的当事人为承运人和托运人或收货人，承运人是将货物运输到约定地点的人，托运人是委托承运人运输货物的人，收货人是从承运人处接收货物的人。在电子商务中，货物运输合同法律关系通常存在于以非信息产品或者有载体信息产品为标的的交易当事人之间。

收货人在多数情况下是托运人以外的人，偶尔收货人本身也是托运人。承运人无论采取何种组织形式，都应当具有经营运输业务的资质，货物运输法律关系的标的是运输服务，是运输行为本身。

货物运输合同的特点主要有：第一，双务有偿性。承运人是依法登记并取得经营运输业务资格的人，从事运输货物的营业性活动，托运人需支付运费，这决定了货物运输合同既是双务合同又是有偿合同。第二，诺成性。除非当事人另有约定，以及零担货物、计划外整批货物、集装箱货物和航空货物的运输合同及一时性运单合同在实践中具有实践合同的特性外，多数货物运输合同为诺成合同，合同的成立不以货物交付为条件，只要双方当事人签字或盖章即可。第三，格式合同性。货物运输合同的主要条款和格式基本上由法律、法规进行规定或者由有关主管部门事先拟定。第四，涉及第三人性。货物运输合同的托运人与收货人通常不一致，收货人虽然通常不是合同的当事人，但属于合同的重要利害关系人，在接收货物时与承运人产生权利与义务关系，货交收货人产生合同履行的法律后果。

2. 货物运输合同的内容

货物运输合同一般包括下列条款，通常由承运人提供，具体由当事人进行约定。一是当事人名称和地址，全面、具体、详细和明确的托运人、收货人地址是合同履行及履行中出现障碍退货的关键，有利于明确责任的归属主体。二是货物名称，应反映出货物的属性，对于危险货物应特别注明。三是货物包装，根据货物自身的物理状态与运输、装卸要求等确定包装标准，并按规定制作货物的运输标志与必要的指示标志。四是货物状态，依规定的计量单位和价格标准准确填写货物的数量、重量、体积和价值等物理状态，以确定应采用的运输、装卸工具与方式，并计算运费及其他费用。五是货物运距，即履行地点，明确货物发运与到达的港、站，以确定承运人义务的履行状况，计算运费及其他费用。六是货物运送期限，即履行期限，承运人根据接收并承运货物的日期填写承运日期，以及将货物运输到指定目的地的运达日期，以确定承运人义务的履行状态及是否存在迟延履行等违约行为。七是货物装卸及运输方式，即履行方式，根据货物的物理状态、运距及运送期限等确定。在两名以上承运人运用两种以上不同运输方式的多式联运合同中，多式联运经营人负责履行或者组织履行，收到托运人交付的货物时应签发多式联运单据，对全程运输享有承运人的权利、履行承运人的义务；在海上货物运输合同中，依据海商法的规定不属于海上货物运输合同当事人的实际承运人应承担连带责任。八是运费及结算方式，这是货运合同的主要条款，由承运人依据国家的规定根据货物的物理状态、运距及运送期限等确定。九是违约责任及争议解决条款，是货运合同纠纷发生时的解决机制。

3. 货物运输合同当事人的权利与义务

（1）托运人的权利与义务。托运人的主要权利有：一是履行请求权，托运人有权要求承运人按照合同规定的期限将货物准时、安全地运输到约定地点。二是合同变更权，在承运人将货物交付收货人之前，托运人或提货凭证持有人可请求承运人中止运输、返还货物、变更到达地或将货物交给其他收货人，但应赔偿承运人因此受到的损失。三是合同解除权，以货物运输服务为标的的合同具有一定的人身信任属性，在货物发运之前，托运人有权要求解除合同，但应赔偿承运人因此受到的损失。四是损害赔偿请求权，当因承运人的责任造成货物丢失、缺少、污染、变质、损坏时，或者当运输超期造成损失时，托运人有权要求承运人赔偿货物损失或其他损失。

托运人的义务主要有：一是按照合同约定的时间、地点与方式向承运人交付托运货物的义务；二是支付运费和按规定必须支付的其他费用的义务；三是对特殊货物的押送义务；四是领取提货凭证并交付给收货人的义务。

(2) 承运人的权利与义务。承运人的主要权利：一是费用收取权，依照合同的规定收取运费及其他有关的费用。二是留置权，在托运人或收货人拒付运费时，有权留置运输到约定地点的货物。三是提存权，在收货人无正当理由拒绝接收货物时，有权提存运输到约定地点的货物。

承运人的主要义务：一是配备适当运输工具的义务，二是按时发运货物的义务，三是保证运输安全和货物安全的义务，四是按时将货物运输到约定地点的义务，五是按规定的时间将货物交付给收货人的义务。

(3) 收货人的权利与义务。收货人的主要权利：一是合同变更权，在承运人将货物交付收货人之前，收货人可以请求承运人中止运输、返还货物、变更到达地或者将货物交给其他收货人，但应当赔偿承运人因此受到的损失。二是货物接收权，承运人依照合同约定将货物运输到约定的地点后，收货人有权持提货凭证接收货物。三是验收及损害赔偿请求权，收货人提货时，有权按照约定的期限检验货物，如发现货物灭失或者短少，有权请求承运人赔偿损失。

收货人的主要义务：一是接到提货通知后及时提取货物的义务；二是提货后按照约定期限检验货物的义务；三是对托运人托运货物少交或者未交及其他应付而未付的费用，承担支付的义务。

(二) 仓储合同的法律问题

1. 仓储合同的概念与特点

仓储合同是保管人储存存货人交付的仓储物，存货人支付仓储费的合同。仓储合同作为我国合同法分则有名合同的一种，具有下列特点：第一，主体适格性。保管人必须是具有专门经营仓储业务资格的人。第二，标的特定性。仓储合同的标的只能是动产且通常为需要特殊保存条件的动产。第三，双务、有偿性。保管人与存货人在仓储合同中均享有权利、负担义务，同时保管人以仓储为业，属于典型的双务合同、有偿合同。第四，诺成、要式性。仓储合同自当事人意思表示一致时成立并生效，具有诺成性；保管人收到仓储物后给存货人开付仓单，具有要式性。仓单记载事项决定当事人的权利与义务，当事人须依仓单上的记载主张权利与义务。仓单除作为已收取仓储物的凭证和提取仓储物的凭证外，还可以通过背书，转让仓单项下货物的所有权，或者用于出质。

2. 仓储合同的内容

仓储合同具有一定的格式性，由保管人制作和提供，通常包括下列条款，具体由当事人进行约定。(1) 保管人、存货人名称及住所。(2) 储存仓储物的品名、品种、规格、数量、质量、包装、标记。(3) 仓储物验收内容、标准、方法、时间、资料。(4) 仓储物入库及出库手续、时间、地点、运输方式。(5) 仓储物的损耗标准和损耗处理。(6) 仓储物的储存时间、保管要求和保管条件。(7) 计费项目、标准和结算方式。(8) 变更解除合同。(9) 违约责任及争议解决方式。(10) 合同有效期限。

3. 仓储合同当事人的权利与义务

（1）保管人的权利与义务。保管人的权利主要有：一是对存货人支付合同约定的仓储保管费的请求权；二是对因存货人原因导致退仓、禁入库场、未按期发货、危险品等特殊物品未加说明导致损失的赔偿请求权；三是存货人或仓单持有人不提取仓储物，经催告在合理期间内仍不提取的，保管人有对仓储物的提存权。

保管人的义务有：一是按时接受并验收仓储物的义务；二是提供仓单的义务；三是妥善储存和保管仓储物的义务；四是不得转让保管义务、亲自保管的义务；五是仓储物出现危险时的及时通知义务；六是接受存货人或仓单持有人的检查，允许其提取样品的义务；七是合同约定的存储期间届满配合存货人或者仓单持有人凭仓单提取仓储物的义务。

（2）存货人的权利与义务。存货人的权利有：一是凭仓单对仓储物的提取权；二是仓储物出现损失时的赔偿请求权。

存货人的义务有：一是按时交付仓储物的义务；二是支付仓储费及其他必要费用的义务；三是及时提取仓储物的义务，否则对保管人承担违约责任，因此给保管人造成损失的，应承担赔偿责任。

（三）配送合同的法律问题

根据我国国家标准《物流术语》的界定，配送是指在经济合理区域范围内，根据客户要求，对物品进行拣选、加工、包装、分割、组配等作业，并按时送达指定地点的物流活动。配送是物流中一种特殊、综合的活动形式，在现代物流体系中完善了运输和整个物流系统，简化了采购等事项，使单位存货成本下降，提高了经济效益，同时减少了生产风险，为电子商务的发展提供了有力支持。

1. 配送合同的概念与特点

配送合同是指配送经营人根据客户的需要，为客户配送商品，客户支付配送费的合同。客户可以是销售合同中的卖方，也可以是买方，甚至可以是与买方或卖方签订综合物流服务合同的物流企业；而作为配送服务的提供者，既可以是销售合同中的卖方，也可以是独立于买卖双方的第三方物流企业。

由于配送是涉及装卸、搬运、包装、分拣、保管、流通加工、配货、运输等一系列服务的综合性活动，因此物流配送合同具有无名性，适用合同法总则的规定，并参照合同法分则的相似规定；此外，在物流配送合同中会体现仓储合同、运输合同、买卖合同、加工承揽合同和委托合同的某些特征，但又具有自己的独特性。

2. 配送合同的内容

在通常情形下，配送服务合同包括下列条款：（1）合同当事人；（2）配送服务合同的标的；（3）配送标准与方法；（4）当事人的权利与义务；（5）配送费用、价格调整条件与方法；（6）合同期限；（7）合同延续条款；（8）合同变更与解除条件；（9）违约责任、免责条件及争议解决办法；（10）其他约定。

基于配送合同的综合性，不同主体参与的配送合同，其享有的权利与负担的义务有所区别。

3. 配送的主要类型

配送包括生产企业配送、商业企业配送和配送代理配送。生产企业配送在节约成本方面具有优势，但能够配送的商品通常是大批量的单一产品，具有局限性。商业企业配送机动灵活，可承担生产企业非主要生产物资的配送，以及对消费者个人的配送。在电子商务环境下，配送代理是配送的主要形式，即通常所称的第三方物流。配送代理是物流服务专业化的表现，由生产经营企业将原来属于自己处理的物流活动以合同方式委托给专业物流服务企业，通过信息系统与物流企业保持密切联系，以达到对物流全程管理与控制的运作与管理方式。物流配送中心是配送代理的常见方式，包括连锁企业自有的配送中心与社会化的配送中心，专业化与现代化程度较高。我国物流配送代理经历了从低级形态向高级形态的发展过程。

低级形态的物流配送代理即物流企业接受客户委托，根据客户的要求代理处理相关货物，其与客户之间的法律关系适用传统委托代理的法律规则。由物流企业以处理委托人事务为目的，根据委托事项、实际成本加上利润收受费用并提供相应的服务；如果委托人没有尽到告知义务致使其他人设备、货物造成损失且作为受托人的物流企业尽了审查义务的，则物流企业免责；造成的第三人损失，由第三人直接向有过错的委托人追索。

高级形态的物流配送代理是物流企业根据客户的要求，以物流企业的名义向外寻求供应商、代理商、分销商，同时又向客户提供相应的仓储、运输、包装等服务，为客户设计物流计划。其已经突破直接委托代理关系的限制，包括了间接代理在内。典型模式是物流企业通过与往往表现为连锁企业的固定客户建立稳定的合同关系，以物流企业的名义与生产企业建立广泛的商品关系，使物流企业与终端客户建立长时间的联盟合作关系。物流企业以自己的名义参与法律关系，根据我国合同法的相关规定，其可以选择是否披露委托人的存在。

寄递安全在我国一直比较受重视。从 2015 年国家邮政局全面推进“收件验视＋实名收寄＋过机安检”开始，我国中央综治办、公安部、国家邮政局等部门当年便联合召开全国视频座谈会专题研究部署寄递安全三项制度的落实，2016 年，国家质检总局、中央综治办、国家标准委又发布了《社会治安综合治理基础数据规范》，进一步推动快递服务行业实现 100％先验视后封箱、100％寄递实名制和 100％过机安检。然而，出于保护个人信息等问题的考虑，三项制度并未完全落实，相信随着个人信息保护法律制度的健全与完善，安全寄递的规则会运用得更彻底。根据《快递暂行条例》的规定，寄件人交寄快件，应当如实提供以下事项：(1) 寄件人姓名（名称)、地址、联系电话；(2) 收件人姓名（名称)、地址、联系电话；(3) 寄递物品的名称、性质、数量。除信件和已签订安全协议用户交寄的快件外，经营快递业务的企业收寄快件，应当对寄件人身份进行查验，并登记身份信息，但不得在快递运单上记录除姓名（名称)、地址、联系电话以外的用户身份信息。寄件人拒绝提供身份信息或者提供身份信息不实的，经营快递业务的企业不得收寄。

在“导入案例”中，杨某与某速递公司之间无直接的法律关系，杨某与付某某之间是买卖合同法律关系，付某某与某速递公司之间是货物运输合同关系与第三方物流配送关系，当事人依据相应的法律关系享有权利、承担义务。

第二节　电子商务物流企业的义务

上节从物流包括的运输、仓储和配送几个环节分析了其合同关系的特点及当事人之间的权利与义务，本节以物流企业为主体，就物流服务提供中可能产生的特殊问题进行分析，明晰电子商务物流企业应负担的义务，提供纠纷解决规则。

一、电子商务物流企业遵守运营资格与服务标准的义务

物流服务虽然与电子商务紧密相关，但并非电子商务所独有，电子商务之外也需要物流服务，故电子商务中的物流服务虽然具有自己的特色，但合同法、邮政法等法律法规中对物流企业运营资格、服务标准等的规定应直接适用于电子商务物流服务。电子商务物流企业提供物流服务，应当符合法律、行政法规对其运营资格、服务标准等方面的规定，遵守物流服务行业标准和企业的服务承诺。根据《快递暂行条例》的规定，经营快递业务，应当依法取得快递业务经营许可。邮政管理部门应当根据《中华人民共和国邮政法》第五十二条、第五十三条规定的条件和程序核定经营许可的业务范围和地域范围，向社会公布取得快递业务经营许可的企业名单，并及时更新。经营快递业务的企业及其分支机构可以根据业务需要开办快递末端网点，并应当向所在地邮政管理部门备案。快递末端网点无须办理营业执照。

二、电子商务物流企业安全递送与告知验收的义务

电子商务物流递送和验收环节是作为购买者的收件人从递送员处接收货品实体，完成购买流程的重要环节，关系着电子商务寄件人和收件人、物流企业之间义务是否恰当履行、权利是否得以实现。电子商务物流企业应当建立并严格执行递送验收制度，加强安全管理；物流企业应当与寄件人在合同中明确递送验收的权利义务，应当在承诺的时限内完成货品递送，应当将货品递送到约定的收件地址和收件人或者收件人指定的代收人。物流企业要履行好递送职责，特别是收件人指定他人代收货物的，递送员应确定代收人身份，避免他人假冒收件人名义代收货品引发纠纷。《电子商务法》第五十二条规定，快递物流服务提供者为电子商务提供快递物流服务，应当遵守法律、行政法规，并应当符合承诺的服务规范和时限。快递物流服务提供者在交付商品时，应当提示收货人当面查验；交由他人代收的，应当经收货人同意。在“导入案例”中，某速递公司严重违反安全递送义务，没有核验收货人身份即将杨某购买的电脑等物品交与他人签收，导致他人假冒收件人名义代收货品引发纠纷。

电子商务物流企业递送货品，应当告知收件人或代收人当面验收，验收无异议后，

由收件人或代收人签字确认。递送的货品注明为易碎品或外包装出现破损的，除非企业与寄件人另有约定，物流企业应当主动告知收件人验收内件。物流企业应承担告知验收的义务，但考虑到便利性与对收件人权利的尊重与保护，收件人可选择在签字之前是否验收内件，一旦签字，即意味着收件人接收货品，物流企业已如约履行了递送义务。

快件无法投递的，经营快递物流业务的企业应当退回寄件人或者根据寄件人的要求进行处理；属于进出境快件的，经营快递业务的企业应当依法办理海关和检验检疫手续。快件无法投递又无法退回的，依照下列规定处理：第一，属于信件，自确认无法退回之日起超过 6 个月无人认领的，由经营快递业务的企业在所在地邮政管理部门的监督下销毁；第二，属于信件以外其他快件的，经营快递业务的企业应当登记，并按照国务院邮政管理部门的规定处理；第三，属于进境快件的，交由海关依法处理，其中有依法应当实施检疫的物品的，由出入境检验检疫部门依法处理。

三、电子商务物流企业代收货款时的协议及接受监管的义务

鉴于物流企业广阔的递送网络以及与收件人直接接触的便利性，部分电子商务经营者倾向于由物流企业代收货款。这是物流企业利用服务网络和资源，在提供电子商务递送服务的同时，为寄件人提供代收货款并结算的递送增值业务。《电子商务法》第五十二条也规定了快递物流服务提供者在提供快递物流服务的同时，可以接受电子商务经营者的委托提供代收货款服务。这给当事人提供了更多便利，促进了电子商务的发展；同时也因为技术、管理等问题的存在导致诸多风险，法律上应允许代收货款业务开展的同时，提供相关的规则，明确规定物流企业提供代收货款服务时应当与作为寄件人的电子商务经营者签订协议，明确资金结算周期、收费标准以及争议处理等方面的权利与义务，以更好地规范双方行为，妥善解决纠纷，维护健康的代收货款业务秩序。

由物流企业代收货款，经由作为第三方的物流企业之手，电子商务经营者的资金安全应当得到保证。目前，代收货款的方式主要有两种：一是现金支付方式，二是非现金支付方式。两种不同的支付方式对物流企业也提出了不同的要求。以现金支付方式提供货款代收服务的，物流企业应当建立严格的现金管理制度；以非现金支付方式提供货款代收服务的，应当由有合法资质的支付机构为物流企业提供技术支持，并约定双方对代收货款服务的权利与义务，明确资金收取结算的相关规则，保障交易信息安全和资金安全。

代收货款使物流企业参与资金支付和结算，关系到金融安全，因此对物流企业代收货款的管理需要明确的监管机构和完备的监管制度。现有电子支付监管模式是以中国人民银行为主，会同中国银行保险监督管理委员会及其他相关部门对电子支付机构和业务进行监管。由中国人民银行负责电子支付业务规则和标准的制定，对非金融支付机构从事电子支付业务进行准入许可及日常监管。为了保障监管的统一和立法的稳定，物流企业应同其他非金融支付机构一样，接受中央人民银行的监管。同时作为货运服务企业，物流企业同样要受到来自邮政部门的监管。中国人民银行应当通过对物流企业代收货款服务的审慎监管支持物流企业开展代收货款服务，物流企业也应当按照国务院邮政管理部门规定的标准建立代收货款业务相关安全管理制度。

四、电子商务物流企业不得实施不正当经营行为的义务

电子商务物流企业不得利用自身优势地位，实施不正当经营行为，侵犯电子商务活动中当事人的合法权益。物流企业不得协助其他电子商务经营者开展虚拟交易，提升商业信誉或者非法谋取其他利益；不得从事反不正当竞争法及消费者权益保护法中规定的不正当经营行为。

五、电子商务物流企业依法依规处理货品的义务

货品处理是物流服务的重要环节，影响着货品最终能否正常递送。但是物流行业发展较快，物流从业人员素质良莠不齐，在实践中多次发生从业人员违规处理货品的情形，给寄件人和收件人带来经济损失甚至是人身伤害。法律应对此有明确的规范。

物流企业在处理货品时，应当按照法律法规、企业章程的规定，遵照与寄件人的约定，区分作业、规范操作、准确收发货品，并及时录入处理信息，科学有序地处理货品。物流企业及其工作人员处理货品不得有以下行为：第一，野蛮分拣，抛扔、踩踏或者以其他危险方法处理货品；第二，私自泄露货品上寄件人或收件人的身份、联系方式、家庭住址、购买记录等重要信息；第三，私自拆卸货品，倒卖货品，侵占货品和货款；第四，其他违法违规处理货品的行为。

六、电子商务物流企业保护环境的义务

随着电子商务的迅速发展，在电子商务交易量与日俱增的同时，电子商务造成的资源浪费、环境污染问题也日趋严重，尤其是在包装、仓储、物流等领域。

《国务院办公厅关于推进电子商务与快递物流协同发展的意见》中明确指出，应当“强化绿色理念，发展绿色生态链”。首先，促进资源集约。鼓励电子商务企业与快递物流企业开展供应链绿色流程再造，提高资源复用率，降低企业成本。加强能源管理，建立绿色节能低碳运营管理流程和机制，在仓库、分拨中心、数据中心、管理中心等场所推广应用节水、节电、节能等新技术新设备，提高能源利用效率。

其次，推广绿色包装。制定实施电子商务绿色包装、减量包装标准，推广应用绿色包装技术和材料，推进快递物流包装物减量化。开展绿色包装试点示范，培育绿色发展典型企业，加强政策支持和宣传推广。鼓励电子商务平台开展绿色消费活动，提供绿色包装物选择，依不同包装物分类定价，建立积分反馈、绿色信用等机制引导消费者使用绿色包装或减量包装。探索包装回收和循环利用，建立包装生产者、使用者和消费者等多方协同回收利用体系。建立健全快递包装生产者责任延伸制度。

最后，推动绿色运输与配送。加快调整运输结构，逐步提高铁路等清洁运输方式在快递物流领域的应用比例。鼓励企业综合运用电子商务交易、物流配送等信息，优化调度，减少车辆空载和在途时间。鼓励快递物流领域加快推广使用新能源汽车和满足更高排放标准的燃油汽车，逐步提高新能源汽车的使用比例。

《电子商务法》回应上述要求，在第五十二条规定“快递物流服务提供者应当按照规定使用环保包装材料，实现包装材料的减量化和再利用”；在第六十五条规定“国务院和县级以上地方人民政府及其有关部门应当采取措施，支持、推动绿色包装、仓储、运输，促进电子商务绿色发展”。

第三节 电子商务物流当事人的民事责任

一、货物运输合同当事人的责任

（一）托运人的主要责任

（1）支付违约金。托运人未按照合同约定的时间和要求交付运输货物，或者在货物发运前无正当理由解除合同的，应承担违约责任，并向承运人支付违约金。

（2）赔偿损失。托运人对如下情形下的损失均应当承担损害赔偿责任：托运人办理货物运输时，因申报不实或者遗漏重要情况，造成承运人损失；在普通货物中夹带危险货物、匿报危险货物及错报笨重货物重量而造成损失；对货物的包装不符合规定，造成其他货物和运输设施的损坏与污染腐蚀；等等。

（二）承运人的主要责任

（1）支付违约金。承运人未按时发货或未按合同约定的要求配备运输工具应承担违约责任，支付违约金；将货物错运至到达地点或者错交收货人的，应无偿运输到合同约定的目的地或收货人，导致货物逾期运输到目的地的，应承担逾期交货的违约责任，支付违约金。

（2）赔偿损失。除非能够证明货物的毁损、灭失是由于不可抗力、货物本身的自然性质或者合理损耗及托运人、收货人的过错造成的，否则承运人对于运输过程中货物的毁损、灭失应承担损害赔偿责任。

（三）收货人的主要责任

（1）支付保管费。收货人逾期提货，应当向承运人支付保管费。

（2）赔偿损失。对经承运人证明的因收货人过错导致的运输过程中货物的毁损、灭失承担责任；对无正当理由拒绝提货造成的损失承担责任。

在“导入案例”中，根据我国合同法的规定，没有约定标的的交付地点或者约定不明确且标的需要运输的，出卖人应当将标的交付给第一承运人以运交给买受人。除非法律另有规定或者当事人另有约定，标的毁损、灭失的风险，在标的交付之前由出卖人承担，在交付之后由买受人承担。这一规则在电子商务买卖合同中不应适用，主要是基于电子商务交易的虚拟性，无法通过网络知晓商品的真实状况，应当给买方查验后的反悔权，以更好平衡其与卖方的利益失衡状态。某速递公司应基于合同的相对性对托运人付某某承担违约责任，赔偿损失。法院的判决尊重了合同关系的相对性，合理合法。

二、仓储、配送合同当事人的责任

仓储合同的当事人被称为保管人和存货人，依据我国合同法的相关规定，其对对方负有一定的义务，未尽义务应向对方当事人承担违约责任，对因此给对方当事人造成的损失承担赔偿责任。

配送合同当事人基于配送方式的不同，可能产生直接代理或间接代理的责任，由委托人或物流企业承担合同责任。

三、电子商务物流企业的责任

在实践中经常发生因物流企业工作人员违规处理造成货品损毁、缺失，而给寄件人或收件人带来损失，使交易无法正常完成，影响电子商务行业秩序的情形。物流企业应对其违法违规行为承担责任。

（一）物流企业承担民事责任的一般规则

物流企业应对给对方当事人造成的损失，承担相应的赔偿责任。在物流服务过程中，因物流企业违规处理货品造成货品递送发生延误、丢失、损毁或者内件不符、短少，或给当事人带来其他损失的，物流企业应当依照法律法规规定，承担民事责任。

（二）物流企业承担民事责任的具体规则

快件延误、丢失、损毁或者内件短少的，根据《快递暂行条例》的规定，快件延误、丢失、损毁或者内件短少的，对保价的快件，应当按照经营快递业务的企业与寄件人约定的保价规则确定赔偿责任；对未保价的快件，依照民事法律的有关规定确定赔偿责任。为合理分散风险，国家鼓励保险公司开发快件损失赔偿责任险种，物流企业应积极投保电子商务物流服务保险。

第四节　电子商务的促进制度

电子商务是国民经济与社会信息化的重要组成部分。发展电子商务是以信息化带动工业化，转变经济增长方式，提高国民经济运行质量和效率，走新型工业化道路的重大举措，对实现全面建设小康社会的宏伟目标具有十分重要的意义。近年来，虽然我国电子商务服务业快速发展，但相较于发达国家，我国电子商务发展水平仍处于起步阶段，还存在应用范围不广、技术水平不足等问题，促进电子商务发展的政策环境亟须完善。也正是因为如此，《电子商务法》第五章专章规定了电子商务促进制度，虽然其在文字表现上更多是宣示性条款与内容，但对于后续相关制度的细化与实施提供了充分的法律依据。考虑到电子商务促进制度的广泛性，本节以不同主体在电子商务促进中应发挥的作用为主线展开论述。立足于现行相关立法与政策，注重电子商务促进制度的全面性，以真正发挥其对电子商务发展的促进作用。

一、政府在促进电子商务发展中的作用

（一）鼓励电子商务服务业的发展

对于电子商务服务业的内涵，可从广义与狭义两个角度理解，狭义的电子商务服务业是指伴随电子商务的应用与发展而衍生出的专门为电子商务活动提供服务的新兴服务行业体系，即本书所称的电子商务服务提供者。其是服务业自身的延伸，具有创新性与拓展性，是创新技术应用与衍生的结果。而广义的电子商务服务业则是指传统服务产业自身的电子化，即传统服务业借助互联网信息技术优化升级后实现的服务电子化，是技术进步引起的产业自身的优化升级，是新技术应用导致产业改造升级的结果。客观上，当前的电子商务服务业在为电子商务提供服务的同时也促成了传统服务业的提升与改造，电子商务服务业是我国电子商务发展的基础与趋势，是电子商务生态健康发展的保障，也是每一个国家经济社会发展信息化、电子化的战略性基础产业。故应当持续性地推动狭义上电子商务服务业的发展，以此带动广义上电子商务服务业的升级。

对于电子商务服务业的促进，我国国务院与相关部委已经出台了一系列规定，包括《国务院办公厅关于加快电子商务发展的若干意见》，国家发展改革委、国务院信息化工作办公室《关于电子商务发展“十一五”规划》，《商务部关于加快流通领域电子商务发展的意见》，工业和信息化部制定的《电子商务“十二五”发展规划》，《国务院关于加快发展生产性服务业促进产业结构调整升级的指导意见》，《国务院办公厅关于促进农村电子商务加快发展的指导意见》，国家邮政局《关于推动邮政业服务农村电子商务发展的指导意见》，商务部、国家发展改革委、国土资源部、交通运输部、国家邮政局五部门联合推出的《商贸物流发展“十三五”规划》，以及国务院办公厅《关于推进电子商务与快递物流协同发展的意见》等。

对电子商务服务业的促进，应鼓励电子商务服务业的信息技术创新、商业模式创新，促进电子商务服务业发展、与其他产业融合并带动传统产业升级及转型。电子商务服务业的健康发展是我国电子商务健康发展的基础，有助于促进我国产业结构调整以及提升国民经济运行的质量与效率，从而提高我国在全球范围内的资源配置能力。

对此，《电子商务法》第六十四条至第七十条作出了明确规定。国务院和省、自治区、直辖市人民政府应当将电子商务发展纳入国民经济和社会发展规划，制定科学合理

的产业政策，促进电子商务创新发展。国务院和县级以上地方人民政府及其有关部门应当采取措施，支持、推动绿色包装、仓储、运输，促进电子商务绿色发展。国家推动电子商务基础设施和物流网络建设，完善电子商务统计制度，加强电子商务标准体系建设。国家推动电子商务在国民经济各个领域的应用，支持电子商务与各产业融合发展。国家促进农业生产、加工、流通等环节的互联网技术应用，鼓励各类社会资源加强合作，促进农村电子商务发展，发挥电子商务在精准扶贫中的作用。国家维护电子商务交易安全，保护电子商务用户信息，鼓励电子商务数据开发应用，保障电子商务数据依法有序自由流动。国家采取措施推动建立公共数据共享机制，促进电子商务经营者依法利用公共数据。国家支持依法设立的信用评价机构开展电子商务信用评价，向社会提供电子商务信用评价服务。

（二）转变政府治理模式，促进电子商务全方位创新与发展

在一段时间内，促进作为新兴商业形态的电子商务的应用是我国政府的基本目标与任务。电子商务不仅突破了地域境界的限制，也突破了产业或行业的限制，带来了制造业与服务业、商业与金融业、通信业与传统媒体业、媒体业与贸易业的融合等，而传统政府部门则是按照行业或业务领域而设立，各自负责一个方面或一个领域的事务。在电子商务环境下，各自为政的政府治理模式已经与电子商务融合的趋势产生矛盾，因此，需要建立政府间互联互通与信息共享机制，建立协同管理与执法的机制。政府各部门间的分工可以保留，但对经济活动的管理应当是在对被管理对象信息充分掌握基础上以信息共享的方式进行，为电子商务的顺利开展提供良好的公共服务与制度环境。政府在电子商务发展中的关键作用决定了其应当积极进行职能转变，以信息化手段提升政府治理能力与水平。

2002 年中共中央办公厅发布的《国家信息化领导小组关于我国电子政务建设指导意见》、2005 年国务院办公厅发布的《国务院办公厅关于加快电子商务发展的若干意见》、2006 年中共中央办公厅、国务院办公厅发布的《2006—2020 年国家信息化发展战略》以及 2013 年国务院办公厅发布的《国务院关于促进信息消费扩大内需的若干意见》均明确提出了以电子政务带动电子商务应用与发展的战略，在电子商务快速发展的背景下，应明确国家行政主管部门积极推进国家政务信息化工程建设，完善国家基础信息资源与政府信息资源，建立政府部门间的信息共享机制与协同管理能力，形成基于电子数据收集与分析的经济监管机制，以便为电子商务的发展提供先进的公共服务保障。

与此相适应，继续大力推进电子政务的发展与应用，通过电子政务为电子商务的发展提供高质量的公共服务。电子商务交易的远程性与虚拟性使得交易中主体的真实性与合法性判定是一个特别基础的问题，直接决定着交易安全与后续纠纷解决的效率。虽然电子商务经营主体探索出了诸多如手机动态码、邮箱、信用卡信息验证等验证手段与方法，但保证信息的权威性与节省交易成本的方法是由政府进行相关信息数据库的完善与建设，如人口信息、工商企业注册与相关资质信息、网站备案信息等数据库等。掌握电子商务经营主体与自然人身份信息的政府机构，在条件具备时应当提供查验主体和其他

合法性信息的端口，提供网络用户身份验证与核实的在线验证服务，提供行政许可、登记或备案的网络核验服务，作为网络交易主体身份信息验证与资质审核的依据。

（三）发展有利于支持跨境电子商务的制度环境

跨境电子商务在传统贸易电子化、远程化与虚拟化的基础上又实现了上述交易的跨境化，对建立在贸易监管与非贸易监管区分基础上的国际贸易监管体系带来了极大挑战。尤其是跨境零售的普及化模糊了贸易与非贸易的边界，对这种大规模的批量少、品种多、金额小的跨境零售交易进行有效监管是相关政府部门必须面对的课题。相关立法也应该意识到跨境电子商务及其监管的特殊性，处理好维护国家经济安全、保障交易安全与促进跨境电子商务健康发展之间的关系，尤其是在我国近年跨境电子商务不断增长的背景下。促进跨境电子商务发展，国家行政主管部门应当建立适应跨境电子商务交易方式的海关、检验、结汇、结算、支付等便利体系，在跨境电子商务经营者提供基础交易数据的基础上建立新型的进出口监管模式与统计体系。同时，鼓励跨境电子商务的发展，应该由国务院在适当的时机出台相关规则对符合条件的电子商务出口货物实行增值税和消费税等的减税或免税政策。2013 年国务院办公厅发布的《关于实施支持跨境电子商务零售出口有关政策的意见》规定了一系列电子商务零售出口的支持政策，具体包括：第一，确定电子商务出口经营主体；第二，建立电子商务出口新型海关监管模式并进行专项统计；第三，建立电子商务出口检验监管模式；第四，支持电子商务出口企业正常收结汇；第五，鼓励银行机构和支付机构为跨境电子商务提供支付服务；第六，实施适应电子商务出口的税收政策；第七，建立电子商务出口信用体系。2015 年国务院办公厅发布的《关于促进跨境电子商务健康快速发展的指导意见》从海关、检验检疫、出口税收、支付结算、财政金融、综合服务、信用评估、行业组织、国际合作、组织实施等方面规定了较为详细的跨境电子商务支持举措。

《电子商务法》第七十一条至第七十三条具体规定了促进跨境电子商务发展的基本措施。第一，国家促进跨境电子商务发展，建立健全适应跨境电子商务特点的海关、税收、进出境检验检疫、支付结算等管理制度，提高跨境电子商务各环节便利化水平，支持跨境电子商务平台经营者等为跨境电子商务提供仓储物流、报关、报检等服务。第二，国家支持小型微型企业从事跨境电子商务。第三，国家进出口管理部门应当推进跨境电子商务海关申报、纳税、检验检疫等环节的综合服务和监管体系建设，优化监管流程，推动实现信息共享、监管互认、执法互助，提高跨境电子商务服务和监管效率。跨境电子商务经营者可以凭电子单证向国家进出口管理部门办理有关手续。第四，国家推动建立与不同国家、地区之间跨境电子商务的交流合作，参与电子商务国际规则的制定，促进电子签名、电子身份等国际互认。第五，国家推动建立与不同国家、地区之间的跨境电子商务争议解决机制。

（四）建立与运行电子财税体系

电子财税体系是技术中立原则在电子商务促进中的应用，在电子商务中应当推广电子发票的使用。一旦电子发票普及适用，将电子发票作为缴纳税收、银行结算等的凭证，则破除了商务电子化的主要障碍。在电子发票具有与纸质发票相同的功能时，应认可电子发票与纸质发票的同等作用。对于电子发票是否达到纸质发票的功能，需要结合电子发票的系统环境与安全措施来加以认定。2012年国家发展改革委、财政部等八部委联合发布的《关于促进电子商务健康快速发展有关工作的通知》，就完善电子商务税收征管制度、推动电子发票应用等规定了各部门的职责，促进电子发票与电子商务税收管理的衔接。2013年国家税务总局发布的《网络发票管理办法》规定了国家积极推广使用网络发票管理系统开具发票。

（五）鼓励信息产品的生产、提供与消费

以信息产品作为交易标的是电子商务的重要类型，是完全电子商务的典型形态，也是未来经济发展的必然趋势。鼓励信息内容生产和消费是我国的重要政策。2013年国务院办公厅公布了《国务院关于促进信息消费扩大内需的若干意见》，规定了发展移动互联网产业、鼓励企业设立移动应用开发创新基金、推进网络信息技术与服务模式融合创新以拓展新兴信息服务业态，以及大力发展数字出版、互动新媒体、移动多媒体等新兴文化产业，促进动漫游戏、数字音乐、网络艺术品等数字文化内容的消费以丰富信息消费内容，促进信息服务和数字内容产业的发展。

同时，在信息产品的生产、传播、消费中应当尊重其他信息权利以及知识产权，不得侵犯他人的合法权益，明确尊重信息及信息产品上的权利，有助于丰富我国的权利体系，维护信息权利人的权利。至于信息及信息产品上包含的权利内容，需要专门的研究与立法进行明晰。无可争议的是，信息产品的生产者具有信息产品或制品的制作者权，以排除他人对信息产品的商业性利用，但是为防止对信息产品生产者的过度保护，平衡其与社会公众之间的利益，对于一般使用信息的行为应当允许，但是对于同业竞争者擅自复制、传播和使用信息的行为，应当禁止。在相应制度建设时可以参考欧盟数据库指令的相关规定。《电子商务法》规定，国家维护电子商务交易安全，保护电子商务用户信息，鼓励电子商务数据开发应用，保障电子商务数据依法有序自由流动。国家采取措施推动建立公共数据共享机制，促进电子商务经营者依法利用公共数据。

（六）建设电子商务信用体系

政府应当在全社会诚信体系建设的过程中和背景下关注和建设电子商务诚信体系，建设电子商务信用体系，从而带动和促进全社会诚信体系建设。2005年国务院办公厅发布的《国务院办公厅关于加快电子商务发展的若干意见》明确提出了加快信用体系建设的要求，严格信用监督与失信惩戒机制，逐步形成符合我国国情又与国际接轨的信用服务体系。2007年商务部发布的《关于促进电子商务规范发展的意见》提出了政府监管、行业自律、群众监督相结合，建立健全电子商务信用体系。2011年商务部发布的《关于“十二五”电子商务信用体系建设的指导意见》对电子商务信用体系建设进行了原则指导，2012年工业和信息化部发布的《电子商务“十二五”发展规划》以及国家发

展改革委、财政部、商务部、人民银行等八部委发布的《关于促进电子商务健康快速发展有关工作的通知》均提出建立电子商务信用服务体系及建立健全电子商务诚信发展环境，鼓励符合条件的第三方信用服务机构、电子商务平台企业依照独立、公正、客观的原则，开发利用合同履约等信用信息资源，对电子商务经营主体开展商务信用评估，为交易当事人提供信用服务。2014 年国务院发布的《关于促进市场公平竞争维护市场正常秩序的若干意见》提出了加快市场主体信用信息平台建设、建立健全守信激励和失信惩戒机制、积极促进信用信息的社会运用等规则。2014 年国务院发布的《社会信用体系建设规划纲要（2014—2020 年）》明确提出了电子商务领域信用建设的基本举措。

从鼓励电子商务发展的角度来看，政府应在上述文件与政策的指导下，承担起在电子商务信用体系与信用环境建设中的职责，将电子商务领域的信用纳入全社会诚信体系建设，促进电子商务信用信息与社会其他领域相关信息的交换和共享，推动信用调查、信用评估、信用担保、信用保险、信用支付、商账管理等第三方信用服务和产品在电子商务中的推广应用。应当鼓励电子商务企业建立健全电子商务企业客户信用管理和交易信用评估制度，推动电子商务行业开展电子商务网站可信认证服务工作，推广应用网站可信标识。《电子商务法》规定，国家支持依法设立的信用评价机构开展电子商务信用评价，向社会提供电子商务信用评价服务。

二、电子商务行业组织在促进电子商务发展中的作用

充分发挥行业组织参与电子商务自律规范的制定工作，推进行业自律。鼓励行业协会积极参与，建立科学、合理、权威、公正的信用服务机构。在政府制定的电子商务技术标准、业务标准与支撑体系标准的基础上，行业协会应积极推广与应用上述标准，同时应主动起草和发布指引性、示范性的电子商务标准，引导行业有序运行。

高级形态电子商务的发展需要技术标准的支撑与建设作为基础，我国一向注重电子商务标准的制定工作。2006 年，为贯彻落实《国务院办公厅关于加快电子商务发展的若干意见》，国家标准化管理委员会（简称“国家标准委”）成立了国家电子商务标准化总体组，2013 年国家标准委、国家发展改革委和商务部联合改组了总体组，以提升总体组的统筹协调能力，推进电子商务国家、行业和联盟标准化工作。2007 年，国家电子商务标准化总体组秘书处发布《国家电子商务标准体系（草案）》，该草案建立了国家电子商务标准体系和标准体系明细表。然而，至今并没有任何全国性标准被发布。上海、浙江等地方则发布了地方标准，一些政府部门也积极组织起草和发布一些指引性的文件，起着引导和规范作用。比如，商务部发布了《电子商务模式规范》《网络交易服务规范》《电子商务营销运营规范》等。另外，全国电子业务标准化技术委员会曾起草过《电子商务平台运营与技术规范》。电子商务的技术标准主要来自企业研发与应用，以及行业的认可和协同，故政府应在其中发挥组织起草、确认发布关键性或重要标准的作用，同时应注重鼓励和引导行业协会发布行业标准与规范指引，全面推进我国电子商务的技术标准建设。

此外，在自律规范的制定与信用服务机构的建立上，政府都应该制定相应的政策来

鼓励行业协会的参与，充分发挥行业自律在促进电子商务中的作用。

三、电子商务平台经营者在促进电子商务发展中的作用

电子商务交易平台作为电子商务开展的电子虚拟市场，每天都会开展无数的交易，电子商务平台经营者因此而具有电子市场管理者的身份，平台经济构成了未来经济的一种重要形式。电子商务平台经营者依自己的交易规则、用户协议及相关政策等事实上对平台内经营者与其他用户实施着管理权，具有交易规则制定者、交易秩序维护者及交易纠纷调停者等多种管理者角色。尽管如此，电子商务平台经营者的管理也是基于自治基础的私主体的管理，不能将维护交易秩序的责任加在平台身上。政府需要在平台提供的经营者信息与经营行为信息的基础上进行电子商务监管，平台提供的基础数据是政府进行有效监管的前提。对于政府而言，应积极鼓励与支持电子商务平台经营者的自治管理，同时借助立法赋予的电子商务平台经营者向政府提供基础数据与信息的义务，实现平台经营者与政府在电子商务中的合作治理模式，实现全方位的电子商务治理。

《网络交易管理办法》与《电子商务法》比较系统地规定了电子商务平台经营者的权利与义务，2012年工业和信息化部发布的《电子商务“十二五”发展规划》也明确提出了推动电子政务与电子商务的衔接、为企业提供更加有效服务的规则，督促网络经营主体特别是网络交易平台切实履行责任，守法经营，加强自律。电子商务平台经营者负有维护网络交易秩序的自我管理义务，有向政府提供行政管理与执法必要信息和数据的义务，政府着力打造与电子商务平台经营者的合作治理机制，在平台经营者配合监管的基础上，引导电子商务平台经营者建立对维护平台交易秩序来说必要的自治规范与实施机制。

本章小结

本章是有关我国电子商务物流法律制度与电子商务促进法律制度的阐述与讨论。在我国，构建物流法律制度具有极大的必要性，虽然我国有规范与调整物流法律关系的制度体系，但其存在的分散、各自为政的问题，严重背离了电子商务跨部门、跨地区、跨行业的复合性要求，宜对我国物流法律制度统一立法，在立法构建与完善的过程中应注意借鉴国际相关物流条约与惯例的内容，同时考虑促进我国电子商务发展的需要。运输、仓储、配送属于传统物流行业的几大环节，本章主要是将货物运输合同、仓储合同、配送合同的特点、基本内容及当事人权利与义务纳入物流法律制度框架体系加以讨论；同时，除了从合同这种行为角度分析外，还从主体角度讨论了物流服务企业应负担的安全递送、告知验收、代收货款、接受监管、实施正当经营等义务。最后讨论了电子商务物流当事人应当承担的民事责任及承担责任的具体情形。电子商务促进制度虽然在内容上更多是一些宣誓性条款，但是它为后续相关制度的细化与实施提供了充分的法律依据。以主体在电子商务促进中应发挥的作用为主线，一以贯之强调电子商务领域政府、行业组织与电子商务平台经营者的社会共治。

关键术语

物流　物流法律制度　国际物流立法　货物运输合同　仓储合同　配送合同　物流服务企业义务　电子商务促进

习　题

一、名词解释

1. 物流　2. 仓储合同　3.《海牙规则》　4. 第三方物流
5. 电子商务信用体系

二、选择题（不定项）

1. 下列关于物流合同特征的表述不正确的是（　　）。
A. 单务合同　B. 有偿合同　C. 诺成合同　D. 格式合同
2. 下列属于国际海上物流公约的是（　　）。
A.《国际贸易术语解释通则》
B.《跟单信用证统一惯例》
C.《统一提单的若干法律规定的国际公约》
D.《联合国国际货物多式联运公约》
3. 下列属于物流服务企业应负担的义务的是（　　）。
A. 按时发运货物　B. 及时验收
C. 安全递送　D. 依规处理货品
4. 货物运输合同中往往会涉及的第三人是（　　）。
A. 托运人　B. 承运人　C. 收货人　D. 收款人
5. 政府在电子商务促进中应进行哪些制度体系建设？（　　）。
A. 电子商务信用体系　B. 电子财税体系
C. 电子登记和监管体系　D. 电子商务运营规范

三、简答题

1. 简述物流与电子商务的关系。
2. 试述国际物流立法对我国相关立法的借鉴意义。
3. 我国物流法律制度的现状如何？存在哪些问题？有什么完善建议？
4. 简述货物运输合同当事人的权利、义务与责任。
5. 仓储合同的特点是什么？
6. 物流配送的法律关系属性有哪些？对当事人的权利与义务有何影响？
7. 电子商务物流企业应承担的法律义务与责任有哪些？
8. 行业组织与电子商务平台经营者在促进电子商务发展中应如何发挥作用？

四、案例分析题

小陈是杭州某电子商务有限公司的售后服务人员。公司注册于2010年，是杭州余杭区的大型电商企业，也是较早入驻淘宝网、天猫网的网店之一。随着销售量的增加，相应的退换货问题时有发生。小陈说："按照公司规定，退货少件、错退以及不符合规定的退（换）货包裹应当一律拒签。但现在很多退（换）货的包裹还没送到公司的仓库，就已经被快递公司提前签收，这么做的直接后果就是，我们时常还没来得及开包验货，买家便以'卖家已经正常收货'为由要求淘宝或天猫小二判决及时退款，一旦退款成功，这部分应当拒签的退（换）货服装的损失只能由我们自己承担。"小陈解释说，"仅在过去的三个月内，相关损失已经超过 100 万元。"小陈说："我此前也问过快递员，为什么提前签收，但快递员大多以'我不知道，我只是送货的'为由搪塞过去。""明明是下午两点才送来的快递，却在七八个小时前就已经被快递公司'提前签收'了，这不是造假吗？"而因为"虚假签收"的事，小陈曾不止一次和各类快递公司的快递员有过争论，但结果收效甚微。

根据案例回答下列问题：

1. 在本案例所述的情况下，小陈所在公司应该如何维权？

2. 小陈所在公司能否要求快递公司承担赔偿责任？

第八章

电子商务监管与消费者保护

【本章要点】

1. 了解我国电子商务监管的必要性及应采取的监管模式；
2. 掌握电子商务行政监管的体制与协调运行规则；
3. 了解电子商务行政监管的管辖规则；
4. 了解电子商务行政监管的具体措施与方式；
5. 掌握电子商务行业自律监管、平台自治管理与政府监管的衔接与协调；
6. 掌握电子商务中消费者应享有的权利。

导入案例

2015 年 9 月 18 日、9 月 21 日、9 月 24 日、9 月 25 日、9 月 30 日和 10 月 1 日，原告杨某分六次在被告华为软件技术有限公司（以下简称“华为公司”）开设的“华为商城”网站上网购了 7 台华为 MateS 手机，每台价格 4 199 元，共计付款 29 393 元。在该网站的网页上，该款手机被描述为拥有“蓝宝石镜头”。之后杨某得知涉案手机上的“蓝宝石镜头”仅是带有人工蓝宝石镜片，故认为华为公司构成虚假宣传，并向相关市场监管部门投诉。2016 年 1 月 28 日，信息产业专用材料质量监督检验中心对杨某送检的涉案手机的摄像头镜片出具检验报告，确认所送摄像头镜片材质为 α-Al_2O_3 单晶（人工生长单晶三氧化二铝）。杨某基于保值收藏的目的购买，故以欺诈为由诉请法院判决华为公司“退一赔三”，并赔偿所支出的鉴定费用。

一审法院认为，案件的争议焦点为华为公司在销售涉案手机时是否存在欺诈。具体而言：一是华为公司在介绍涉案手机时使用“蓝宝石镜头”是否构成虚假宣传。

二是如果构成虚假宣传，对消费者或一般受众而言，此种宣传是否足以引起错误认识进而诱使人们作出消费决策。法院根据《蓝宝石单晶晶锭》（GB/T31092－2014）和《珠宝玉石名称》(GB/T16552－2010）两个鼓励企业使用的国家推荐性标准认为，非天然蓝宝石仅在“蓝宝石单晶晶锭”场合下可直接使用“蓝宝石”名称，除此之外只有天然蓝宝石才能直接使用“蓝宝石”名称，非天然的则须标注“人工”“合成”等字样以示区别。如果未按照上述标准使用“蓝宝石”名称，仍然要以通常用法确定其含义，即应为天然蓝宝石。华为公司同时另外提供了一份企业标准《终端设备摄像镜头》（Q/DKBA2320－2016），该标准中将“蓝宝石镜头”定义为：镜头组件（包括保护镜片）中，至少有一片选用三氧化二铝晶体作为材质的蓝宝石镜片。由于该标准是华为公司自己制定的企业标准，并未被采纳为行业通用标准或者国家标准，其适用范围应仅限于华为公司内部，不产生约束企业以外社会公众的效力。同时，该企业标准发布于2016年5月30日，明显是在杨某购买涉案手机之后，更无法作为本案中处理相关争议的依据。华为公司所谓行业惯例的主张亦不成立，何况在杨某的证据中提及的其他手机制造商在其手机产品上将所使用的人工蓝宝石称为“蓝宝石玻璃”以示与天然蓝宝石的区别，华为公司亦自认在其之后对涉案手机的介绍中也不再直接使用“蓝宝石”名称，可见即使在手机制造行业内部，也未将此视为惯例，更遑论该做法得到消费者的认同了，故华为公司所谓的行业惯例显然尚未形成。综上所述，华为公司在涉案手机上将人工蓝宝石镜片直接称为“蓝宝石镜头”，不符合该用语的通常含义或者相关国家标准，也未形成能为消费者所接受的行业惯例，应属虚假宣传。华为公司虚假宣传的行为是否构成欺诈，关键在于该虚假宣传行为对于消费者而言是否足以使其作出错误意思表示即作出购买决策。与珠宝首饰或者奢侈品等消费领域将人工蓝宝石命名为“蓝宝石”可能显著影响消费者决策不同，在手机等电子消费品领域，该做法影响消费者决策的程度显著降低甚至可忽略不计，故在目前的市场环境下，杨某购买涉案手机事实上并不是基于“保值或收藏”目的，虽然其目的并不影响其作为消费者的身份，但也没有其他有力证据或者合理可信的理由能认为其消费决策是主要源自对华为公司虚假宣传的误导，因此即便华为公司的做法有所不妥，也不足以认定其为欺诈。因此，一审法院判决驳回杨某的所有诉讼请求。

判决作出后双方均不服提起上诉，二审法院确认一审法院认定的事实与争议焦点，同时认为审理焦点为华为公司在对涉案手机做销售广告宣传时应参照珠宝玉石行业标准还是工业、半导体行业标准。根据相关国家电子行业标准和企业标准，华为公司在MateS手机销售广告页面中使用“蓝宝石镜头”表述，未标注“天然”“人工”“合成”等字样并不违反相关国家行业和企业规定，其不存在告知消费者虚假情况或者隐瞒真实情况之故意。故判决支持华为的上诉请求，其行为不构成虚假宣传，并驳回杨某的上诉请求。【案例摘自（2017）沪02民终3074号】

问题：

1. 杨某与华为公司之间的法律关系应当由谁监管？如何监管？（相关内容见本章第一节。）

2. 若杨某欲通过工商行政管理部门解决争议，应当依据什么作为地域管辖权的依据？（相关内容见本章第一节。）

3. 你认为华为公司可以接受行业协会的自律监管吗？如何实现？（相关内容见本章第一节。）

4. 华为公司的行为是否构成虚假宣传？一、二审法院作出相反认定，哪个认定较为合理？（相关内容见本章第二节。）

5. 华为公司是否侵犯了杨某的知情权？为什么？（相关内容见本章第二节。）

第一节 电子商务的监督管理

一、电子商务监管模式与原则

所谓电子商务的监管模式，是指对电子商务领域进行监管的具体实施方式。在电子商务领域，传统的、只依赖政府一方力量的监管显然已落后于实践的需要，应在完善行政监管的同时，加快培育和增强行业自律和企业自治的监管作用以及消费者和相关组织的维权监督作用，逐步形成多元共治的格局。即电子商务监管模式应该是各级人民政府相关部门、行业协会、电子商务平台经营者、消费者及其组织通过行政监管、行业自律、市场内部管理、消费者维权监督等机制构成的多元共治模式。

多元共治注重发挥市场主体的主动监督作用，应当尽可能通过市场机制解决问题，即便在必须运用监管手段时也应当采用对市场正常运行和发展影响最小的方式进行，尊重市场的自我纠偏能力，只有在确实有必要时才启动监管手段，最大化市场潜力，预留行业发展空间。监管的目的也是促进发展，防止政府的不当限制，电子商务发达程度高的国家普遍采用政府有限监管的原则，避免政府对电子商务作不恰当的限制。因此，政府有关部门在对电子商务实施监督管理的过程中应遵循依法行政、促进发展、适度有效的原则，避免对电子商务的发展进行不当限制。

我国既有的法律监管都是与中心化的社会组织形态相适应的，在电子商务尤其是共享经济时代，商业的组织形态和人的组织关系处理等规则都发生了颠覆性的变化，必然对监管规则提出挑战，呼唤新的监管方式出现。走向协同监管，由政府与第三方甚至第四方组织一起打造一个新的监管体系是必然的选择。《电子商务法》明确规定了“国家建立符合电子商务特点的协同管理体系”，推动形成政府有关部门、电子商务行业组织、电子商务经营者、消费者等共同参与的电子商务市场治理体系。有助于避免依赖传统行政监管成本高、难以保障效率的问题，体现市场主体多元化趋势的要求，实现市场监管领域构建商事主体自我约束、行业自律、政府监管、社会共治的监管新格局。在“导入案例”中，杨某与华为公司之间是典型的电子商务法律关系，应采用协同监管的方式，形成多元共治的格局。

二、政府部门的行政监管

（一）行政监管体制与运行

1. 行政监管体制

结合我国电子商务发展与政府体制的客观现状，我国宜建立一般综合监管与专项分工监管相结合的政府监管体制。电子商务涉及网络商品或服务交易、网上支付、物流快递、电子认证、数据服务与信息安全等重要环节，监督管理也必然涉及多个方面或领域，涉及多个部门的分工负责。《电子商务法》明确规定，国务院有关部门按照职责分工负责电子商务发展促进、监督管理等工作。县级以上地方各级人民政府可以根据本行政区域的实际情况，确定本行政区域内电子商务的部门职责划分。这一规定确定了电子商务领域行政监管实行从中央到地方的多级行政监管以及各级政府根据行政层级确定监管职责的监管体制。从具体的监管部门来看，电子商务领域的行政监管基本采用部门分工监管的体制，由国务院各个部门、地方政府各个部门根据其本身的职能对电子商务的不同问题进行监管，而非建立统一的监管部门对所有事项进行监管。

我国现行电子商务监管的各部门分工虽相对明确，但也存在交叉重叠或者空白，且相互之间协调不足。在中央层面，国务院各个部门就不同行业、不同领域负有相应的管理职能，从不同角度承担电子商务的监管职责，如国家发展改革委负责电子商务发展全局与发展方向的调控，工商总局负责网络商品交易及有关服务行为的规制建设，质检总局负责电子商务领域产品质量监管等。为克服相互间协调不足的问题，条件成熟时可考虑建立有关电子商务的一般监管部门与组织协调机构，同时借鉴行政执法实践中行之有效的沟通协调措施与《网络交易管理办法》中规定的跨部门协调联动机制，提高监管效率。

在地方层面，各级政府也按照职责分工分别承担监管职能，同时考虑到我国各地电子商务领域发展情况的差别，市场监管的任务与问题也存在较大差异，地方政府有权按照本区域实际情况自主确定电子商务领域监管职责的划分。当然，鉴于电子商务的跨行政区域性，逐步建立起电子商务监管的工作协调机制非常有必要。

2. 行政监管的运行

运用与逐步完善国务院建立的电子商务管理综合协调机制，国务院各部门、各级政府的相应部门结合本地实际进行电子商务监管。在具体监管时可实施电子商务监督管理中的跨部门联合执法工作。县级以上地方各级人民政府可以根据本地区的实际情形，确定在本行政区域内电子商务监督管理部门的职责划分。政府有关部门之间应通过联合执法、信息共享、定期与不定期会商等方式建立健全沟通、协调机制。法律、行政法规对电子商务监督管理的政府部门的职责分工另有规定的，按照其规定执行。

（二）行政监管的管辖

1. 地域管辖

《中华人民共和国行政处罚法》中属地管辖为主的原则在电子商务环境下受到极大的挑战，因为电子商务赖以生存的互联网环境具有虚拟性与跨地域性，故需要建立符合电子商务特点的管辖职能划分原则。基于《网络交易管理办法》中对电子商务违法行为管辖的较为全面的规定，在此基础上依照从查处取证、处罚方便及与行政处罚法相一致的角度考虑，对电子商务依据分类监管确立地域管辖。

对电子商务经营的日常行政监督管理，如信息信用档案、常规检查、许可准入、网站管理等工作，以经营者住所地为管辖标准，依照部门职责分工由经营者工商注册登记地或实际营业地的人民政府有关部门管辖。

对于违法行为的查处，有不同的地域管辖标准：一是违法行为发生地，一般把计算机终端、服务器等设备所在地作为违法行为发生地；二是经营者住所地，即其主要办事机构所在地或注册地；三是损害结果发生地，即当违法行为地或经营者住所地无法确定或虽能确定但因情况变化导致依住所地机构管辖导致案件查处难以有效进行时，应当以损害结果发生地管辖作为补充手段。在“导入案例”中，杨某若欲通过工商行政管理部门解决争议，可以基于上述规则根据具体事项依据分类监管的标准确定地域管辖。

对于通过电子商务交易平台进行交易的平台内经营者，理论上由交易平台所在地的县级以上管理部门管辖具有可行性，但通过平台交易的经营者数量巨大且多数为异地经营，所以也应给予平台内经营者所在地的监督管理部门以管辖权。通过电子商务交易平台开展经营活动的电子商务经营者，其违法行为的查处由经营者住所地或营业所在地、经常居住地人民政府有关部门管辖。经营者住所地与经常居住地或营业所在地不一致且经常居住地或营业所在地难以确定的，也可由电子商务平台经营者住所地人民政府有关部门管辖。当不同地域的政府部门对电子商务违法行为都具有管辖权时，由最先接到投诉或立案的政府有关部门管辖。当对管辖权产生争议时，根据《网络交易管理办法》第四十一条第二款的规定，两个以上工商行政管理部门因网络商品交易及有关服务违法行为的管辖权发生争议的，应当报请共同的上一级工商行政管理部门指定管辖。

2. 级别管辖

对电子商务经营的监管原则上由登记机关及同级相应部门管辖，并以上级部门的直接管辖为补充。电子商务经营的日常监督管理以及违法行为查处，按照职责分工，由经营者进行登记的主管机关或登记机关所隶属的人民政府其他部门管辖。上一级人民政府有关部门认为必要时可以按照法定程序，对本行政区域内有重大影响的电子商务违法行为直接进行查处和监督管理。

3. 跨地域、跨级别管辖的协调机制

电子商务的跨地域性决定了需要建立跨地域与跨级别的协调机制，同时应当有协调机制落实的保证机制。行使电子商务管辖权的行政机关根据查处案件的需要，可以提请异地相关行政机关协助调查取证或依法采取相应的行政强制措施，接到请求的一方应当予以配合和协作，并在一定的合理时间内就有关情况予以反馈。

案例讨论

六六投诉京东案

2018年“3·15”前夕，著名女作家六六在其微信公众号上发布《无赖京东》一文，代其朋友程茉维权，因此前程茉在京东全球购平台购买了某款护腰枕，标价为人民币1 489元（美国官网售价为109.95美元），商家发货的是另一款护腰枕（美国官网售价仅33.6美元）。在其提出质疑后，卖家承认发货错误，但无法支持10倍赔偿，并称文章存在恶意诋毁，已构成对京东商誉的侵害。按六六一方的表述，他们先是向所在城市的消协投诉，但是当地消协表示，京东不在当地；他们查到了京东的注册地为江苏宿迁，拨打宿迁12345，但是被告知京东只是把客服公司注册在了宿迁，要投诉京东得去北京；而北京的有关部门称，京东全球购和京东不是一家公司，那家公司的注册地为香港，内地法律管不了，要投诉，可以去香港找司法部门打官司。这种情况该如何处理？消费者如何维权？

六六与京东一案暴露了我国现阶段监管模式的局限，跨地域经营与依地域监管的矛盾明显，更加凸显了协调管辖的必要性，以及我国难以离开行政监管而仅凭市场自治的现实。消费者消费时也应特别注意经营者在网站的信息公示，以了解经营者的真实注册地址、主要营业机构所在地以及其他经营信息，以确定是否进行交易。同时，应积极进行联合监管协调机制的推广与运用。

（三）电子商务行政监管的方式与措施

基于电子商务的特点，传统的现场实地监管方式已不足以实现有效监管的效果，必须以网络为依托和手段，创新网络交易监管方式，因此，应该采取实地监管与网络监管相结合的方式。不仅可以采取检查、查阅、查封、扣押、停网整顿等传统的执法措施，也可以在《网络交易管理办法》及《企业信息公示条例》的基础上运用信用监管等创新方式。从现实性来看，包括工商行政管理部门在内的许多监管部门系统内部已搭建了信息共享或监管平台，为网络监管的实行提供了保障和可行性。

各级人民政府有关部门依据其职责可以采取实地监管和网络监管相结合的方式对电子商务活动进行监督检查，并依法行使相关职权、采取相应措施。监管部门依法取得的电子商务及有关服务活动的技术监测记录资料，可以作为对电子商务违法行为实施行政处罚或采取行政措施的电子证据。

政府有关监管部门应当积极采用信用监管的方式，建立电子商务及有关服务信用档案，记录日常监督检查结果、违法行为查处等情况。根据信用档案的记录，对电子商务经营者实施信用分类监管，对有不良信用记录的电子商务经营者实施重点巡查，对不良信用记录情节严重者实施失信联动惩戒或列入信用不良当事人名单，并与企业信用信息公示系统实现互联共享。

三、行业协会的自律监管

自律监管会比他律监管更有效，因此，应注重发挥电子商务行业协会的自律监管作用。行业协会的自律监管不仅是权利，同时也是义务，是行业协会应尽的职责。明确电子商务行业协会应当履行行业自律职责，制定行业自律规范，指导、规范和监督电子商务经营者依法生产经营，并为其成员提供信息、技术、管理和培训等服务，向政府有关部门提出工作建议与意见。行业协会依法制定的章程、标准、公约、规则等自律规范，对其成员有约束力。成员违反自律规范的，行业组织有权依照其章程和约束措施作出处理。《电子商务法》明确规定，电子商务行业组织按照本组织章程开展行业自律，建立健全行业规范，推动行业诚信建设，监督、引导本行业经营者公平参与市场竞争。

同时，应当注重政府监管与行业协会监管的衔接，实现政府监管的权威性、强制性、独立性与行业协会的灵活性、适时性、民主性之间的互补，建立政府监管与行业自律的联动机制，达到社会利益与行业目标的均衡。政府有关部门应当确立与电子商务行业协会的沟通协调、信息共享制度；可以授权行业组织制定相关标准，根据行业协会对企业或会员的信用评价和处理措施，确定重点监管对象。

中国电子商务协会曾起草《网络交易平台服务规范》。2018 年 1 月 8 日，中国电子商务协会 B2B 行业分会正式上线 B2B 行业自律公约专题网站，标志着中国 B2B 行业诚信体系建设进入了一个新的时期。网站上线开放了申请通道，原则上所有 B2B 行业企业皆可申请加入，审核通过后协会将在公约专题网站上对公约成员进行资质展示。在“导入案例”中，华为公司作为电子商务经营者有权申请加入行业协会，接受行业自律规则的约束。

规范链接

《中国 B2B 电子商务行业自律公约》

第一章　总则

第一条　为建立我国 B2B 行业自律机制，规范 B2B 行业企业经营行为，维护 B2B 市场秩序及依法促进和保障 B2B 电子商务行业的健康发展，遵照“遵纪守法、公平公正、诚信合作、公开透明”的行业基本方针和本着充分自愿的原则，现依照国家相关法律、法规、标准制定本公约。

第二条　中国电子商务协会 B2B 行业分会作为本公约的牵头单位，同时也将作为本公约的执行机构而存在，参与发起的约 30 家 B2B 企业将作为首批成员单位，后续签署加入的成员将成为公约成员单位而存在。

第三条　加入公约本着自愿原则，由加入企业法定代表人（或 CEO）签字，企业签章，并函交公约执行机构即可生效，当天即可向整个 B2B 行业公布。加入公约即意味着永久遵守公约条例。成员单位在以正式函件通知公约执行机构后，也可以公开退出公约。公约执行机构将以网站方式公开最新加入及退出本公约的单位名单。

第四条　我们倡议中国B2B行业各大企业均以自愿方式加入本公约，中国电子商务协会B2B行业分会之会员单位及签约参加本公约的B2B企业，应自觉遵守本公约，并承担规定的义务，从自觉维护全行业整体利益的高度出发，积极推进行业自律，从而创造良好的行业发展环境。

第五条　本公约所称"B2B电子商务行业"是指包括但不限于互联网的企业服务、综合平台、钢铁、石油化工塑料、农业、整车汽配、纺织服装鞋帽、旅游、快消生活服务、工业、建筑建材、IT、IC、外贸跨境、物流货代、煤炭有色、医药、能源环保印刷包装等细分领域在内的所有企业、平台的总称。

第六条　本公约生效期间，经公约执行机构或本公约十分之一以上签约成员单位提议，并经三分之二以上签约成员单位同意，可对本公约进行修改。

第七条　公约的基本原则是遵纪守法、公平公正、诚信合作、公开透明。

第八条　本公约由中国电子商务协会B2B行业分会负责组织，其他各B2B电商企业共同负责监督实施。也可在本公约之下发起制定各分支行业的自律协议，经公约成员单位同意后，作为本公约的附件公布实施。而所有成员单位均有权对公约执行机构的合法性和公正性进行监督，有权向执行机构的主管部门检举公约执行机构或其工作人员违反本公约的行为。

第九条　对违反本公约的会员企业，任何其他成员单位均有权及时向公约执行机构进行检举，要求公约执行机构进行调查，经查证属实的，给行业或社会造成不良影响的，公约执行机构视不同情况给予在公约成员单位内部通报或取消公约成员参与本会评奖评优资格的处理。

第十条　本公约自公布之日起施行。

第二章　约定

第一条　各公约成员单位要勇于承担社会责任，自觉接受社会各界对本行业的监督和批评，共同抵制和纠正行业不正之风，树立良好B2B行业形象。

第二条　各公约成员单位要自觉维护行业整体利益，加强同行业间沟通协作，鼓励、支持开展合法、公平、有序的行业竞争，反对采用不正当手段进行行业内竞争。要积极参与国际合作和交流，参与同行业国际规则的制定，自觉遵守我国签署的国际规则。

第三条　各公约成员单位要自觉遵守B2B电商行业有关互联网发展和管理的法律、法规和政策，杜绝行贿、弄虚作假、窃取商业秘密、签订阴阳合同等违法、虚假竞争手段，应大力弘扬中华民族优秀文化传统和社会主义精神文明的道德准则，积极推动B2B电商行业互联网的职业道德建设。

第四条　对我国B2B行业的建设、发展及管理，各公约成员单位要积极献言献策，全力助推行业的健康发展。在完善管理体制，优化政策环境，加强基础设施建设及提高服务质量的基础上，把握国家供给侧改革政策，充分发挥企业在开展电子商务应用中的主体作用，建立与政府、企业的良性互动机制，促进电子商务与电子政务协调发展。

第五条　各公约成员单位在整顿现有B2B网站经营行为，进行资格认证、考评的同时，培养有头脑的电子商务复合型人才，尤其重点培养行业的商务代表。

第六条　各公约成员单位要加强政策法规、信用服务、安全认证、标准规范、在线支付和现代物流等支撑体系建设，营造电子商务发展的良好环境，推广 B2B 电子商务在国民经济各个领域的应用。

第七条　各公约成员单位要加强信用体系建设，并引入风险管控机制，重点培育专业级、纵身型 B2B 网站，宣传发展良好的 B2B 网站。

第八条　各公约成员单位要重点推进协调发展战略。围绕电子商务发展的关键问题和关键环节，积极开展电子商务试点，推进国民经济重点领域的电子商务应用，探索多层次、多模式的中国特色电子商务发展道路，要广泛应用节能、环保技术，在“互联网＋”时代下，实现经济、能源、资源的共享，促进各类电子商务应用的协调发展。

第九条　各公约成员单位要把电子商务作为网络经济与实体经济相结合的实现形式，以技术创新推动管理创新和体制创新，改造传统业务流程，促进生产经营方式由粗放型向集约型转变。

第十条　各公约成员单位要坚持以人为本，自觉维护消费者的合法权益，以身作则，保守客户信息秘密，不利用客户提供的信息从事任何与向用户作出的承诺无关的活动，不利用电子技术或其他优势侵犯客户的合法权益。

第十一条　各公约成员单位应自觉遵守有关国家互联网信息服务管理的规定，自觉履行 B2B 行业信息服务的自律义务，不制作、发布和传播虚假信息，不参与阻碍行业发展、危害国家安全及社会稳定、违反法律法规和各种迷信、淫秽等信息活动，不链接含有有害信息的网站，确保网络信息内容的合法、健康，做一个文明的 B2B 网民。

第十二条　B2B 行业各公约成员单位要共同防范计算机恶意代码或破坏性程序在互联网上的传播，反对制作和传播对计算机网络及他人计算机信息系统具有恶意攻击能力的计算机程序，反对非法侵入或破坏他人计算机信息系统。

第十三条　各公约成员单位要重视技术创新，积极支持、开展 B2B 行业科研、生产及服务等领域的协作，大力研发具有自主知识产权的计算机软、硬件网络产品等，为我国 B2B 行业的进一步发展创造良好科研环境。

第十四条　公约成员之间发生争议时，争议各方应本着互谅互让的原则，以协商的方式解决争议，也可请求公约执行机构进行调解，自觉维护行业团结，维护行业整体利益。

第十五条　以上约定，请公约各成员单位严格遵照执行。

中国电子商务协会 B2B 行业分会

2017 年 12 月 28 日

四、电子商务平台经营者的自治管理

共治模式是电子商务领域最有效率的监管模式，电子商务平台经营者在其中发挥着重要作用。其对平台内电子商务经营者的情况最了解，监督也最直接，在一定程度上保证了监督的效果。对平台内电子商务经营者的监督管理既是电子商务平台经营者的职责，也是其一种法定的义务，该义务的不履行可能导致平台经营者承担相应的法律责任。鉴于前述电子商务平台经营者的义务已有明确论述，在此不赘述，只是概括性地规定电子商务平台经营者有权根据其依法制定的管理规则对平台内电子商务经营者及其他用户采取相应的监督管理措施。

此外，除了上述创新行政监管体制、发挥行业自律功能、鼓励商事主体自治等方式外，应进一步激活社会监督机制，形成全社会的监管合力。可以通过听证、座谈会、公开质询会等方式，提高民众参与监管的热情；也可以发动舆论监督的力量，允许媒体通过新闻报道、调查、评论等多种方式，对商事主体的违法行为进行监督。

案例讨论

共享经济下的押金、预存款等如何收取、使用与监管？

从早上7点就开始有人排队等待退共享单车的押金，几个小时内排队人员达到上千名，队伍绵延数百米绕成长长的“蛇形”，大楼各个入口、电梯被保安人员牢牢守住。今年9月开始，多家共享单车企业深陷倒闭和跑路传闻，引发用户大规模恐慌，但由于各种原因押金未被退还的情况还是很多。共享经济的发展是大势所趋，对此，是否应收取押金？又如何对使用押金的情况进行监管？你有什么好的对策？解决共享单车与用户之间纠纷的依据有哪些？

国家应完善相关法律规则。2017年8月，交通部和国家发改委等十部门联合出台《关于鼓励和规范互联网租赁自行车发展的指导意见》，其中明确规定：企业对用户收取押金、预付资金的，应严格区分企业自有资金和用户押金、预付资金，在企业注册地开立用户押金、预付资金专用账户，实施专款专用，接受交通、金融等主管部门的监管，防控用户资金风险。

2017年9月，北京市出台了《鼓励规范发展共享自行车的指导意见（试行）》，提出企业应在注册地开立用户押金、预付资金专用账户，实施专款专用，接受监管，防控用户资金风险，积极推行“即租即押、即还即退”等模式。

除了出台规定，更重要的是要有强制措施。

解决共享单车与用户之间的纠纷，主要依据合同法以及破产情形下的破产法。共享经济单独立法的必要性不大，可在仔细研究的基础上在电子商务法中对其引导和规范。可在电子商务法中规定，预付款和押金应由第三方托管，消费者押金不属于破产财产，如果被挪用，应该优先第一顺位还给消费者。但这只是事后举措，应将重点放在事前与事中监管上。

针对共享押金的监管，有学者建议，从短期来看，建立第三方资金存管以及信息披露机制，是实现共享资金安全运行、缓解社会公众的担心与质疑的有效途径；从中期来看，可以在各行业协会下设立共享经济的专业委员会，依托行业协会进行共享资金的行业自律管理；从长期来看，应注重建立完善有效的社会信用体系与制度。

政府一定要在其中发挥适度监管与理性引导作用。也有专家建议引入信用机制，实行免押金制度。

资料来源：周宵鹏．共享经济也是信用经济　何不免押金？法制日报，2017-12-03.

第二节 电子商务中的消费者保护

维护消费者的合法权益是电子商务法重要的立法目的。电子商务的兴起极大地拓宽了消费市场，增加了消费者获得信息的途径，提供了更加方便快捷的消费方式，降低了消费成本，互联网等信息技术的不断飞跃创新促进着电子商务规模的不断扩大，电子商务这种新兴的交易形式正在不断突破传统交易形式的壁垒，以其开放性、便捷性、低成本、无国界等得天独厚的优势吸引着广大潜在的经营者与消费者不断参与其中，我国网络购物用户与手机购物用户的规模呈逐年增长态势。与组织性较强和经济实力强大的经营者相比，消费者在为生活需要而购买商品时在经济实力、谈判能力和抵御风险的能力等方面明显处于劣势，信息极不对称。在传统交易中产生的纠纷及消费者面临的风险并没有随着网络技术的进步而消灭，反而因为网络的虚拟性、流动性以及隐匿性对交易安全与消费者保护提出了新的挑战。消费者在交易过程中完全是被动接受经营者制定的包括用户注册、商品价格、付款、物流、保修、退换货等在内的一系列规则，意思自治受到一定局限。另外，消费者一旦选择电子商务交易形式，必须承担由于网络安全隐患所带来的个人账户安全、个人信息泄露等风险，消费者在电子商务交易形式下对经营者的依附更加明显。

我国目前虽有《消费者权益保护法》《中华人民共和国产品质量法》《中华人民共和国民法总则》《中华人民共和国合同法》《中华人民共和国反垄断法》《中华人民共和国反不正当竞争法》《中华人民共和国食品安全法》等法律中对传统与电子商务领域的消费者保护进行的规定，但并未形成在电子商务背景下消费者保护的系统性法律规则，法律法规的滞后导致消费者权益在电子商务交易模式中受到损害，严重挫伤消费者对电子商务的信心，甚至会阻碍电子商务的顺利发展。因此，应当在传统消费者权益保护法律制度的基础上，针对电子商务交易形式所具有的特殊性与个别性，对电子商务领域的消费者提供特殊的保护。对电子商务消费者的保护应当是一种全方位的保护。从立法角度看，应确立保护消费者合法权益的宗旨，并在侵犯消费者某些权利频率较大的事件上给予消费者充分保护，如消费者的隐私权、安全权以及个人信息受保护权等；从行政角度看，工商行政管理部门从维护公共利益的角度出发对网络经营者进行监管，通过登记、许可等制度给消费者提供相对透明、安全的网络环境，其他相关部门如信息产业、食品药品监管等有关部门依职权在各自范围内进行相应的监督管理；从司法角度，应提供有利于消费者权益保护的诉讼管辖原则及充分的救济方式。对于消费者的行政与司法保护在本书其他章节已有论述，本节主要针对消费者的权利结合国际条约、惯例、域外立法及《电子商务法》等相关法律的规定进行系统梳理。

一、消费者安全权

在世界范围内，为适应电子商务发展对消费者保护的需求，经济合作与发展组织

（OECD）于1999年12月公布的《关于电子商务中消费者保护指南》对B2C电子商务中如何保护消费者的问题提出了一些原则和指导性意见，规定了电子商务的支付方式及手段，要求电子商务经营者及第三方支付平台为消费者提供安全、操作方便的支付方式，以及与之相关的保密措施方面的信息。美国《电子资金划拨法》对未授权电子资金划拨中企业不能证明消费者存在故意或重大过失时应承担责任的规定也值得在电子商务中发生身份或密码以及电子货币被盗用时借鉴。

在《消费者权益保护法》第七条与《中华人民共和国产品质量法》第十三条相关规定的基础上，电子商务中消费者的安全权即消费者通过电子商务平台购买商品或者接受服务，享有人身、财产和信息安全不受损害的权利，电子商务经营者不得侵害消费者的人身、财产和信息安全；消费者有权获得有关商品或服务真实、全面的信息，保证交易安全；消费者有权要求电子商务经营者、物流快递服务提供者与支付服务提供者等提供的商品或服务符合安全要求。

二、消费者知情权

在电子商务交易中，交易当事人并非一对一对接，而是由众多潜在的交易人集中在一个电子虚拟空间的平台市场上，借助于便捷的电脑网络检索、查询和浏览功能，使用户自己相互匹配、磋商和交易。正因为网络环境的虚拟性，交易相对人无法判断对方的真实身份、资信状况等，而只能更多依靠平台上发布的信息和店铺招牌加以判断。由此，确保交易主体的真实性、交易信息的正确性以及交易过程的安全性变得非常重要。

OECD《关于电子商务中消费者保护指南》规定了电子商务经营者应公正地进行营业、广告、促销活动，明确了应当提供的信息与禁止从事的行为。欧盟以《电子商务指令》《电子签名指令》《远程销售指令》和《数据保护指令》等法律文件形成了比较完善的电子商务消费者保护制度体系，明确规定了供应商缔约前的信息公示义务，以及一般情形下消费者在冷却期内无条件退货或解除合同的权利。美国《反滥发商业电子邮件法案》将包含虚假商业信息的电子邮件定性为垃圾邮件，并以具体罚则明确规定了对消费者知情权的保护。韩国《电子商务消费者保护法》基于销售方式的不同规定了电子商务经营者的网络公示、交易记录及提供查询的义务。

《消费者权益保护法》第八条也明确规定了消费者的知情权，在此基础上，电子商务中消费者知情权是指消费者有获悉电子商务经营者及其提供商品或服务以及其他服务提供者真实情况的权利。消费者有权要求电子商务经营主体主动向其提供真实、全面的信息。电子商务消费者知情权的主要内容包括：第一，消费者有权根据商品或者服务的不同情况，要求经营者提供商品的价格、产地、生产者、用途、性能、规格、等级、主要成分、生产日期、有效期限、检验合格证明、使用方法说明书、售后服务，或者服务的内容、规格、费用等有关情况，电子商务经营者应当如实提供，方便消费者选择甄别。第二，消费者有权向电子商务平台经营者或主管部门获取平台内电子商务经营者的法定名称和交易名称、经营场所或住所地、注册地、许可证号或有效证件号、经营者的法定代表人姓名或负责人姓名及有效的联系方式等详细信息，平台或主管部门应当如实、及时提供有效信息。电子商务平台经营者对平台内电子商务经营者提供的信息具有审查义务。第三，对于借助电子商务平台发布的商业广告，消费者有权要求广告的内容真实合法，并有权要求电子商务平台经营者提供广告主、广告经营者、广告发布者等相关方的信息。第四，对于非在线交付的商品，消费者有权获得快递物流服务提供者的名称、送达时间、交接方式等信息，并保证商品完好、单据齐全。第五，消费者有权要求电子商务经营者对其提供的格式合同进行提醒和说明，并享有与经营者协商个性化条款的权利。第六，消费者有权获得真实的用户评价。用户评价极强的交互性是电子商务特有的特征，互联网等信息网络使得用户与用户之间的交流变得更为简易。用户评价是消费者选择是否进行交易的重要参考指标，电子商务经营者不得编造用户评价。

在“导入案例”中，华为公司不构成虚假宣传，二审法院的说法较为合理。根据我国消费者权益保护法的规定，经营者向消费者提供有关商品或者服务的质量、性能、用途、有效期限等信息，应当真实、全面，不得作虚假或者引人误解的宣传。案例中的争议主要在于对“蓝宝石”含义的理解。一审法院从“蓝宝石镜头”通常含义的角度、珠宝玉石标准和行业惯例的角度，认为华为公司仅依据自己的企业标准及行业通用的“蓝宝石玻璃”认定华为公司构成虚假宣传；二审法院则认为争议的焦点在于对蓝宝石的认定是依据珠宝玉石行业标准，还是工业、半导体行业标准，华为公司在制造、销售MateS手机时应适用相关国家电子行业标准和企业标准，华为公司在MateS手机销售广告页面中使用“蓝宝石镜头”表述，未标注“天然”“人工”“合成”等字样并不违反相关国家行业和企业规定，其不存在告知消费者虚假情况或者隐瞒真实情况之故意。据此，结合上述知情权的内容，华为公司的行为也不侵犯杨某的知情权。

三、消费者自主选择权

自主选择权是消费者应当享有的一项最重要的权利。在电子商务交易中，经营者通过格式合同、捆绑销售等方式限制消费者的自由选择权。此外，电子商务经营者推送信息的质量也影响消费者自主选择权的实现。

在世界范围内，保护消费者自主选择权的立法主要是针对垃圾邮件及商业信息传播的规制，要求商业性电子信息的发送应事先征询消费者的同意或者明确标示邮件属性以给当事人是否阅览或直接删除的选择权。如美国《反滥发商业电子邮件法案》、日本《特定电子邮件法》、欧盟《电子商务指令》、韩国《电子商务消费者保护法》《信息通信网络的利用促进与信息保护等相关法》及我国台湾地区《电子商务消费者保护纲领》等规范中都有类似的规定。尤其是欧盟指令对电子商务消费者自由选择权的保护最为充分，也最具有代表性，其认为通过电子邮件等方式进行非需求商业信息传播可能对消费者与网络服务提供商造成侵扰与损害，甚至干扰互联网的正常运转，故规定其成员国可根据本国情况通过国内立法禁止或开放非需求商业信息传播；即便是允许传播的成员国，也必须规定非商业信息传播必须易于识别、不得收费，且应设置相应的过滤机制予以监控和管理，尊重不希望收取非需求信息传播之自然人的意愿。关于在远程合同订立中保护消费者权益的指令中规定使用无人干预的自动寻呼机以及传真机进行商业信息传播必须征得消费者的同意，其他远程通信中的任何手段，也只有在消费者没有明确异议的前提下才能使用，这在有关电信行业中个人数据处理和隐私权保护的97/66指令及关于远程金融服务的2002/65/EC指令142中也有几乎相同的规定。2002年欧盟理事会和欧洲议会共同颁布的关于在电子通信领域个人数据处理及保护隐私的指令143在《电子商务指令》的基础上将非需求促销信息的发送对象区分为个人和公司及其他法人，除非消费者事先明确且特别说明同意使用其通信地址接收促销性信息，否则，服务商不得向任何消费者个人通过传真、自动语音电话、电子邮件或手机短信发送任何促销性信息。

在《消费者权益保护法》第九条、第二十九条以及《全国人大常委会关于加强网络信息保护的决定》和《互联网电子邮件服务管理办法》等法律规定的基础上，结合《电子商务法》第十八条和第十九条的规定，电子商务消费者自由选择权的内容包括：第一，消费者有权自主选择电子商务经营者，有权自主选择商品或服务的种类和方式，有权获得充分的比较、鉴别、挑选的条件，有权决定是否进行交易。第二，消费者有权拒绝或者允许电子商务经营者推送商品或服务信息，拒绝捆绑销售。

四、消费者公平交易权

由于市场垄断与信息不对称的存在，以及现代消费交易形式的变化，消费者在消费交易中往往得不到公平的对待，通过法律对消费交易关系进行适度矫正，正视消费者与经营者之间的现实差异，赋予消费者相应的权利并规范经营者的行为从而实现交易公平。在电子商务交易中，消费者不像传统线下交易一样具有讨价还价的能力，其是否能享受到公平交易取决于商品或服务信息的真实性。

OECD在《关于电子商务中消费者保护指南》中指出：商业在从事电子商务时应当关注消费者的利益，并且其商业广告和营销行为必须符合公平商业行为的要求。商业不得作出误导性陈述、遗漏或实施任何其他可能具有欺骗性、误导性欺诈的或者不公平的商业行为。欧盟《关于消费者合同中的不公平条款的指令》中明确规定了不公平条款的概念、认定及无效的法律后果。韩国《电子商务消费者保护法》也列举了电子商务经营者与通信销售业者不得实施的有违公平交易的行为。

在《消费者权益保护法》与《网络交易管理办法》规定消费者公平交易权的基础上，电子商务消费者公平交易权的内容包括：第一，消费者有权要求电子商务经营者提供的商品或服务质量与其描述的相一致；第二，消费者有权要求邮寄费不得高于支付所购商品的对价。对于以收取高额运费变相涨价、转移成本的行为，消费者有权拒绝。

案例讨论

“大数据杀熟”的做法是否侵犯消费者的公平交易权?

最近，酷玩实验室公众号中的一篇题为《大数据让我越来越穷：买了会员更贵，用得越多越亏！大公司真的套路深》的文章在微信朋友圈大量转发，引发了很多人的关注与共鸣。该文描述了互联网网站的杀熟现象，很多生活必需的消费如订房、打车、看电影、订餐等均有这种现象，文章还说这不是我国特有的现象，美国的优步（Uber）、亚马逊（Amazon）等平台也早就爆出同质不同价的现象，用得较多的用户会比第一次用的用户贵一些，平台有自己的算法，会在对用户的消费习惯、支付能力等进行分析的基础上弹出交易价格。消费者在这样的交易中权利是否受到了侵害？你认为立法对这种现象该如何规制？

五、消费者便利获取权

与传统交易相比，电子商务交易流程更加复杂，参与的主体更多，一般包括用户注册、登录浏览、出价成交、网下交割、信用互评等流程，流程背后的交易系统是消费者无法参与制定的，若步骤过于复杂，会违背电子商务快捷便利的初衷，也会加大交易风险。无论在支付环节、发货退货环节还是损失赔偿环节，消费者都应当得到经营者的配合和提供的便利。

欧盟在有关电子支付的建议案中规定了发售商的信息告知义务、电子支付工具的使用条件及方式以及发售商与持有人之间的权利及义务关系，同时在远程销售指令中规定了经营者对消费者无条件退货过程中的协助义务。韩国《电子商务基本法》规定了电子交易者、网上商店经营者等应接受消费者保护组织提出的获得必要信息的要求，并予以合作，以对消费者提供保护。我国台湾地区颁布的《电子商务消费者保护纲领》规定经营者应当提供交易程序以便利消费者的网络购物。我国在《计算机信息系统安全保护条例》《计算机信息网络国际联网安全保护管理办法》《电子认证服务管理办法》《网络交易管理办法》等行政法规和规章中从经营者义务角度间接规定了消费者有便利获取权。因此，电子商务消费者的便利获取权的内容是：在电子商务交易过程中，消费者有要求电子商务经营者在支付、退货、退款等各环节从技术、程序等方面提供便利条件的权利。

六、消费者收货验货权

由于在电子商务中大部分货物买卖与服务交易的成立与履行或交付之间存在一定的时间差，相较于传统销售，在电子商务中保障消费者及时收货涉及两个主体，即电子商务经营者与快递物流服务提供者。在实践中，电子商务经营者一般没有明确约定发货时间，快递物流公司也很少有送货时间的承诺。消费者在验货方面存在的问题主要有：一是消费者自身缺少相关意识，忽视对相关内容的关注或者因为格式条款的存在而对相关信息了解不全；二是虽然很多电子商务经营者都在退换货政策中提醒消费者当场验收商品，但大部分消费者往往直接在物流单上签名，发现问题后可能错过举证商品质量存在问题的最好时机，给后续的维权带来不便。当然，收货、验货既是消费者的权利，也是消费者的义务，应该积极收货验货，以实现电子商务迅捷、高效的要求。因此，电子商务消费者收货验货权的内容包括：第一，消费者有权在合同约定的时间内收到电子商务交易的商品或服务单据，但因不可抗力造成运输迟延的除外。第二，消费者享有检验收到的商品的权利，有权在签收商品之前就商品的外观、数量、配件等进行检查、验收，发现不符合合同约定的，有权拒绝签收。由于在现实中存在购买者或付款者与收货者不一致的情况，收货者或服务的实际接受者才是货物或服务的真正使用者或享用者，因此，收货、验货不仅是商品或服务购买人、付款人的权利，也是商品实际收货人或服务实际接受人的权利。

七、消费者退货权

依据传统的争议解决办法，当商品或服务存在质量瑕疵时，消费者可以选择修理、更换或退货的方法。然而，在电子商务交易中，考虑到电子商务经营者的售后服务能力与交易的效率，消费者一般选择换货或退货的救济方式，因此，在电子商务中更应该强调对退货权的保障。此项权利基于合同法的基本理论而延伸，同时也对处于弱势地位的消费者倾斜保护。在电子商务中，基于其交易延迟性、非当场性和快递物流依赖性等特点，赋予消费者以退货权的保障，有利于交易的顺利进行，节省交易成本，对经营者和消费者均有利。

欧盟的《上门交易指令》《远距离交易指令》对消费者撤回权做了比较系统的规定，在此基础上，2011/83/EU是关于消费者权益保护的最新指令，强化在远程及无店铺销售中消费者权利尤其是知情权和撤销权的保护，将撤销期限延长为14日。如果消费者通过网站购买，行使撤销权时也可通过网站进行；即便消费者已经使用过商品且使用超过必要限度，消费者依然可以撤销合同，只不过需要对商品价值贬损部分予以弥补。德国《新民法典》，即德国《债法现代化法》，在远程销售合同、电子交易等九类消费合同中规定了消费者退回权与冷却期的规则。美国消费者的撤回权被称为冷却期制度，主要规定于消费信贷保护法与联邦贸易委员会的冷却期规则中，明确规定了消费者行使解除权的时间及具体的权利与义务。我国台湾地区的相关规章中也参照欧盟远距离交易立法的规则，基于消费者未能亲自检视商品、欠缺对商品认识和选择可能性的特点，规定了消费者撤回权即无因解约制度。我国相关法律法规对消费者退货权的规定经历了一个从无到有的过程，先是1996年《辽宁省实施〈中华人民共和国消费者权益保护法〉规定》提出，消费者对购买的整件商品（不含食品、药品、化妆品）保持原样的，可以在七日内提出退货；经营者应当退回全部货款，不得收取任何费用。2000年北京市《电子商务监督管理暂行办法》规定了冷却期条款，2005年国务院《直销管理条例》以及上海、浙江、四川等地的行政法规也有类似规定。新修正的《消费者权益保护法》第二十五条明确规定了消费者七天无理由退货的适用条件与限制。

电子商务消费者的退货权不仅包括出现质量问题情况下的有理由退货权，也包括一定时间内的无理由退货权。其具体包括的内容有：第一，消费者签收商品或服务单据后，发现有瑕疵或缺陷的，有权要求退货并要求电子商务经营者退还全部货款，退货的费用由经营者承担；因电子商务经营者不能履行的服务，消费者有权要求退还已付的全部费用。第二，消费者有权自收到商品之日起七日内退货且无须说明理由，除消费者定做的、鲜活易腐的、在线下载或者消费者拆封的音像制品、计算机软件等数字化商品，交付的报纸、期刊、图书等商品，以及其他根据商品性质并经消费者在购买时确认不宜退货的商品外，消费者在保证商品完好的情况下可以无理由退货，往返运费由消费者承担，另有约定的除外。上述不宜退货的商品，经营者明确承诺可以退货的，则消费者享有无理由退货的权利。消费者实现无理由退货权，不得更换商品内容，因消费者行为导致的成本增加应由消费者承担。第三，消费者有权在购买服务后七日内，对未履行的服务退订且无须说明理由。第四，消费者有权要求电子商务平台经营者在其收到货物之日起七日内，不得向平台内经营者支付其已预付给支付平台的货款。当然，针对部分消费者利用七天无理由退货权报复商家或者在拿到商品后更换商品、通过退货损害经营者利益的行为，此时的消费者已不属于传统意义上购买生活用品用于消费的消费者，应当由其承担因此给经营者造成的损害。

八、消费者评价权

消费者评价权属于电子商务经营者信用评价体系的组成部分。在电子商务迅速发展的市场背景下，消费者的评价权也日益得到重视。但是该权利无论在崇尚市场自律的美国法律中还是在注重国家介入的欧盟法律中都很少涉及，其原因在于：其一，相关立法要求电子商务中书面材料与书面确认信息的适用为消费者提供了较为充分的信息获取途径；其二，欧美国家的电子商务立法是以消费者的后悔权即冷却期条款为基础构建的，即使消费者基于不真实信息作出了错误的购买决定，也可以通过该制度挽回损失与寻求救济；其三，欧美市场数百年来形成的诚信体系为消费者与电子商务经营者之间的相互信任问题提供了支撑。

国内外电子商务平台普遍采用在线信誉管理系统进行消费者评价的处理和反馈，通过用户与经营者的互相评价，形成信用反馈，经营者通过获取消费者的“好评”提高自己的信誉等级，消费者可以利用等级与评价帮助自己选择合适的商品和服务。目前我国消费者评价权方面的问题集中表现在以下三个方面：一是电子商务平台经营者与平台内经营者达成协议屏蔽掉对平台内电子商务经营者不利的评价；二是非平台电子商务经营者以不正当手段诱使消费者进行有悖于事实的评价；三是非平台电子商务经营者雇用大量的“刷客”进行好评以提升其信誉等级。由于消费者评价权制度的功能主要是为其他消费者选购商品与服务提供参考，国外的立法实践是将其作为电子商务平台经营者的自我管理行为而在法律制度上通过完善第三方支付和冷却期制度来实现消费者保护的目的。在我国，新的消费者权益保护法颁布后冷却期条款的执行情况不理想，消费者的评价通过对电子商务经营者信誉与商誉的微观评价具有信息传递作用，其他消费者在参与电子商务交易时关注其他消费者的评价远多于关注“销量排序”与“商品推荐”等因素，在很大程度上能避免因电子商务经营者提供信息不真实导致的纠纷；同时，对商品、服务的评价也有助于改进电子商务经营者的经营质量，对消费者大量评价的整理与掌握也是经营者进行决策的重要参考，还能为监管部门的监管政策提供实证基础。

保障消费者的评价权，实际上就是在保护其他潜在消费者的知情权。因此，应在原则上规定消费者有权就所购买的商品或接受的服务如实进行评价并发布在相应的公共平台上。同时，应该特别强调消费者如实评价的义务，防止其权利滥用。

九、消费者信息权

电子商务交易具有信息依赖性，消费者在参与电子商务过程中的注册信息、财务信息等必然为电子商务经营主体所知悉，正如在传统商务活动中经营者应当负担保密等附随义务一样，在电子商务环境下掌握消费者个人信息的主体有义务对消费者的个人信息负担更为严格的管理义务。与此相对应，应明确消费者具有相应的信息权。

消费者信息权涉及两个基本的问题：一是个人信息的范围，二是信息权的主要内容。就个人信息的范围，德国《个人资料保护法》、英国《资料保护法》、韩国《个人信息保护法》都对个人信息进行了界定，通过其规定可以总结个人信息的范围包括两个方面：第一，易于识别的信息，即通过姓名、身份证号等能够识别个人的信息；第二，不易于识别的信息，即虽属于个人信息但因匿名性难以识别，如果能与其他有关的个人信息结合起来识别个人的情况下就属于个人信息的保护范围。通常强调个人信息的可识别性而不限于列举的范围。《消费者权益保护法》与《网络交易管理办法》虽然也对个人信息的保护进行了规定，但没有界定个人信息的含义，而只是明确了个人信息需要保护及相关主体的义务与行为规范。

就个人信息权的主要内容，美国对个人信息的保护采取主要法律规范与行业自律相结合的方式，包括《隐私权法》《反垃圾邮件法案》《控制主动提供色情和产品推销邮件骚扰法》《儿童网上隐私保护法》等特殊的法律规范及网络隐私认证、建议性行业指引及软件保护模式等行业自律规范。欧盟《数据资料保护指令》从资料收集原则、处理目的、收集范围、收集后的保存时限及收集后的处理进行了规定。法国《计算机与自由法》规定数据库必须公布其收集资料的授权、目的、种类等。德国《联邦政府信息与通信服务法》对个人信息的保护程度最强，任何人、任何公司都不能对网民个人信息进行收集和整理。日本《电脑处理个人资料保护法》规定了政府部门及银行、保险等八个非政府部门收集个人资料并用于计算机处理时必须申请许可证。整体上，国外立法对个人信息权的规定可总结为两个方面：第一，个人信息收集人、使用人的行为规则，欧盟的“资料品质原则”被广泛采纳，具体包括正当处理原则、目的明确和限制原则、适当原则、准确原则、保存时限原则。第二，个人信息权利人的权利，包括权利人对自己信息的访问权与自主决策权，对他人收集、使用信息的知情权，对他人使用信息的拒绝权，以及对他人侵犯个人信息后的救济权。我国香港地区《个人资料条例》规定了工商界对于个人资料保护应实施的行为。《消费者权益保护法》与《网络交易管理办法》规定了较为系统的个人信息保护规则，电子商务消费者的个人信息权应在此基础上做如下规定：第一，电子商务消费者的个人信息是在消费者参与电子商务交易中被收集、使用的，可为信息系统所处理、与电子商务消费者相关、能够单独或通过与其他信息结合识别该特定消费者或者其电脑等电子设备的计算机数据。第二，消费者享有信息安全不被侵犯的权利。电子商务经营者及其他电子商务服务提供者不得泄露或擅自使用消费者的注册信息和财务信息等各类个人信息，未经消费者本人许可不得向消费者推送商业广告。第三，消费者有权向电子商务经营者及其他电子商务服务提供者索取相关交易、支付或物流等的详细信息，上述主体应当在合理期限内妥善保存并及时提供相关信息给消费者。

案例讨论

消费者信息权受侵害案

据新华网报道，广西工商部门于2018年3月6日公布“2017年广西消费维权十大案例”，其中“侵犯消费者个人信息权案”居首。广西工商部门介绍，未经同意的商业推销电话侵犯消费者个人信息权，影响消费者日常生活，今后将继续对此类违法行为进行依法查处。

在广西工商部门公布的“南宁恒创房产中介侵犯消费者个人信息权案”中，消费者吴女士举报称，她经常受到南宁恒创房地产经纪有限公司进行商业推销业务的电话骚扰，日常生活受到严重影响。南宁市工商局对此依法立案调查。

工商部门查明，涉案公司为增加业绩，对采集到的消费者个人信息及通过销售一手房采集到的消费者购房信息，未经消费者同意进行二次收集保存，并在使用这些信息的过程中，未经消费者同意，采用电话形式进行推广服务业务，严重侵扰了消费者的生活安宁。涉案公司的行为违反了《消费者权益保护法》第二十九条的规定，属于未经消费者同意，擅自收集、使用消费者个人信息的违法行为。据此，南宁市工商局对涉案公司依法作出“责令改正违法行为，处以罚款5万元”的行政处罚。这是典型的侵犯消费者个人信息权案件；给消费者造成人身财产损失的，还应当承担民事责任。

十、消费者求偿权

求偿权是消费者权益最终得到保障的最重要手段，求偿权的实现需要多种权利与制度的配合。在电子商务环境下，消费者求偿权面临的挑战较传统更大，具体表现为：第一，消费者人身、财产或信息安全受到损害时的责任主体难以确定；即便能够确定所谓的责任主体，也经常因其隐藏信息或公开虚假信息而导致无力救济。第二，传统诉讼方式、举证规则及管辖权等均不利于电子商务消费者的求偿；非诉讼方式的作用也未得到充分发挥。第三，电子商务经营主体对消费者电子商务活动记录的保存期限与保存方式并不统一，消费者提出求偿主张时相关证据难以查询。

在世界范围内，对于责任主体确定问题，欧盟《关于内部市场中与电子商务有关的若干法律问题的指令（草案）》规定，信息服务的提供应使其获取者和有关管理当局得以方便、直接和随时地获悉服务供应商的相关情况；在《远程销售指令》中规定消费者在所有情况下都必须获得可以处理消费者的任何投诉的供应商的营业地点的地理位置。日本《ECOM虚拟商店与消费者交易准则》及我国台湾地区《电子商务消费者保护纲领》均规定了电子商店应提供的信息。对于争议解决方式，OECD公布的《关于电子商务中消费者保护指南》鼓励商业机构、消费者代表和政府部门共同努力，为消费者提供各种不同的替代性争议解决机制，以通过这种机制公正、有效、及时地解决争议，且不给消费者增加任何不适当的费用负担。欧盟《关于内部市场中与电子商务有关的若干法律问题的指令（草案）》规定，各成员国应确保在服务供应商和获取方之间出现争议时，其本国立法允许当事人有效地诉诸非诉讼争议解决机制，包括通过适当的电子手段解决争议。美国《统一计算机信息交易法》也允许争议双方协议选择管辖法院。对于证据方面，欧盟《远程销售指令》规定了销售者应当收到有关交易的书面确认信息。我国香港地区的《电子交易条例》也有类似的规定。

在《消费者权益保护法》相关规定的基础上，电子商务消费者求偿权的内容主要有：第一，商品或服务造成消费者人身、财产或信息安全损害的，消费者有权要求电子商务经营者或服务提供者等责任主体赔偿。上述责任主体等未及时采取措施造成消费者扩大损失的，消费者有权要求责任人对扩大的损失承担法律责任。第二，在途商品或服务单据毁损灭失的，消费者有权向责任人要求赔偿。第三，消费者向电子商务平台经营者、支付服务提供者或快递物流服务提供者索取相关交易、支付情况及物流详情等详细信息而上述主体拒不提供或在合理期限内没有保存的，消费者有权要求上述主体进行赔偿。

十一、消费者监督权

监督权是传统消费者必然享有的权利之一，《消费者权益保护法》对此做了明确规定，对消费者权益保障具有重大意义。在电子商务交易中，与电子商务经营主体相比，消费者的弱势地位更加明显，更应注重发挥其监督权的积极作用。不同于传统消费者监督权的对象是国家的消费者保护工作与经营者的行为，电子商务消费者监督权的对象是电子商务经营主体的经营行为，消费者的监督可以避免传统监管手段的不足，引导电子商务的健康发展。在传统消费者监督权的基础上，电子商务消费者的监督权内容有：第一，消费者有权对电子商务经营主体的经营行为进行监督，有权对其违法行为提出建议、意见、批评或控告。第二，消费者有权检举、控告电子商务经营者以返现、回扣、优惠等方式引诱、唆使消费者作出有违客观事实评价的行为。为此，《电子商务法》第五十九条规定了电子商务经营者应当建立便捷且有效的投诉、举报机制，公开投诉、举报方式等信息，及时受理并处理投诉、举报。这是为保证消费者行使监督权而对所有电子商务经营者提出的要求。

本章小结

我国的制度环境不同于欧美国家，欧美国家的政府在电子商务发展中扮演的角色主要是提供服务与法律规制平台，主要通过市场机制与司法手段解决电子商务中出现的问题而非过多介入监管。而我国的现实决定了应该在促进电子商务发展的前提下，注重适度监管作用的发挥，实现适度监管与促进发展的平衡。电子商务依存的互联网环境与创新的商业模式都对传统的监管方式与手段提出了新的要求与挑战，应探索适应网络环境与商业模式的监管方式与手段。此外，在电子商务制度环境中，传统法律部门最需要处理和衔接的制度是消费者权利的保护问题，虽然前几章已在电子商务经营主体的相关义务中明确了其对消费者应承担的义务，但对于消费者的保护如何强调都不为过，义务主体应负担相应的义务，权利主体享有的权利也需明确。故本章系统地梳理了消费者应当享有的权利，电子商务消费者除了享有传统消费者应当享有的安全权、知情权、自主选择权、公平交易权等权利外（当然，权利的具体内容有别于传统），同时还享有电子商务环境下特有的无条件退货、评价权等权利。对于消费者权利的保护，需要通过电子商务经营主体的义务与责任实现。

关键术语

多元共治　行政监管体制　自律监管与自治管理　消费者安全权　消费者知情权　消费者自主选择权　消费者公平交易权　消费者便利获取权　消费者收货验货权　消费者退货权　消费者评价权　消费者信息权　消费者求偿权　消费者监督权

习　题

一、名词解释

1. 行政监管体制　　2. 行业自律监管

3. 消费者信息权　　4. 消费者知情权

5. 消费者退货权

二、选择题（不定项）

1. 对于电子商务违法行为，可以成为行政监管地域管辖标准的有（　　）。

A. 计算机终端设备所在地　　B. 服务器设备所在地

C. 经营者住所地　　D. 损害结果发生地

2. 电子商务行政监管中可以采取的措施有（　　）。

A. 查封　　B. 冻结　　C. 停网整顿　　D. 信用公示

3. 下列哪些行为侵犯了消费者的信息权？（　　）。

A. 向消费者邮箱内定期发送广告邮件　　B. 将收集的消费者个人信息出卖

C. 拒绝消费者查询交易信息的请求　　D. 将过期或变质的食品在网上销售

4. 下列有关消费者评价权的说法中正确的是（　　）。

A. 电子商务经营者可以要求电子商务平台经营者屏蔽对其不利的评价

B. 电子商务经营者不得以不正当手段诱使消费者进行有悖于事实的评价

C. 消费者的真实评价是保护其他潜在消费者知情权的重要手段

D. 电子商务经营者有权运用各种手段提升自己的信誉等级

三、简答题

1. 你认为电子商务领域行政监管有必要吗？请谈谈我国电子商务行政监管体制的现状与发展趋势。

2. 简述电子商务行政监管的方式与具体措施。

3. 请简要评价我国电子商务行业自律监管的现状。

4. 简述电子商务消费者与传统消费者的联系与区别。

5. 我国电子商务消费者应当享有哪些权利？国际相关立法的现状如何？对我国有哪些借鉴意义？

四、案例分析题

原告申某某于 2009 年 2 月 24 日在淘宝网注册成立名为“思思美国正品代购店”并

设有支付宝账户，通过实名认证。2014 年 11 月 11 日被告王某某以昵称 mikiiniai _ 2009 在思思美国正品代购店订购了一条 CLUBMONACO 品牌的摩登弹性超显瘦拼皮裤，在收到货品后，被告王某某发表了买家评论并给出了差评。之后，双方为差评事宜产生了争议，被告又追加评论了自身感受。另查明，在被告王某某给予差评之前，思思美国正品代购店亦存在差评。

一审中原告申某某诉称：被告王某某在收到货品后以质疑货品是否为正品的理由在淘宝网上对该货品给出差评。因该评论内容与事实严重不符，原告在对被告作出耐心解释后多次与被告联系要求其撤销差评，均被置之不理。且被告追加评论，赤裸裸地诋毁原告商誉。因该差评的存在，导致原告多笔交易被申请退货。故原告诉请法院：（1）判令被告撤销在原告淘宝网名为思思美国正品代购店网页上的两条差评，公开书面道歉；（2）判令被告赔偿原告损失人民币 7 178.80 元。被告王某某辩称：不同意原告申某某的诉讼请求。被告评价属实，原告也未证明其商业信誉受到影响。在审理中，原告申某某表示被告王某某的行为类似于对商誉的侵害，还表示实际订单损失是否与被告差评之间有关联，原告难以把握，亦没有相关证据提供。一审法院认为：首先，被告王某某根据自身感受及事情经过在淘宝网上给予差评及追加评论，并未使用侮辱诽谤的方式；其次，原告申某某也未提供证据来证明因被告的差评而导致原告的商誉受损的事实。综上，原告的诉讼请求，法院不予支持。

一审宣判后，申某某不服，向上海市第二中级人民法院提起上诉称：被上诉人王某某侮辱诽谤行为明显存在。上诉人商誉受损或者说公众对上诉人的信赖下降显而易见。被上诉人的侵权行为本身就已经足以说明损害的存在，不需要提供任何其他证据。上诉人并未提出直接经济损失的索赔要求，因此未提交相应的证据，这与认定被上诉人是否侵权没有关系。二审法院确认了一审查明的事实，认为从上诉人申某某提供的相关证据来看，被上诉人王某某给予差评的行为及相关评论内容并非出于恶意诋毁商誉的目的。因此，从主观上来看，被上诉人的行为并非属于侮辱诽谤行为。故被上诉人给予差评的行为及相关评论内容并不构成网络侵权行为。因此驳回上诉，维持原判。【案例摘自《最高人民法院公报》2016 年第 12 期】

根据案例回答下列问题：

1. 王某某作为消费者是否具有评价权？其主要功能是什么？

2. 王某某是否侵害了申某某的商誉？为什么？

3. 请尝试分析我国电子商务消费者权益保护的现状、存在的问题及破解对策。

第九章

电子商务的争议解决

【本章要点】

1. 掌握电子商务诉讼管辖及非诉纠纷解决机制的相关内容；
2. 掌握管辖权的概念及传统诉讼管辖权的确立原则；
3. 理解电子商务环境下传统民事管辖理论面临的困境；
4. 了解国内外电子商务民事诉讼管辖的理论发展与实践创新；
5. 掌握电子证据的概念、特征、分类与法律地位；
6. 了解国内外电子证据的立法概况；
7. 理解电子证据收集、保全与审查规则；
8. 掌握电子商务非诉讼方式解决争议的基本原则；
9. 理解电子商务非诉讼争议解决方式之间的衔接与司法确认规则；
10. 了解电子商务在线争议解决机制的历史沿革与模式，掌握我国在线争议的解决主体、处理原则与法律后果。

导入案例

原告邵某某因与北京京东叁佰陆拾度电子商务有限公司、武汉京东世纪贸易有限公司网络购物合同纠纷诉至原审法院，北京京东叁佰陆拾度电子商务有限公司提起管辖权异议。邵某某不服信州区人民法院［2016］赣1102民初3053号民事裁定，提起上诉。邵某某上诉称，上诉人仅仅是购物平台提供者，并非买卖合同的相对方。2015年2月4日起施行的《最高人民法院关于适用〈中华人民共和国民事诉讼法〉的解释》第二十条规定的是"以信息网络方式订立的买卖合同"，其适用的前提是双方当事人之间存在买卖合同关系，进而将买受人住所地即收货地视为合同履行地。在本案中，上诉人作为网购平台提供者，与被上诉人之间不存在买卖合同关系，故无法适用合同履行地法院管辖原则。根据《中华人民共和国民事诉讼法》及2015年《最高人民法院关于适用〈中华人民共和国民事诉讼法〉的解释》的相关规定，本案应适用被告住所地法院管辖原则。因上诉人的住所地位于北京市××区，故本案应由北京市××区人民法院管辖。因此，请求将本案移送北京市××区人民法院管辖。

二审法院认为：双方当事人未约定合同履行地，被上诉人提供的收货地址在原审法院辖区，故原审法院对本案有管辖权。对于上诉人提出其并非买卖合同的相对方不适用网络购物合同管辖原则的上诉理由，法院认为，被上诉人通过上诉人的电子商务平台了解并购买了原审被告的商品，上诉人的电子商务平台对于被上诉人与原审被告之间买卖合同关系的形成起到重要作用，被上诉人因买卖合同纠纷提起诉讼时一并起诉上诉人并无不妥。故裁定驳回上诉，维持原裁定。【案例摘自（2017）赣11民辖终28号】

问题：

1. 本案如何确定地域管辖的基本标准？（相关内容见本章第一节。）

2. 国际电子商务民事诉讼管辖理论的发展对我国民事诉讼管辖有何借鉴意义？（相关内容见本章第一节。）

3. 在确定法院管辖权后，争议双方当事人需提供有利于己方的证据，证据依据表现形式可分为电子证据与实物证据。电子证据的收集、保存与审查应遵循哪些规则？（相关内容见本章第二节。）

4. 电子商务当事人除了通过诉讼方式解决争议外，还可以通过哪些非诉讼方式解决争议？其有哪些优点？（相关内容见本章第三节。）

传统上，民事纠纷的解决方式包括和解、人民调解、向相关组织投诉、民事诉讼以及仲裁五种方式。电子商务的纠纷解决机制除运用上述五种传统方式外，还包括各种在线争议解决方式。根据《电子商务法》第五十九条、第六十条、第六十三条的规定，电子商务经营者应当建立便捷且有效的投诉、举报机制，公开投诉、举报方式等信息，及时受理并处理投诉、举报。电子商务争议可以通过协商和解，请求消费者组织、行业协会或者其他依法成立的调解组织调解，向有关部门投诉，提请仲裁，或者提起诉讼等方式解决。电子商务平台经营者可以建立争议在线解决机制，制定并公示争议解决规则，根据自愿原则，公平、公正地解决当事人的争议。从性质上划分，电子商务纠纷解决途径包括诉讼与非诉讼两大类，非诉讼方式不属于国家司法救济，由当事人选择采用，方式更加灵活。而诉讼方式属于国家司法救济，其程序和方式由民事诉讼法规定，基本在线下进行。2017年8月18日我国在杭州挂牌成立了第一家集中审理涉网案件的试点法院——杭州互联网法院，将涉及网络的案件从现有审判体系中剥离出来，充分依托互联网技术，完成起诉、立案、举证、开庭、裁判、执行全程在线化，实现便民诉讼，节约司法资源。同时，融合机制创新与网络解纷，构建前置性指导化解、在线争议解决机制（ODR）、第三方调解、诉讼等多层次、多元化的涉网纠纷解决体系。互联网法院的建立为系统解决电子商务纠纷提供了全新的方式，以法院为依托，实现了诉讼方式与非诉讼方式的有机融合，丰富了诉讼解决机制的内涵与方式，机制更加灵活，更能确保效率。

第一节 电子商务诉讼管辖

在五种传统纠纷解决机制中，所谓和解，是指民商事争议双方当事人就争议问题进行协商，达成和解协议以消灭争议的争议解决方式。人民调解，是指人民调解委员会通过说服、疏导等方法，促使当事人在平等协商基础上自愿达成调解协议，解决民间纠纷的活动。和解与人民调解在我国纠纷解决过程中发挥着重要的作用，是我国纠纷解决法律制度中的重要一环，但由于和解与人民调解的当事人自主性较强，向有关组织申诉也是通过自律规则，法律对其规定较为宽松，加之与民事诉讼和仲裁相比其在现实生活中起到的作用有限，故本节重点对民事诉讼及仲裁的相关规则，尤其是民事诉讼管辖规则在电子商务环境下的改变与挑战进行论证。

一、传统民事诉讼管辖在电子商务环境下所受的挑战

民事案件的管辖是确定上下级法院之间以及同级法院之间受理第一审民事案件的分工与权限，以在法院内部具体落实民事审判权的一项制度。民事诉讼管辖分为地域管辖和级别管辖两类，具有民诉法规定管辖权的法院作出的判决或裁定才具有法律上的效力。按照我国现行四级法院的级别，民事诉讼法分别规定了基层、中级、高级及最高人民法院管辖一审民事案件的范围。同时，我国目前已设立六个巡回法庭，作为最高人民法院派出的常设审判机构，其判决、裁定和决定是最高人民法院的判决、裁定和决定，其审理或办理巡回区内应当由最高人民法院受理的案件，但知识产权、涉外商事、海事海商、执行案件和最高人民检察院抗诉的案件暂由最高人民法院本部审理或办理。在电子商务环境下对级别管辖的挑战不大，但对地域管辖却提出了极大的挑战。

（一）传统民事诉讼地域管辖的规定

根据我国民事诉讼法及其司法解释的相关规定，在我国境内民事诉讼的地域管辖可以分为一般地域管辖、特殊地域管辖、专属管辖和协议管辖。

1. 一般地域管辖

一般地域管辖是以当事人的住所地与法院的隶属关系确定管辖，即通常所称的“原告就被告”规则，由被告住所地或经常居住地（住所地与经常居住地不一致时）人民法

院管辖。作为一般地域管辖的例外，在对不在中华人民共和国领域内居住的人提起的有关身份关系的诉讼、对下落不明或者宣告失踪的人提起的有关身份关系的诉讼、对被采取强制性教育措施的人提起的诉讼以及对被监禁的人提起的诉讼等特殊情况下，由原告住所地法院管辖。

2. 特殊地域管辖

特殊地域管辖是以诉讼标的所在地、法律事实所在地以及被告住所地等为标准确定法院管辖权的制度。

3. 专属管辖

专属管辖是指排除一般地域管辖与特殊地域管辖、排除当事人协议选择管辖法院，而由法律明确规定某些类型案件只能由特定法院行使管辖权的制度，专属管辖具有优先适用性。在我国，专属管辖只适用于下列三种情形：第一，因不动产纠纷提起的诉讼，由不动产所在地人民法院管辖；第二，因港口作业中发生的纠纷提起的诉讼，由港口所在地人民法院管辖；第三，因继承遗产纠纷提起的诉讼，由被继承人死亡时住所地或主要遗产所在地人民法院管辖。

4. 协议管辖

协议管辖是尊重当事人自治的表现，但适用领域有限，只适用于合同或其他财产权益纠纷中的一审案件。《中华人民共和国民事诉讼法》明确规定了合同或者其他财产权益纠纷的当事人可以书面协议选择被告住所地、合同履行地、合同签订地、原告住所地、标的所在地等与争议有实际联系的地点的人民法院管辖，但不得违反该法对级别管辖和专属管辖的规定。

总体而言，确定地域管辖的标准主要有当事人住所地、经常居住地、主要营业所在地、诉讼标的所在地、行为发生地、行为结果地等，这不仅是我国国内民事诉讼地域管辖的确定标准，也是涉外民事诉讼中国际私法确定连接点和准据法的标准。在涉外民事诉讼中，仍应坚持原告就被告的普通地域管辖原则，以利于程序的进行与生效判决的执行。此外，在涉外民事案件中，也会运用最密切联系原则，合同履行地、诉讼标的所在地、行为实施地、行为结果地等可被认为与案件具有最密切联系而所在地法院被认定为具有管辖权，成为原告就被告原则的有益补充。基于契约自由原则，当事人可以书面协议选择与案件有联系的国家或地区的法院管辖。同时，有些国家也明确排除了当事人对专属管辖作例外约定的权利，这类案件通常涉及主权安全、经济安全等领域，如《中华人民共和国民事诉讼法》就明确规定了“因在中华人民共和国履行中外合资经营企业合同、中外合作经营企业合同、中外合作勘探开发自然资源合同发生纠纷提起的诉讼，由中华人民共和国人民法院管辖”。以当事人的国籍作为确定法院管辖权的依据也在很多涉外案件中被适用。

（二）传统民事诉讼地域管辖标准在电子商务环境下受到的挑战

电子商务环境的典型特点决定了传统民事诉讼地域管辖标准在一定程度上的“失灵”。传统上，无论是国内民事诉讼管辖还是涉外民事诉讼管辖，确立法院是否具有管辖权的标准都有确定性与相对稳定性的特点，都与一定的实体物理空间相对应，因此较易判断与适用。

1. 电子商务环境下网络交易的特点

电子商务需要借助网络交易，而网络具有以下典型的特点：一是客观虚拟性。电子商务在网络虚拟空间内进行交易，虽然无法感知其物理存在的状态，但其是客观存在的，是以计算机终端、电缆网线、程序等硬件为手段创造出来的系统；二是无边界性。电子商务打破了国家、地区之间的界限，物理意义上有形世界的界限不再存在，而管辖等法律规则又是以国家、地区为单位制定的，必然导致大量跨界法律问题的出现。三是信息可变性。由于网络环境信息沟通的相互性与信息传播的实时与迅捷性，可能出现多个主体同时实施侵权行为的情况，网络的超链接可以使不同网站位置相互链接而不需考虑实际位置远近，这对如何确定地域管辖提出了挑战。四是去中心性。以国家或者行政中心这种物理实体确定管辖的标准随着网络去中心化技术的发展变得不可能，尤其是区块链技术的去中心化与平面化更加挑战包括地域管辖规则在内的法律规则的适用。

2. 电子商务环境对传统管辖权依据挑战的表现

管辖权的确定是解决纠纷的前提，而传统管辖权确定的依据都与一定的物理空间相联系。对于一国国内民事诉讼地域管辖权的确定而言，电子商务环境的挑战尚且可以通过规则的制定与完善实现，其最大的挑战来自国家间管辖权规则的冲突与解决。电子商务据以生存的网络环境恰恰打破了这种物理基础，当事人可以在时间、空间无须变化的前提下实现跨越物理国界的数据传输与进行交易，其对传统地域管辖的规则提出了极大的挑战。具体表现在：

(1)“行为地”标准面临挑战。网络传输的实时与迅捷性使人们通常在无须知道交易对方所处地理位置的情况下进行交易与交往，处于不同国家或地区的多方当事人可以同时交易或交往，可能会发生当事人在不同国家而接送信息的服务器又位于另外不同国家的情形，使得每一次交易都可能是跨国界的。一旦通过网络进行交易，交易当事人可能无法知道交易涉及的司法管辖边界，尤其是在当事人位于不同司法管辖区域的情况发生时，交易当事人只知道自己进入和访问的地址是明确的，将网上交易的具体地点、确切范围与特定的司法管辖进行对应变得困难。如一国侵权人通过第三国服务器对另一国被侵权人实施侵权行为，如何依行为地确定管辖变得困难，甚至依传统规则还会导致管辖权严重冲突的结果。在无载体信息产品合同履行地的确定中，基于信息产品的不同类型，合同履行地可能是提供者发出信息产品的地点，可能是进入接受者系统的地点，也可能是交至某第三方存储机构平台或系统的地点。总之，网络技术的应用带来了传统行为标准界定与应用的困难。

(2) 当事人住所地标准受到挑战。作为普遍管辖规则的原告就被告规则在电子商务环境下也受到了挑战，被告与法院地的物理地域联系变得很少或没有，被告可能不是法院地国家的公民，可能在法院地国家无“住所”而只有经常居住地，可能在法院地国家无可供执行的财产，可能从未在法院地国家实施活动，如何将传统当事人住所地标准与虚拟网络世界的某些要素联结以确定新的管辖标准变得迫切而必要。

(3) 最密切联系原则的运用产生困难。在物理要素比较清晰意义下的最密切联系原则给法院地国家管辖权的行使提供了一定的裁量权，也起到了限制管辖权滥用的效果，但是在网络环境下最密切联系的判断标准界定困难，网页制作、广告投放、不同服务的提供是否都可以被认为是密切联系，在实践中存在较大的分歧。

二、电子商务民事诉讼管辖的理论发展

（一）国内电子商务民事诉讼的新理论

1. 技术优先论

技术优先论的主要观点是：由于网络发展的不平衡性，一些大城市的网络发展明显快于其他地方，我国一些发达地区的网络技术比较先进，有能力处理有关的技术问题，因此应当由这些城市和地区优先管辖案件。该观点在网络发展初期也许有利于审理、有助于提升审判水平，但从长期看不利于网络进一步发展，不利于维护公平与公正。

2. 原告所在地论

原告所在地论的主要观点为：在网络侵权案件中，不应再以侵权行为地或被告住所地等传统标准确定管辖，由于侵权行为地难以确定，故无操作性；被告住所地管辖虽然可行但不合理，往往原被告相距甚远，会给原告带来高昂的成本，不利于其合法权益的维护。因此对于网络侵权案件，理应由原告所在地法院管辖。我国 2015 年《最高人民法院关于适用〈中华人民共和国民事诉讼法〉的解释》规定，信息网络侵权行为实施地包括实施被诉侵权行为的计算机终端、网络服务器等信息设备所在地，侵权结果发生地包括被侵权人住所地。该规定未将原告住所地作为唯一标准，但是作为一个管辖依据。

此外，2015 年《最高人民法院关于适用〈中华人民共和国民事诉讼法〉的解释》对于电子商务买卖合同的地域管辖原则依据交付方式的不同确定合同履行地：对于以信息网络方式订立的买卖合同的管辖，通过信息网络交付标的的，以买受人住所地为合同履行地；通过其他方式交付标的的，收货地为合同履行地。这一规则是最密切联系原则的运用结果。然而，对于以信息数据或相关服务为标的的合同，以买受人住所地为合同履行地这种传统地域管辖的确定标准恐有不妥，因为“交货”主要依靠网络服务商提供发送电子邮件服务或者其他在线方式实现，发送信息服务一方及其所在地的网络服务商，与信息数据存在最初的掌握和接触，与合同的联系最为紧密，一般应以信息发出一方的网站许可或备案地或网络服务商的营业所在地为履行地；同时，为保证我国法院对从境外发送信息数据的电子合同也拥有管辖权，信息发送方在境外或无法确定的，由接收信息一方网站许可或备案所在地或网络服务商的营业所在地为履行地。“导入案例”中的应用是运用原告所在地新理论的典型表现，我国民诉法的最新司法解释也针对电子商务实践的需要进行了积极回应，随着电子商务的发展，地域管辖标准的理论与实践也会进行新的探索，如我国杭州互联网法院的实践。

（二）国际电子商务民事诉讼管辖的理论发展

在国际电子商务民事诉讼管辖中，如前所述，传统管辖规则在电子商务环境下受到的挑战最大，世界范围内也发展出了一系列关于管辖标准的理论观点，代表性的有管辖权相对论、网络自治论、网址依据论以及特定存在论等。

1. 管辖权相对论

管辖权相对论也被称为第四空间理论，其主要观点为，网络是类似于南极洲、太空和公海这三大国际空间之外的第四国际空间，因此应该在此领域内建立不同于传统规则的新的管辖权确定原则。其认为在网络空间也应该运用比较与类推的方法，也应该接受类似支配其他三个国际空间的默认的国际惯例，即通过制定相应的特定制度的条约来解决司法管辖权的问题。任何国家都可以管辖并将其法律适用于网络空间的任何人和任何活动，其程度和方式与该人或该活动进入主权国家可以控制的网络空间的程度和方式相适应。网络空间内争议的当事人可以通过网络的联系在相关的法院出庭，法院的判决也可以通过网络的手段加以执行。

该理论基于电子商务赖以生存的网络空间的无边界性、非确定性与全球性等特点，提出了网络空间争议解决的管辖权标准应突破传统物理标准的局限，这类争议解决的有效途径是制定相应的国际条约，遵从相应的国际惯例，通过国际协调解决问题。这顺应了网络跨国、跨区、跨民族主权司法解决的最终趋势，尤其是物联网时代更要求有跨界思维。同时，该理论落地的标准是以技术来解决网络技术本身带来的困境，各国对整个网络空间的管辖权的大小由各个国家接触和控制网络的范围来决定，在一定程度上体现了对网络发达国家司法主权的强势维护和对技术落后国家司法主权的一种无视与剥夺。并且接触和控制网络的范围这一标准本身缺少比较权威的理解与解释，具有一定的主观性，可能导致法官自由裁量权的滥用。也有可能导致世界各国均依此理论为依据主张对网上纠纷的管辖权，反倒增加网上纠纷司法管辖的复杂性。目前，网络空间已被视为继陆地、海洋、天空、外空之外的第五空间，治理好互联网必须深化网络空间国际合作，第四空间理论虽然因将网络空间管辖权大小与国家接触和控制网络的范围挂钩而有其局限性，但其从国际化视角规制网络问题的出发点是值得肯定与运用的。

2. 网络自治论

网络自治论又称新主权论，该理论的主要观点为：对于网络争议，应该摆脱传统地域管辖的观念，承认网络虚拟空间就是一个特殊的地域，并承认在网络世界与现实世界中存在一个法律上十分重要的边界，若要进入网络的地域，必须通过屏幕或密码，一旦进入网络的虚拟世界，则应适用网络世界的网络法，而不再适用现实中各国不同的法律。网络成员间的纠纷由网络接入服务提供者以仲裁者的身份来裁决，并由网络接入服务提供者来执行，网络空间将成为一个全球的新的市民社会，它有自己的组织形式、价值标准，完全脱离政府而拥有自治的权力，它的最终趋势是发展为网络大同世界。

该理论强调网络空间的新颖性和自治独立性，担心国家行政、司法权力的介入会妨碍网络的自由发展，试图以网络的自治取代传统法律的管辖，甚至排除国家的公力救济而寻求自我管理、判决与执行，形成网络自治的“世外桃源”。可以说，强调网络空间自治的基本理念是好的，有助于推动其发展。但同时根据基本法理，所谓的自由都不是绝对的，没有无限制的自由，过度自由导致的无政府主义带来的灾难无法预估，应实现自由与强制的平衡与协调，实现二者和谐共生，网络空间的自力救济与现实世界的公力救济均不可或缺。网络世界的虚拟性与客观存在性是并存的，网络世界的主体通常都是现实世界从事商事经营的主体，即虚拟世界的经营者是以现实世界的客观存在为支撑的。

3. 网址依据论

网址依据论的主要观点为：网址具有确定传统管辖权依据所需具备的相对稳定性与关联度两个条件，其具有相对稳定性，在网络空间的位置也是相对确定的，变更需要依照一定的程序并借助服务器来进行，在特定时间段内是确定的。网址在网络空间中的地位与住所在物理空间中的地位类似，与提供网址的网络接入服务提供者所在地区有密切充分的联系，同时在涉及其他网络参加者时，网址也能与其他参加者所在地管辖区域产生联系。因此，网址可以作为一种新的管辖权依据。

网址依据论从确定管辖权依据需要具备的条件出发分析问题，为自己的观点找到了比较坚实的基础，值得肯定，美国也已有依据网址确定管辖权的实践，但由于网址客观上并不经常与现实住所相对应，且在技术上很容易被伪造或隐藏，加之网址定性与分类的标准不确定，因而以网址作为管辖权的依据也可能导致更大的混乱。

4. 特定存在论

特定存在论的主要观点为：网络本身可以被看作一条信息高速公路，放置在网络上的任何内容，以及用户本身在网络上的出现，在任何给定的时间上只能出现在一个地方，换言之，网络上的每一个服务器和其特定的物理位置相联系，由此当用户通过网络传输信息时，事实上可被看作从一个服务器所在的物理位置到另外一个服务器所在的物理位置。为了决定法院有无属人管辖权，法院就会探询当事人住所地或其主服务器所在地，因此，在一般情况下法院对于域外居民将不行使管辖权，而例外的情形是：如果域内的网址被域外的黑客攻击或破坏，或是收到了域外发来的侵权信息，基于网址这一事实本身，法院就可以对域外网民行使管辖权。

特定存在论将传统属人管辖权理论与网络主服务器所在地空间进行对接，建立虚拟网络世界与现实世界的物理联结，从而运用传统管辖权的确定标准确定网络空间的法律适用。其障碍依然如网址依据论的障碍一样，网址在技术上的可更改性与可隐藏性以及法院依该理论对域外居民进行管辖的局限性，使得该理论的应用空间大大降低。

随着网络技术的发展与创新，对网络纠纷管辖标准的研究也不断深化，会有更多的国际电子商务民事诉讼管辖依据的理论观点出现，取前述观点之长，补前述观点之短，为国际电子商务案件的立法与司法提供理论支撑。

三、电子商务民事诉讼管辖的新实践

（一）我国国内电子商务民事诉讼管辖的新实践

在我国国内涉电子商务诉讼中，同样也存在互联网无边界挑战法律管辖原则的问题，案件证据大多存在于网络空间，原告难以查到被告真实身份，由此导致出现诉讼举证难、成本高、流程长、难度大等问题。在实践上就有了突破传统法律制度分割管辖做法的尝试，不再依民事、商事、行政等部门法的不同而分别交由不同的审判庭审理，而是基于其均属于涉电子商务案件而由统一的互联网法院统一审理，将具有互联网属性作为新的管辖标准。目前，我国杭州互联网法院运行效果良好，结案率高，当事人满意度高（见图 9-1）。

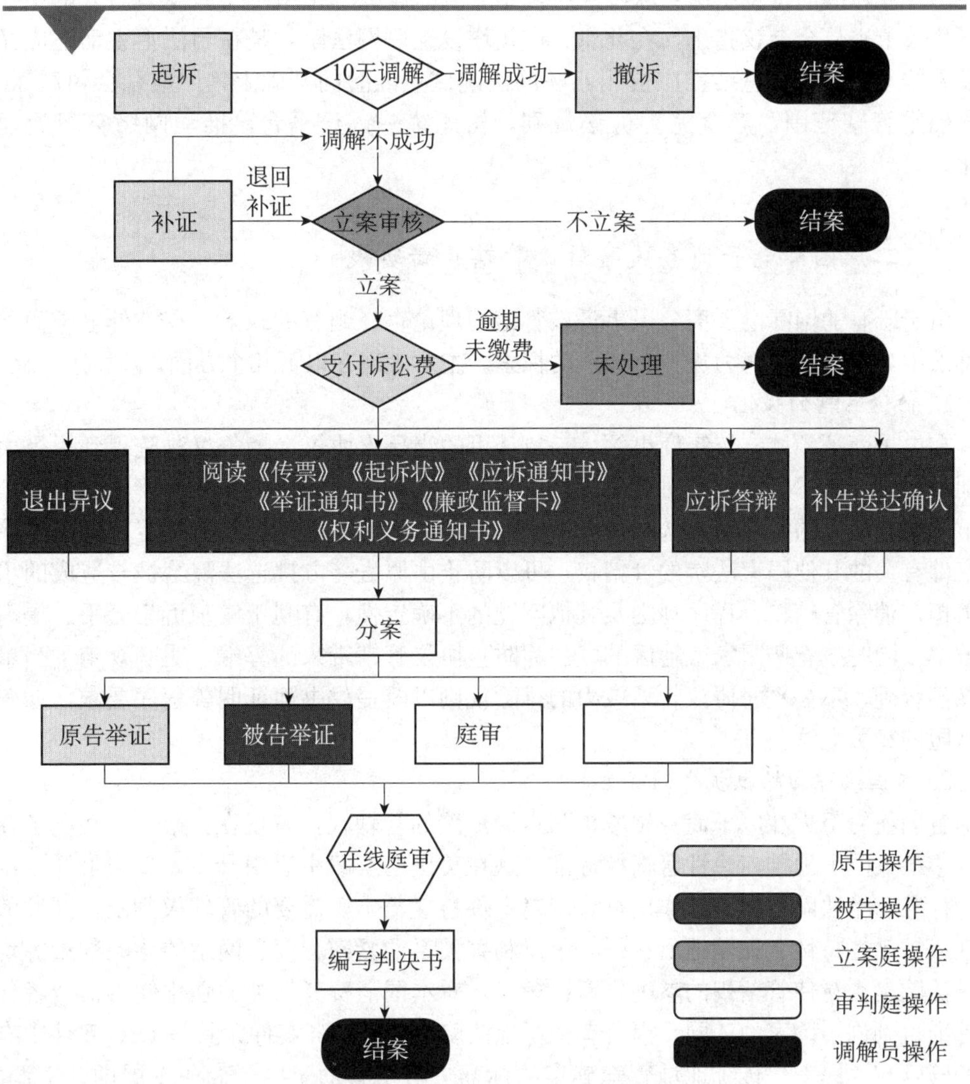

图 9-1　杭州互联网法院的工作流程

2017 年 8 月 18 日设立于我国杭州互联网法院管辖权的标准就突破了传统地域管辖的限制，集中管辖杭州市辖区内基层人民法院有管辖权的涉互联网一审案件，不再受传统管辖权确定需要依据的物理性要素的局限。杭州互联网法院受理的案件范围有：互联网购物、服务、小额金融借款等合同纠纷；互联网著作权权属、侵权纠纷；利用互联网侵害他人人格权纠纷；互联网购物产品责任侵权纠纷；互联网域名纠纷；因互联网行政管理引发的行政纠纷；上级人民法院指定由杭州互联网法院管辖的其他涉互联网民事、行政案件。

互联网法院的设立开创了我国审理涉互联网案件的新的工作机制，在诉讼中注重运用其他非诉讼多元解决机制，并且实现了线上诉讼、线上判决、线上执行，改变了传统诉讼只能线下进行的现状，节约了工作成本，提高了工作效率，专业化的审理也有助于切实结合互联网的特点解决互联网纠纷，是有益的尝试。2018 年 7 月 6 日召开的中央全面深化改革委员会会议指出，在北京、广州增设互联网法院，是在司法上主动适应互联网发展的大趋势。在总结推广杭州互联网法院试点经验的基础上，回应社会司法需求，科学确定管辖范围，健全完善诉讼规则，构建统一诉讼平台，推动网络空间治理法治化。

（二）国际电子商务民事诉讼管辖的新实践

由于既有的国际电子商务民事诉讼管辖的理论存在固有的缺陷，在涉外电子商务民事诉讼中，也在不断努力进行新实践的探索。主要表现在以下几个方面。

1. 协议管辖的强化

在电子商务领域，传统商事领域一致认可的当事人协议选择争议法院得到了极大的认同与运用，其不仅体现了对当事人意思自治的尊重，而且有助于减少管辖权冲突。由当事人结合案件的实际情况选择最合适、最便利的法院处理案件，在一定程度上排除了与案件有关的其他国家法院的管辖权，可以防止由原告一方挑选法院给被告造成的不利与负担，消除管辖权、程序规则及其他问题的不确定性，有利于实现诉讼公平、提高诉讼效率，同时，有些国家或地区的立法为防止协议管辖带来的弊端，明确规定了当事人选择不合理、不公平时协议管辖效力的排除规则以及提供书面证明等程序要求，如美国与欧盟的相关立法。

2. 本国法院管辖权扩张的努力

各国纷纷努力在电子商务领域扩张本国法院的管辖权，表现在：第一，在电子商务案件中最大限度地推广弹性管辖权标准，这在美国的实践中运用最广，如“最低限度联系”标准赋予法院根据案情作出符合网络案件特性与本国需要的管辖权判断，网址的交互性或被动性特性、管辖地所在州与争议利害关系的紧密程度、网站的访问数量等均是美国法院是否行使管辖权的参酌要素。第二，对本国消费者保护的强化使得消费者住所地标准得到许多国家的认同，消费者住所地法院在电子商务案件尤其是 B2C 案件中有较大的管辖权。第三，传统地域管辖确定的标准进行了有助于电子商务发展的含义调整，如合同的签订地可以是信息发出或接收地、信息所经过的网络服务提供商所在地；信息发出或接收地可以是发出（接收）信息的计算机所在地、发出（接收）信息者的住所地、发出（接收）信息的网址所在地等，这有助于切实为电子商务争议的解决提供有效的机制。如我国《最高人民法院关于审理涉及计算机网络著作权纠纷案件适用法律若干问题的解释》中尊重传统民事诉讼特殊管辖的规则，由侵权行为地或被告住所地人民法院管辖，同时结合电子商务的需要，将侵权行为地做了广义的界定：“包括实施被诉侵权行为的网络服务器、计算机终端等设备所在地。在难以确定侵权行为地和被告住所地时，原告发现侵权内容的计算机终端等设备所在地可以视为侵权行为地”。

3. 新的管辖标准不断确立

除对传统地域管辖的规则不断进行适应电子商务需要的调整外，各国、各地区在实践中也不断开发和运用新的管辖标准，并就新标准中存在的问题进行修正与完善，如前述网址、服务器所在地标准等，应结合具体电子商务纠纷案件进行恰当的理解与运用。我国设立专门法院审理相关区域内一审涉互联网案件的创新也值得肯定。

第二节 电子商务中的电子证据

在电子商务中会形成大量的电子数据，在出现相关争议纠纷或者需要借助电子数据查明相关事实时，如何确定电子数据的证据效力在电子商务应用中具有非常大的法律不确定性。虽然我国电子签名法已经明确了电子数据即数据电文的证据规则，民事、行政、刑事三大诉讼法中也都明确规定了电子数据作为证据的形式，但遗憾的是，电子数据作为证据的认定、采集、审查等规则亟须细化性的规定。为此，有学者提出在中立的第三方存储服务器上存储的电子数据应推定为真实信息，具有证据效力，推定真实的规则有助于减少电子证据鉴定真伪的成本，提高电子商务争议解决的效率。《电子商务法》第六十二条明确规定了在电子商务争议处理中，电子商务经营者应当提供原始合同和交易记录。因电子商务经营者丢失、伪造、篡改、销毁、隐匿或者拒绝提供前述资料，致使人民法院、仲裁机构或者有关机关无法查明事实的，电子商务经营者应当承担相应的法律责任。

一、电子证据的概念、特征、分类与法律地位

（一）电子证据的概念

1. 电子证据的概念

电子证据是随着计算机信息技术的发展而产生的新事物，在相关电子商务纠纷案件中对证明案件的事实发挥着至关重要的作用，是指以数字形式保存在计算机存储器或外部存储介质中的、能够证明案件真实情况的数据或信息的电磁记录物。这一概念表明了电子证据与计算机和网络技术的共生性、存在形式的独特性以及对案件事实的证明作用。

目前，电子证据的类型可涵盖保存在计算机或其他类似装置中的电子数据、保存在可移动的电磁或光学介质上的电子数据、电子邮件、电子数据交换中的信息、音轨、数字化图画和录像、数字化音频文件、语音邮件等。借助一定的工具与技术手段转化后，电子证据可以被读取和分析，用以证明电子交易的相关事实。

2. 电子证据的特征

（1）科技技术依赖性。电子证据本身就是科学和技术发展的必然产物，并且对科学技术的依赖越来越强。电子证据的产生、存储、提取、传输、识别都必须依赖高科技设备，其存在以计算机技术、存储技术、通信技术和网络技术等为基础，其生成、存储、传递、接收、重演等均需通过电子介质完成，其收集、判断、保存等也需要专业的技术

知识，甚至其访问路径、破解加密、数据恢复等问题都需要专业技术的支持。电子证据与科技技术伴生的特点，决定了其存在方式的科技性，不以有形方式存在，而是电磁记录物。

（2）表现方式复合性。电子证据不再限于单一的文字、图像或声音等方式，而是综合了文本、图形、图像、动画、音频、视频等各种多媒体信息，几乎涵盖了所有传统的证据类型。其借助技术手段可以有多种呈现方式，表现出极大的复合性。

（3）易损坏与易复制性。电子资料是以电磁或光信号等物理形式存在于各种存储介质上，这一特点决定了电子证据可被轻易改变、损坏、删除与复制。电子证据的质量受网络环境与专业技术的影响较大，操作失误、系统故障、技术错误等均可能导致数据的损坏或造成数据的不完整，甚至收集方式的不当也可能造成数据的删除或破坏，从这个意义上说，电子证据比较脆弱、容易损坏。同时，用于存储电子证据的磁性介质从技术上容易被删除、修改、复制，并且不易留下痕迹，即便对之有所怀疑，真伪也难以鉴定。

（4）较强的证明性。若没有外界蓄意修改或故障、技术等的不当影响，一旦发生并被真实记录，电子证据能准确地存储并反映有关案件的情况，具有较强的证明力。尤其是在区块链技术发展后，去中心化使得每个人都是终端，每一次交易都会被无数个终端传导性记录，更改或删除不利信息变得不可能。这时的电子证据无疑是最有证明力的工具。

（5）不易识别性。不同于传统证据形式的有形化与易识别的特点，电子证据的信息量大、内容丰富，但其赖以存在的信息符号不易被直接识别；它以一系列电磁、光电信号形式存在于光盘、磁盘等介质上，如要阅读必须借助于适当的工具；作为证据的电子数据往往与正常的电子数据混杂在一起，要从海量的电子数据中甄别出与案件有关联的、反映案件事实的电子证据并非易事。

（6）时空上的连续性。由于电子商务交易的全球性以及地域突破性，虽然证明案件真实情况的电子证据可能分别存储于不同或相同地域的不同网站或相同网站上的一台或多台服务器上，但是，由于网络行为与网络数据传输的连续性，分散的电子证据往往具有时空上的连续性，并能相互印证，形成证明事实的直接证据。

（二）电子证据的分类与法律地位

1. 电子证据的分类

根据不同的标准，电子证据有不同的分类：

（1）依据存储电子证据的设备或系统的不同为标准，可将电子证据分为存储在计算机系统中的电子证据与存储在类似计算机系统中的电子证据，前者如电子邮件、计算机自动记录的交易信息等，后者如手机短信、微信聊天记录等，这两种电子证据只是存储方式不同而已，其他方面无实质性区别。

（2）依据电子证据表现形式的不同为标准，可将电子证据分为文本证据、图形证据、数据库证据、程序文件证据与组合证据。文本证据需要将软件、系统、代码与文本内容一起结合发挥证据作用，否则可能是乱码无法识别；图形证据具有直观性；数据库证据因为具有若干原始数据记录而具有较高的信息价值；程序文件证据是构成软件的基础，有较强的证明力；组合证据则因为集合文本、影像、图片、声音等复合媒体而具有直观性。

（3）依据电子证据形成所处环境的不同为标准，可将电子证据分为数据电文证据、附属信息证据与系统环境证据。数据电文证据即电子数据本身，如电子邮件，作为主要证据主要用于证明法律关系或待证事实；附属信息证据是对数据电文生成、存储、传递、修改、增删引起的记录，如电子日志记录、电子文件的附属信息等，其主要用于证明数据电文证据的真实可靠性，类似于证据形成、保管与提交过程的一个完整链条；系统环境证据即数据电文运行所处的硬件和软件环境，如硬件或软件的名称与版本，其主要用于庭审或鉴定时显示数据电文。

（4）依据电子证据运行系统环境的不同为标准，可将电子证据分为封闭系统证据、开放系统证据与双系统证据。封闭系统证据即由独立的某台计算机组成的计算机系统内的电子证据，因具有封闭性，所以较易跟踪电子证据的来源；开放系统证据即多台计算机组成的区域网络系统内的电子证据，因具有开放性，所以证据来源不确定；双系统证据即同时出现在封闭与开放系统中的证据，如电子签名等，可以通过封闭系统的证据识别为开放系统的证据识别提供借鉴。

（5）依据电子证据形成方式的不同为标准，可将电子证据分为生成电子证据、储存电子证据与混合电子证据。生成电子证据即完全由计算机或类似设备直接自动生成的证据，是机器自动记录的结果，一般情况下这类证据的证明力较强；储存电子证据即由计算机等设备录制人类信息得来的证据，如通过录音设备录制别人的谈话、Word 文档存储的合同等，因为有人为因素的加入，这类证据的证明力要考虑设备的准确性、考虑录制信息时是否有影响准确性的其他因素；混合电子证据即在计算机等设备录制相关的信息后，再根据内部指令自动运行得来的证据。

2. 电子证据的法律地位

电子证据的法律地位问题是在电子证据研究过程中存在的争议最大的问题，核心是应否将电子证据作为一种单独的证据类型加以规范。其代表性的观点有“视听资料说”“书证说”“附条件物证说”“鉴定结论说”“混合证据说”“独立证据说”。任何新事物产生之后，都不可避免地会出现其法律地位、性质甚至存在合理性的争论，下面择其要点简要说明。

（1）视听资料说。该说认为电子证据属于视听资料的一种，其渊源在于 1982 年《中华人民共和国民事诉讼法（试行）》首次规定了视听资料这一新的证据种类，并把录音、录像、计算机存储资料划归其中，由此延续至今，依然有许多认为电子证据属于视听资料的主张者，认为二者存在形式相似、均有可视属性、均需要借助一定的手段或形式转化才能被感知、均具有易复制性。但反对者更多，代表性的理由主要为：第一，视听资料具有间接性，将电子证据作为视听资料不利于充分发挥证据的作用；第二，电子证据与视听资料有明显的区别；第三，将电子证据归入视听资料范畴不符合联合国贸易法委员会通过的《电子商务示范法》的精神。

（2）书证说。该说可以说是目前的主流学说，认为电子证据与书证一样，都以表达的思想内容证明案件的事实情况。支持的理由主要有：第一，二者功能相同，均能记录完全的内容；第二，发挥证据作用的方式相同，均以其代表的内容说明案件的某一问题；第三，识别的方式相同，均需输出或打印到一定的媒介上才能被识别和运用；第四，合同法明确规定书面形式包括合同书、信件和数据电文在内，间接证明了数据电文的书证属性；第五，功能等同法的意义就在于将传统书证与电子证据同等对待。反对的理由主要有：其一，不能将外国法律文件的规定作为在我国进行简单类比、类推的当然理由；其二，书面形式并不等同于书证，某一事物属于书面形式不一定能得出其就是书证的结论；其三，主张电子证据应归为书证与法律对书证须为“原件”的要求存在冲突；其四，功能等同法并不能解决电子证据的定性问题；其五，书证说难以周延回答计算机声像资料、网络电子聊天资料的证明机制问题。

（3）附条件物证说。物证说在我国的支持者不多，支持者也并非无条件支持物证说，而是在条件具备时电子证据方能成为物证，毕竟电子证据与物证的区别相当明显。有学者认为物证有狭义物证与广义物证之分，电子证据不属于以其存放地点、外部特征等发挥证明作用的物品与物质痕迹的狭义物证而只属于泛指一切实物证据的广义物证。有学者认为应以电子证据是否需要鉴定为标准界定其性质，不需要鉴定时属于书证，需要鉴定时则可能成为物证。

（4）鉴定结论说。该说认为电子证据属于鉴定结论，这是极少数学者的看法。支持理由为法院或诉讼当事人对电子数据的可信性产生怀疑时，可由法院指定专家进行鉴定，辨明真伪，以确定其能否作为认定事实的根据。反对理由则认为，鉴定是由专家对初步可采用的证据的进一步确认、以判断其是否具有可采性的诉讼活动。只有在电子证据已经被采用的前提下，才需要专家就其真伪进行分析判断，法院再依据专家的鉴定结论确定其是否能作为认定事实的根据。

（5）混合证据说。该说认为电子证据是若干传统证据的组合，既非一种独立的新型证据，也非传统证据中的一种。有学者认为电子证据可分为电子书证、电子视听资料、电子勘验检查笔录和电子鉴定结论证据四类。也有学者认为在现行“七分法”的证据立法背景下，电子证据可分为电子物证、电子书证、电子视听资料、电子证人证言、电子当事人陈述、电子证据的鉴定结论及电子勘验检查笔录。

（6）独立证据说。该说认为应将电子证据作为一种独立的证据类型，认为电子证据具有区别于其他证据的显著特征，外在的表现形式也几乎涵盖了所有的传统证据类型，且以数据电讯为交易手段，从商事交易现实需要的角度，完全有理由将其作为一种新类型证据来对待。具体的支持性理由有：第一，符合现行主要依据证据的不同特性为标准对证据进行分类的方法，电子证据科技依赖性、不易识别性、复合性等本质特征无法为现行证据类型所涵盖；第二，满足现实需要，建立一套适合电子证据自身特点的证据统一收集、审查与判断规则是司法实践的迫切需求；第三，缓解与现行证据规则的冲突，将电子证据归入传统证据的试听资料或书证内，都会产生是否为原件、是否为直接证据、是否为无纸化等的判断与认定，从而会增加成本，若将电子证据独立化，就可依专门的电子证据认定规则实现而无须考虑传统证据规则的要求；第四，有助于我国证据立法的国际衔接，电子商务的发展需要全球化的立法保驾护航。《电子商务示范法》的规则已被多国国内立法吸收的事实也要求我国应参照《电子商务示范法》制定我国的电子证据法律制度。虽然有学者认为将电子证据作为独立证据类型对待过于轻率，但认为电子证据是独立证据类型的支持者越来越多，且得到了立法回应。2011 年《中华人民共和国民事诉讼法修正案（草案）》明确规定了电子证据是独立的证据类型。本书赞同电子证据是独立证据类型的学说，应在了解、总结电子证据理论与实践的基础上制定出一套完整的电子证据法律规则，以更好地服务电子商务发展的需要。

二、电子证据的立法例梳理

（一）国际组织的法律文件

1. 联合国国际贸易法委员会的电子证据立法

联合国国际贸易法委员会对解决电子商务活动中遇到的电子证据法律难题作出了卓越贡献，对世界各国立法产生了深远影响。其颁布的《电子商务示范法》《电子签名示范法》《联合国国际合同使用电子通信公约》等一系列法律文件中提出了解决电子证据法律难题的四个基本思想。

（1）从广义角度对电子证据进行界定。基本上囊括了在电子商务环境下以无纸形式生成、存储或传递的各类电文，不仅包括通信方面的，也包括计算机生成的并非用于通信的记录。这既适用于现有通信技术，也适用于未来可预料的技术发展。

（2）将功能等同法运用于数据电文的书面形式、原件与签字中。功能等同法是解决通过电子商业技术达到传统书面、原件与签字的目的和作用的手段与方法，首先，扩大“书面形式”“签字”“原件”等概念的范围，保持各国法律原有的概念与规则，同时，考虑到电子数据只有变为书面文字或显示在屏幕上才可识读的特点，还需要制定相应的规则。其次，电子记录可提供如同书面文件同样程度的安全，且在符合若干技术和法律要求的前提下，查明数据来源与内容的可靠程度与速度要比书面文件高得多，但是采用功能等同法不应造成电子商业使用者达到比书面环境更加严格的安全标准与相关费用。再次，由于数据电文的不同性质决定了其不一定起到书面文件所能起到的全部作用，故不能将数据电文等同于书面文件。采用功能等同法时，注意到形式要求的现有等级，要求书面文件提供不同程度的可靠性、可核查性和不可更改性，同时应注意以书面形式提出数据的最低要求与较严格要求的区分。最后，功能等同法的目的并非确定相当于任何一种书面文件的计算机技术等同物，而只是以书面形式要求的基本作用为标准，一旦数据电文达到这些标准，即可像起相同作用的相应书面文件一样，享受同等程度的法律认可。

（3）在电子证据的可采性与证明力上适用平等对待原则。不得仅仅以某项信息采用数据电文形式为理由而否定其法律效力、有效性或可执行性。这意味着不能仅以信息的出现或保留形式为理由否认其法律效力、有效性或可执行性，但同时也不意味着无条件确立某一数据电文或其中所含任何信息的法律有效性。首先，不能仅以是数据电文或者不是原样（但是举证人按合理预期能得到的最佳证据）为由在任何法律诉讼中否定一项数据电文作为证据的可接受性。其次，在确定数据电文的证明力时应考虑生成、存储或传递该数据电文办法的可靠性，保持信息完整性办法的可靠性，鉴别发件人的办法，以及其他相关因素。

(4) 明确了电子证据保全规则。通过留存数据电文的方式留存法律要求的某些文件、记录或信息，无论是自己留存还是通过使用其他任何人的服务留存，都必须同时满足下述条件：第一，其中所含信息可被调取以备日后查用；第二，按其生成、发送或接收时的格式留存了数据电文或按可证明能使所生成、发送或接收的信息准确重现的格式留存了该数据电文；第三，留存可据以查明数据电文来源和目的地以及该电文被发送或接收的日期和时间的任何信息。需要注意的是，依上述条件留存文件、记录或信息的义务不及于只是为了使电文能够发送或接收而使用的任何信息。

2. 国际商会的电子证据立法

国际商会也是很早就关注电子证据问题的国际组织，其颁发的《电传交换贸易数据统一行为规则》为EDI用户及EDI系统的经营者拟定具体通信协议提供了良好的基础，解决了EDI证据价值、书面形式要求、亲笔签字等难题。国际商会在《国际贸易术语解释通则》修订中明确规定了电子单证的法律地位。

（二）其他国家电子证据立法概况

针对电子证据对传统规则的冲击和挑战，各国针对本国情况与立法实践，纷纷采取了相应的具有本土特色的电子证据立法模式，实现了制度上的规范化、运用上的有序化，提供了有益于电子商务发展的制度环境。综观世界各国有关电子证据的立法模式，可概括为如下两类：一是将电子证据规则纳入传统法律范畴，对原有证据法律规则进行适当修改和解释；二是进行电子证据的专门立法，解决电子证据的理论与实践问题。采用第一种模式的国家主要有英国、美国、法国、日本等国家，上述国家在民事诉讼法，民事证据法，统一证据法规则，联邦证据规则，有关电子商务、电子交易及电子签名等法律规范中对电子证据的问题进行规定；采用第二种模式的代表性国家有加拿大和菲律宾，加拿大制定了世界上第一部电子证据法典《统一电子证据法》，菲律宾最高法院也制定了极为详尽的《电子证据规则》。

（三）我国电子证据立法概况

我国没有关于电子证据的专门立法，而是在现行民事、行政、刑事诉讼三大法律体系中有关证据规则的基础上，将电子证据规定为一种法定的基本证据类型。国务院颁行的《互联网上网服务营业场所管理条例》《互联网信息服务管理办法》等行政法规规定了上网场所与网络服务商在业务活动中保全电子证据的相关义务与法律责任。最高人民法院、最高人民检察院关于民事、行政、刑事诉讼与证据规则的司法解释如《最高人民法院关于民事诉讼证据的若干规定》《最高人民法院关于行政诉讼证据若干问题的规定》《人民检察院刑事诉讼规则》《人民检察院关于办理利用互联网、移动通讯终端、声讯台制作、复制、出版、贩卖、传播淫秽电子信息刑事案件具体应用法律若干问题的解释》都对电子证据的运用进行了相应规范。此外，公安部《计算机信息网络国际联网安全保护管理办法》、证监会《网上证券委托暂行管理办法》、新闻出版总署及信息产业部《互联网出版管理暂行规定》等部门规章及《上海市数字认证管理办法》《广东省电子交易条例》《北京电子商务监督管理暂行办法》等地方性法规与规章也就电子证据的相关问题进行了规定。

总体上看，我国关于电子证据的规则在法律层面的原则性较强，但较具操作性的规则立法位阶较低，且存在着不统一之处，需要在总结梳理电子证据实践经验与理论研究成果的基础上逐步实现电子证据立法的体系化。

三、电子证据的收集、保全与审查

（一）电子证据的收集

由于电子数据所具有的存在形式特殊性与易损性，无论在收集主体还是在收集方法上，都应该在法律法规规定的基础上注重专业性。

1. 电子证据收集主体

通常而言，电子证据的收集主体有下列人员：(1) 诉讼当事人及代理人、辩护人。由民事、行政诉讼中的当事人及其诉讼代理人以及刑事诉讼中的辩护人作为了解、弄清楚争议事实的主体来收集证据，有助于实现证据收集上的直接性、全面性和及时性。(2) 依法行使职权的侦查人员或专门调查人员。包括刑事案件的侦查人员、人民法院指派的调查人员以及行政诉讼案件中的行政管理人员。(3) 网络服务提供者。网络服务提供者依法具有以相应的技术保存信息并提供相应记录的义务。

为固定电子数据，保证电子数据的证明力，一般需要专门技术人员的指导与协助进行电子证据的收集与破解工作。

2. 电子证据收集方法

目前运用的电子证据收集方法主要有：对由许多计算机构成的数字化网络进行勘验、检查，提取物证、痕迹的技术性收集法；强制向网络服务提供者调取的方法；对电子数据的储存设备查封、扣押、搜查，进而获得电子数据内容的方法；专门的机关依职权为特定目的通过对电子数据的网络监控获取电子数据法。

（二）电子证据的保全

电子证据的保全需要借助传统证据的保全形式，同时结合电子证据的特点。基于电子证据的不同表现形式，保全方法也应有所区别。第一，对于电子证人证言、电子当事人陈述等言词证据，通常采用制作询问笔录和录制资料等方法，经当事人审核后签字确认。第二，对于电子物证、电子视听资料，通常采用绘图、拍照、录像、勘验、制作勘验笔录的方法。在条件允许时，也会以扣押或封存的方式提取原始介质。第三，对电子书证，常用的保全方法除了扣押外，还包括缩微、复制、存档、拍照等方法，或是将该电子书证打印后经当事人审核签字确认。第四，对电子笔录常用的方法是通过计算机打印输出为纸质文档，然后经有关当事人核准后签字、盖章，并随相应案卷材料妥善保管。在上述保全方法需扣押、缩微、复制、存档有关电子证物时，通常还需要有在场见证人和持有人查点清楚，并当场开列清单经各相关人员签字确认。

随着网络技术的发展，在传统公证保全的基础上发展出了网络公证保全，由具有资质的网络公证机构借助网络平台进行线上公证，线上与线下公证保全都有助于增强电子证据的证明力。同时，越来越多的电子商务经营主体也认识到电子数据管理的必要性与重要性，从而加强了电子档案管理。由于计算机等设备的记录时间、记录顺序等不易更改，更改也易留下痕迹，故电子档案本身就是电子证据的理想保存方法，有助于形成电子文件的系统性和完整性，保证电子证据证明链条的完整性。

（三）电子证据的审查

由于电子证据的独特存在形式与易损性和可复制性，对电子证据的审查需在遵从传统证据审查规则的基础上结合电子证据的上述特点。对电子证据的审查应从可采性与证明力两个方面进行。

1. 电子证据可采性审查

（1）真实性。即认定当事人提供的电子证据是否符合案件的真实情况，是否具有客观性。结合国内外的实践，只要通过自认、证人具结、推定或鉴定之任何一种方式的检验，就应该认定电子证据的真实性，同时应该审查电子证据本身是否存在疑问及其相互之间是否自相矛盾，其与非电子证据是否指向同一方向，与其他证据是否相互印证、相互协调并形成完整证据链条来证明案件的真实情况等。

（2）关联性。与需证明的案件事实或其他争议事实具有一定的关联是证据的基本要求，电子证据也不例外。在审查电子证据的关联性时，应判断三个方面：一是电子证据能证明案件某一方面的问题；二是电子证据证明的是案件争议方面的问题；三是电子证据对争议事实的解决具有实质性意义。

（3）合法性。电子证据的合法性是其真实性与关联性的重要保障，也是发挥证据效力的基础性条件。对电子证据的合法性审查应从以下几个方面进行：一是是否经过核证程序，二是获得途径是否基于合法软件，三是生产证据或转录转存证据时计算机等设备是否处于正常状态，四是是否受到过篡改或攻击，五是获取证据的途径或方式是否合法或经过被收集者同意。否则，可能因非法性导致证据被排除适用。

2. 电子证据的证明力审查

电子证据的证明力审查即审查电子证据本身及其与其他证据结合能否证明待证事实以及可在多大程度上证明待证事实。

（1）可靠性。可靠性除了依据传统方法从证据本身的生成、存储、传送、收集环节进行审查外，还包括从计算机系统角度进行的侧面审查，即若确定电子证据依赖的计算机系统具有可靠性，则推定证据也具有可靠性；若确定电子证据是由与诉讼中意图引入该证据的那一方当事人利益相反的其他当事人保存或提供的，则推定证据具有可靠性性；若确定电子证据是在正常的业务活动中生成并保管的，则推定证据具有可靠性。

（2）完整性。电子证据的证明力还需考虑证据的完整性。一是审查电子证据本身的完整性。电子证据为电磁记录物，若按原件与复制件的标准，能够感知的电子证据已非原件，而是经过了删改或变动处理的复制件。《中华人民共和国电子签名法》明确规定电子证据必须“内容保持完整，未被改动”，而国际惯例认为对电子证据的删改、变动是否会影响完整性，取决于删改、变动的必要性。如果删改、变动是必要的，且能增强证据的可信度，则不破坏完整性。二是审查电子证据依赖的计算机系统的完整性。这与可靠性的审查方法与标准类似，可用传统方法，结合推定方法。《电子商务法》规定，在电子商务争议处理中，电子商务经营者应当提供原始合同和交易记录。因电子商务经营者丢失、伪造、篡改、销毁、隐匿或者拒绝提供上述资料，致使人民法院、仲裁机构或者有关机关无法查明事实的，电子商务经营者应当承担相应的法律责任。

第三节　电子商务非诉讼争议解决机制

一、以非诉讼方式解决电子商务争议的基本原则与法律后果

以非诉讼方式解决电子商务争议，顾名思义，即以诉讼以外的方式解决电子商务当事人之间的争议，是以世界各国普遍存在的法定民事诉讼制度以外的非诉讼纠纷解决程序或机制解决电子商务争议。传统的非诉讼争议解决方式通常被称为“非诉讼争议解决机制”（alternative dispute resolution，ADR），不同于作为国家司法救济的诉讼方式，非诉讼方式不属于国家的司法救济，只能由当事人选择采用。在电子商务环境下，传统的ADR发展为在线争议解决机制（online dispute resolution，ODR），其为传统ADR的网络化，是ADR在电子商务中的扩展与延伸，ODR降低了依传统方式解决电子商务纠纷导致的高昂成本。

（一）以非诉讼方式解决电子商务争议应遵循的基本原则

1. 多元化原则

所谓多元化原则是指以非诉讼方式解决电子商务纠纷，应当充分尊重当事人的意思自治，允许当事人选择各种不同的解决方式，这也是电子商务据以生存的网络环境高度自治性的基本要求。随着理论研究与实践探索的不断深入，非诉讼方式的内涵不断扩大，具体的方式也不断创新。常见的非诉讼方式主要有：自行和解或协商、调停、仲裁、事实发现、中立聆听者、密歇根式调解、调解-仲裁、最后方案仲裁、聘请法官、小型审判、简易陪审团等。

2. 高效率原则

高效率原则是指电子商务争议解决的非诉讼方式应当基于电子商务所依存的网络空间的全球性、虚拟性、去中心化及高度自治性等特点，追求争议解决的高效率。允许不同解决方式的运用，采用相应的线下或线上方式以及灵活的同意方式等。电子商务当事人以非诉讼方式解决争议，根据需要和条件，可以选择线下方式、线上方式以及线下与线上相结合的方式。选择以非诉讼方式解决纠纷，应当基于争议各方当事人一致同意。除法律另有规定外，同意的方式可以是书面的，也可以是口头的，只要一方向相关机构

申请以某种非诉讼方式解决纠纷，另一方不持异议的，即视为同意。

3. 技术中立原则

技术中立原则是指政府或立法机构对各种有关电子商务的技术、软件、媒体等采取中立的态度，由实际从事电子商务者和信息服务中介商根据技术发展选择采取新的或与国际社会接轨的技术，政府应当不偏不倚，鼓励新技术的采用和推广。该原则体现在争议解决上，即应该允许当事人运用新技术创造新的解决方式。

4. 功能等同原则

功能等同原则是指以书面形式要求的基本作用为标准，一旦数据电文达到这些标准，即可像起着相同作用的相应书面文件一样，享受同等程度的法律认可。在电子商务争议解决中，功能等同原则意味着应尊重线上线下方式的相同作用，选择线下方式的，不排除在线传输信息手段；选择在线争议解决方式的，不排除线下信息传输手段。此外，依据国内外实践，在线争议解决机构及电子商务平台经营者除了有权进行调解外，还可以对争议作出处理决定。

（二）非诉讼争议解决方式之间的衔接与司法确认

1. 非诉讼争议解决方式之间的衔接

为确保灵活、自由争议解决机制的适用，方便争议当事人更好地解决纠纷，需要在诉讼与非诉讼处理方式，线上与线下争议解决方式之间建立必要的衔接制度，实现多元化争议解决机制之间的相互融合与转化。鉴于诉讼作为国家司法救济的手段，除仲裁外，当事人选择非诉讼方式，不意味着排除司法救济，当事人有权放弃非诉讼方式或者基于对非诉讼机构作出处理决定的异议而提起诉讼。非诉讼解决方式通过线上还是线下进行由当事人自由选择，当事人有权放弃一种而寻求其他方式。

具体而言，当事人选择以仲裁以外的其他非诉讼方式解决争议，处理过程中一方或双方向人民法院提起诉讼的，视为放弃该种非诉讼争议解决方式，非诉讼争议解决机构不再处理；当事人放弃某种在线争议解决方式的，不影响其通过其他方式解决争议的权利；当事人对非诉讼争议解决机构的处理决定持有异议时，可以在作出处理决定后15日内向人民法院起诉。

当事人之间发生电子商务纠纷，可以向有关行政部门、行业协会、电子商务平台经营者等机构投诉，一方是消费者的，消费者可以向消费者协会投诉。接到投诉的有关部门应当在收到投诉之日起七个工作日内将处理情况告知当事人。受理投诉的机构具有调解职责的，应当启动调解；通过一个机构达成调解的，其他机构的处理程序终止。

2. 非诉讼调解协议与处理决定的司法确认

除仲裁外，尽管非诉讼争议解决方式方便快捷，但因其无强制执行力，当事人有权继续选择通过诉讼方式解决争议，尤其是达成和解或调解协议后再进行诉讼，反而会增加纠纷解决的成本，因此，有必要在诉讼与包含 ADR 和 ODR 在内的非诉讼争议解决机制之间建立司法确认与强制执行的对接机制。根据《中华人民共和国民事诉讼法》与《中华人民共和国人民调解法》中对调解与诉讼衔接的规定，双方通过非诉讼调解组织调解达成协议的，经法院确认效力后，具有强制执行的效力。

当事人选择以仲裁以外的非诉讼方式解决电子商务争议，通过依法成立的争议解决机构或者调解机构等达成调解协议或自行达成和解协议时，就调解协议或和解协议提起诉讼、调解协议效力的司法确认及强制执行等，应适用《中华人民共和国民事诉讼法》与《中华人民共和国人民调解法》的相关规定。当事人选择由在线争议解决机构或者电子商务平台经营者解决争议，在线争议解决机构或电子商务平台经营者就当事人的请求和各方的责任作出认定和处理决定，当事人共同向法院确认遵守该处理决定的，一方可以请求人民法院强制执行。

二、电子商务在线争议解决机制

（一）在线争议解决机制的概念与模式

1. 在线争议解决机制的概念与沿革

在线争议解决机制也称 ODR，是指利用互联网进行全部或主要程序的各种争议解决方式的总称。根据美国联邦贸易委员会、欧盟、OECD 以及全球电子商务论坛所下的定义，ODR 是指涵盖所有网络上由非法庭但公正的第三人解决企业与消费者因电子商务契约所产生争执的所有方式。ODR 是 ADR 在互联网环境下的延伸适用，主要包括在线协商、在线调解、在线仲裁、在线申诉等形式。仅利用网络技术实现文件管理功能而程序的其他部分仍用传统离线方式进行则不属于 ODR 的范畴。

ODR 从产生起的很长时间内都被当作 ADR 的特殊形式对待，ODR 的独立性自 2001 年美国学者伊桑·卡什（Ethan Katsh）提出第四方（即协助争议当事人及仲裁人或调解人解决纠纷的网络科技）的概念后开始得到重视，第四方概念的产生使 ODR 中的当事人关系与 ADR 中的当事人关系相比产生了质的变化，重视网络科技在纠纷解决程序里的功用，使得人们思考如何利用网络科技加速纠纷的解决。我国也有学者在 2003 年左右开始讨论 ODR 的独立性。虚拟空间的出现，是 ODR 独立存在最为重要的关键点，当事人在这里可以进行任何与信息交换有关的活动或行为，对于纠纷解决必要的信息，可以通过网站快速及便利地交换，网站里可以建构不同的信息互动模式，使所有当事人进行更有效率的互动，网站空间更可以被轻易地分割，做各种不同目的的使用。虚拟空间的特性，使当事人之间能够不受空间及时间的限制，把争议的解决带离实体世界，避免了时间及空间所带来的不便，可以进行更有效率的互动，形成及影响纠纷解决提供的方式。早期大部分 ODR 网站分布在北美洲地区，随后在欧洲及亚洲地区也有所发展。

2. 在线争议解决机制的几种模式

（1）在线协商。现行 ODR 网站除了提供争议双方程序通知及管理的服务外，还会使用一些类似于沟通工具的计算机程序及加密软件供争议当事人进入使用，提供给纠纷当事人更机密、更安全且更便利的协商环境。如 Square Trade（美国一家知名的第三方质保服务商）所使用的协商软件，在当事人同意的情况下给予密码通知当事人进入网站提供的虚拟空间并利用在线工具进行协商，避免了当事人之间自行通过电子邮件、聊天室、论坛、视频会议等方式进行协商可能导致的低效率。

（2）在线调解。根据运行的实际情况与自动化程度，在线调解可以分为完全自动化、有调解人介入的半自动化以及混用传统沟通方法的在线调解三类。自动化程度不同，解决争议的效率也有区别。有些调解单纯争议的网站，无须调解人的介入而仅凭电脑程序自动化的辅助即可完成；有些调解网站通过使用多阶段过滤筛选的调解程序，混用在线协商、自动化调解程序以及专业有经验的调解人介入的半自动化程序使争议高效迅速解决；有些在线调解服务的公司设立网站，通过电子邮件、聊天室、视频会议等渠道交换资讯，在网站受理申请人的在线申请后，填写电子表格，表格内会有系统使当事人表明争议情形及可接受的结果范围，这些信息再被传递给有经验的在线调解人，调解人在分析申请人填写的资讯后，利用在线工具通知争议相对人的在线调解意愿。若争议相对人愿意接受调解，便填写网站准备好的格式化调查争议表格，传送给网站及在线调解人，以便于调解人针对争议高效调解。

（3）在线仲裁。这是指仲裁协议订立、仲裁申请的提交与受理、仲裁庭审理及仲裁裁决作出等仲裁程序的主要环节都是在网络上进行的仲裁。目前比较有影响的是网域名称争议解决的在线仲裁。由于网域名称的注册由互联网名称与数字地址分配机构（Internet Corporation for Assigned Names and Numbers，ICANN）掌管，其对网域名称的注册申请不进行实体审查并采用申请在先的取得方式，这导致该领域易发纠纷的结果。世界知识产权组织于1999年8月及10月公布了《统一域名争议解决政策》及《统一域名争议解决办法补充规则》作为解决网域名称注册争议的准则，并规定将网址争议交由经ICANN认可的机构进行仲裁。ICANN选择了在线仲裁，目前被其认可的有纽约的冲突预防与解决机构、我国香港国际仲裁中心、美国国家仲裁论坛以及日内瓦世界知识产权组织仲裁与调解中心四个机构，这被证明是成功的、超国家的ODR系统。

（4）在线申诉。这往往被政府机关、消费者保护团体等非营利机构所采用。在线申诉网站制定某种电子商务公平交易准则或消费者隐私保护政策，同意采用及遵守其所制定规则或政策的在线商店与公司，在它们的其交易网页内放置认可并遵守公平交易的标志，以获得消费者青睐。当认证商家与消费者产生纠纷时，消费者可以向在线申诉网站填写电子化表格提出申诉，网站受理后对交易网站进行是否遵守规则或政策的调查，并反馈给消费者。

（二）我国在线争议解决的主体

1. 仲裁机构

在线仲裁的域外实践经验可供我们借鉴，如世界知识产权组织仲裁与调解中心的电子案件设施、国际商会仲裁员设立的NETCASE在线文件传输平台等。中国国际经济贸易仲裁委员会网上争议解决中心也开通了网站http：//www.odr.org.cn，提供域名和网址争议的在线仲裁及非诉解决的服务。中国国际经济贸易仲裁委员会于2009年又制定了《网上仲裁规则》，该规则既适用于解决电子商务争议，也适用于解决当事人约定适用该规则的其他经济贸易争议。

根据我国仲裁法的相关规定，只有依仲裁法设立的仲裁机构才有权受理仲裁案件并作出裁决，其裁决也才具有强制力。对于在线仲裁是否具有强制执行力、在线仲裁是否能排除司法管辖，在国际上的做法不一。本书认为，法定仲裁机构的在线仲裁仅是具体仲裁实施方式的不同，本质上仍然是仲裁，是传统仲裁在网络环境中的全新应用，与线下仲裁具有相同的效力。依法成立的仲裁机构通过网上仲裁审理电子商务纠纷的，与线下仲裁具有相同的法律效力，除非当事人对仲裁规则另有约定，应视为同意按照该仲裁机构当时适用的网上仲裁规则进行仲裁。

然而，存在的问题是，由于我国仲裁法只规定了机构仲裁，而没有规定临时仲裁，这会导致我国企业在参与跨境电子商务的争议解决中处于不利地位。现实中许多从事ODR业务的网络服务提供者严格来说并不属于法定的仲裁机构，如果当事人通过我国非仲裁机构的网站解决争议，裁决可能不会得到承认和执行。当然，根据《纽约公约》的规定，承认与执行外国仲裁裁决既包括常设仲裁机构作出的仲裁裁决，也包括临时仲裁庭作出的仲裁裁决。我国法院执行的外国仲裁裁决也包括由临时仲裁庭作出的裁决。因此，在《纽约公约》框架内的外国临时仲裁裁决可以在我国得到承认和执行，而我国仲裁法又规定境内仲裁只有常设仲裁机构作出的裁决才能得到承认和执行，这显然造成了中外当事人之间的不平等，也不能满足大量的非涉外电子商务的需要。因为如果外国当事人与中国当事人就某一民商事纠纷约定在国外由某国外的ODR网络服务商进行调解和仲裁，在调解不成功的情况下需要作出仲裁裁决，该裁决毫无疑问是临时仲裁裁决。倘若该临时仲裁裁决按照约定的仲裁规则作出了中方败诉的裁决，如果中方当事人未能自动执行这一在《纽约公约》缔约国境内作出的裁决，则外方当事人即可依照《纽约公约》向中方当事人所在地的中级人民法院申请强制执行该裁决。中国法院应当依据《纽约公约》的规定进行审查，如果裁决不存在该公约第五条规定的情形，法院就应该承认该裁决的效力，并予以强制执行。反之，如果中外方当事人约定在中国由某个ODR网络服务商进行临时仲裁，该服务商作出了外方败诉的裁决，则外方当事人既可以根据我国仲裁法的规定，以当事人在仲裁协议中没有约定仲裁机构为由，向裁决地中级人民法院申请撤销该裁决，也可以在中方当事人向该外方当事人所在地法院申请执行该裁决时提出“根据裁决地法即《中华人民共和国仲裁法》第十八条关于当事人在仲裁协议中没有约定仲裁机构为由而导致该仲裁协议无效”的抗辩，而根据无效仲裁协议作出的仲裁裁决不能得到执行地法院的承认和执行。

可见，根据我国目前的仲裁法，ODR解决争议的便利很难为中外当事人所共享，我国当事人既难以从事ODR业务，又难以利用ODR解决跨境电子商务争议，对我国企业参与全球竞争非常不利。截至2018年3月最新的统计数据表明，我国跨境电商的规模已稳居世界第一。在跨境电商中，因发生的纠纷可能牵涉多国法律、不同管辖法域、完全陌生的诉讼环境，为节省交易费用和成本，亟须发展出一种适合电子商务尤其是跨境电子商务发展的争议解决模式。因调解、仲裁等替代性争议解决机制具有便捷、高效的特点，借助于网络技术的发展向这些具有明显优势的争议解决机制回归是理想的选择，ODR中的在线仲裁对于电子商务的健康发展、提升消费者的信心具有重要意义。故我国应该借鉴国外民间可以自由设立非正式的仲裁机构，且可以作出在线仲裁的做法，在仲裁法中增加规定临时仲裁制度，承认中立的、私人纠纷解决企业临时仲裁的存在和发展，允许其通过业界自律手段增强自己解决纠纷的能力，并且由人民法院保障ODR的处理结果能够得到执行。

2. 专门的在线争议解决机构

2004 年我国依托中国电子商务法律网、中国电子商务政策法律委员会成立了第一个专门的在线争议解决机构“中国在线争议解决中心”，目前也有一些政府推动的项目如深圳众信电子商务交易保障中心开展 ODR 服务，但是由于缺乏权威性几乎没有开展业务。

(1) 在线争议解决机构的设立与认证。欧盟在 2013 年的《消费纠纷网上解决机制条例》中规定了 ODR 的设立制度，我国也有必要规定在线争议解决机构的设立制度，具体的条件与程序可由国务院授权有关部门在下位法中规定。从发达国家 ODR 的发展经验看，在发展早期一般由政府设立 ODR 网站，当网站积累一些运营经验后，政府再退出而由网站独立运作。我国也应当由政府推动在线争议解决机构的发展以增强权威性，各级政府应当鼓励、推动行业自律组织、社会团体、企业、事业单位、专业服务机构或从业人员设立在线争议解决机构。同时借鉴日本对 ODR 自愿认证的方式，由有关机构对 ODR 机构的品质进行认证，更好地保护当事人的利益。经在线争议解决机构的同意或申请，行业协会可以对在线争议解决机构的资质等级进行认证。

(2) 在线争议解决机构处理纠纷的依据与原则。明确在线争议解决机构处理纠纷的依据与原则有助于该机构运行的规范有序，更好地保护当事人权益。明确承认在线争议解决机构在解决争议上的权利，就应该确认其争议解决规则的约束力，并将其作为处理纠纷的依据。除非当事人另有约定或者争议解决规则违反国家法律、行政法规的规定，当事人选择由在线争议解决机构解决纠纷，应当受该机构制定的争议解决规则的约束。然而，基于在线争议解决机构解决争议的民间性与自愿性的特点，应当允许当事人选择不同的争议解决规则，也应当赋予双方或一方退出在线争议解决程序的自由。在线争议解决机构处理争议期间当事人一方向人民法院起诉、双方同意退出在线争议解决程序、提出请求的一方撤回申请等情形出现时，在线争议解决机构不再处理该争议。

在线争议解决机构解决争议的功能决定了其中立性的地位，其在解决争议时应当遵循独立、公正、中立和公平的原则。在线争议解决机构的争议解决规则、处理案件的人员名单和基本情况应当公开，在征得争议当事人同意的情况下，在线争议解决的程序和结果可以采取公开的方式。要求在线争议解决的公开、透明有助于对在线争议解决机构处理争议的监督，同时，也应注意公开透明与保护隐私的兼顾，要求在线争议解决机构对当事人的商业秘密与隐私承担保密义务。

虽然在线争议解决机构在设立初期多为政府支持或社会捐助，但其属于法律地位独立的机构，为保障其持续运作以及独立性，其可以依据公开的争议解决规则收取合理的服务费用。

(3) 在线争议解决机构纠纷处理的结果。我国仲裁法规定只有依法设立的仲裁机构作出的裁决才具有强制执行力，在仲裁法没有修改、没有新增临时仲裁规则的前提下，在线争议解决机构的性质属于一般的法律服务提供者，不宜赋予其作出的裁决强制执行效力。同时，若认为在线争议解决机构仅具有调解功能，则无益于保护其权威性，故可借鉴国外对在线仲裁为非正式仲裁的定位，在受理申请后先基于当事人的意愿对电子商务纠纷进行调解，如果其争议解决规则明确规定在线争议解决机构可以作出处理决定，则在调解失败或者当事人不同意调解时，在线争议解决机构可以作出处理决定。需要注意的是，该处理决定不同于临时仲裁的裁决，不具有强制执行力。

3. 电子商务平台经营者

由于我国专门的在线争议解决机构还没有发展起来，加之网络零售电子商务纠纷的争议焦点不大、标的额多数也较小，通过电子商务平台经营者在线处理争议在实践中得到了极大程度的运用，并且这一模式也适应了电子商务快速发展的要求，也已有相关部门规章对电子商务平台经营者的纠纷解决作出了明确规定。《电子商务法》第六十三条也明确规定了电子商务平台经营者可以建立争议在线解决机制。基于共治原则以及电子商务交易平台的交易市场属性，电子商务平台经营者作为交易市场的提供者应当承担一定程度上处理当事人纠纷的义务。同时，考虑到效率要求和平台经营者解决争议的权威性，应当承认实践中的做法，赋予电子商务平台经营者处理争议时进行调解和作出处理决定的权利。当然，为了防止平台经营者解决争议时的利益冲突，应当限制在一定情形下平台经营者的争议处理权。

（1）电子商务平台经营者在线解决争议的义务与限制。电子商务平台经营者负有建立纠纷解决制度并通过平台提供在线纠纷解决服务的义务。当事人通过平台进行交易发生纠纷而向平台投诉或请求处理的，电子商务平台经营者应当介入协调和调解，调解不成或当事人拒绝调解时，电子商务平台经营者可以就争议作出处理决定，但对于当事人与电子商务平台经营者及其关联企业之间的争议，电子商务平台经营者无权处理，以保证公正性。

（2）电子商务平台经营者解决争议的依据与法律后果。由电子商务平台经营者通过平台在线解决争议是市场自治的体现，约定由电子商务平台经营者处理交易双方争议的，平台经营者制定并公布的争议处理规则对当事人有约束力，在不违反法律、行政法规规定的前提下，电子商务平台经营者可以按该规则处理争议。

电子商务平台经营者依据争议处理规则作出的处理决定或者当事人通过平台经营者处理争议所达成的调解协议，应该得到履行，以实现化解纠纷的后果。在实践中，电子商务平台经营者已经形成了一套比较完整的电子商务网络社区约束机制，可以通过信用评价、信息披露、限制通过平台交易、商品或店铺搜索降权、商品下架、店铺监管、扣分处罚等措施，加强当事人自律，促进交易当事人遵守和履行通过电子商务平台经营者达成的调解协议或作出的处理决定。

从本质上看，电子商务平台经营者解决争议属于非诉讼解决方式，不产生排除司法管辖的效力。当事人在电子商务平台经营者作出处理决定后有权向人民法院提起诉讼。如果平台经营者的处理决定与人民法院的生效判决相抵触，平台经营者是否应承担相应的责任？对此有不同的观点。有人认为，根据平台经营者在其争议解决规则中“平台不是司法机关，不对作出的争议处理结果承担任何责任”的普遍规定，平台经营者不需承担任何责任。有人认为这会导致电子商务平台经营者只有权利没有义务，平台经营者的责任过轻。本书认为，赋予平台经营者解决纠纷义务的同时，还要求其承担处理决定错误的法律风险，对其过于严苛，可能会阻碍其主动处理纠纷，不利于电子商务的发展，因此，一般情形下不应要求电子商务平台经营者承担处理错误的责任，而是要求平台经营者根据法院生效判决作出相应的处理或者撤销原处理决定。只有在电子商务平台经营者作出错误处理决定时存在故意或者重大过失，给当事人造成损失时，才应当承担赔偿责任。

本章小结

我国目前正在发展多元化争议解决机制，电子商务的争议解决制度应实行民商事争议解决一般制度与电子商务法专门规定相结合的方式。电子商务的争议解决机制包括诉讼机制与非诉讼机制，对于诉讼机制，主要应关注电子商务管辖与管辖权的基本规则。传统国内确立诉讼管辖权的基本规则有一般地域管辖、特殊地域管辖、专属管辖及协议管辖等规则。当事人住所地、经常居住地、主要营业所在地、诉讼标的所在地、行为发生地、行为结果地等确定地域管辖的标准，不仅是我国国内民事诉讼地域管辖的确定标准，也是涉外民事诉讼中国际私法确定连接点和准据法的标准。在电子商务环境下，对管辖权住所地、行为地以及最密切联系的基础产生了挑战，促进了民事诉讼理论的新发展，在国内层面有技术优先论、原告所在地论的出现，国际上也产生了管辖权相对论、网络自治论、网址依据论以及特定存在论等新的理论以适应电子商务环境下诉讼管辖权确定标准的需要。与此同时，国内外电子商务民事诉讼管辖的新实践也不断创新。电子证据对争议的解决具有基础性作用，我国电子证据作为一种证据形式虽已被三大诉讼法所确认，但认定、采集、审查等规则亟须细化，这可以通过借鉴国际立法来实现。同时，运用推定真实规则也有助于减少成本、提高效率。电子商务争议的解决除适用传统的方式外，ODR 的构建适应了电子商务发展的趋势与要求，是对法院诉讼的替代性争议解决方法，主要包括在线协商、在线调解、在线仲裁、在线申诉等形式。我国的在线争议解决机构有仲裁机构、专门的在线争议解决机构与电子商务平台经营者，切实发挥上述主体在线解决争议的作用，需要相关配套制度的修订与完善，尤其是注意解决其司法承认问题。

关键术语

民事诉讼管辖权标准　技术优先论　原告所在地论　管辖权相对论　网络自治论　网址依据论　特定存在论　电子证据　ODR　在线协商　在线调解　在线仲裁　在线申诉　在线争议解决主体

习　题

一、名词解释

1. 地域管辖标准
2. 特定存在论
3. 电子证据
4. 电子证据保全
5. 在线争议解决机制

二、选择题（不定项）

1. 下列属于国际上电子商务民事诉讼管辖新理论的是（　　）。

A. 管辖权相对论　　B. 网络自治论

C. 网址依据论　　D. 特定存在论

2. 将电子证据分为文本证据、程序文件证据、数据库证据与组合证据等的分类标准是（　　）。

A. 存储设备不同　　B. 表现形式不同

C. 运行系统环境不同　　D. 形成方式不同

3. 世界上第一部电子证据立法的制定国是（　　）。

A. 美国　　B. 英国　　C. 加拿大　　D. 日本

4. 下列属于在线争议解决机制的是（　　）。

A. 在线申诉　　B. 在线仲裁　　C. 在线诉讼　　D. 在线调解

三、简答题

1. 试述电子商务对传统民事诉讼管辖的主要挑战。
2. 请简要评价国内外电子商务民事诉讼管辖理论的发展。
3. 请列举国内外电子商务民事诉讼管辖的实践创新。
4. 电子证据的概念与特征是什么？
5. 关于电子证据法律地位的观点有哪些？你支持哪种？为什么？
6. 电子商务经营主体豁免登记的条件是什么？请试对我国的相关规定进行评价。
7. 简述联合国相关电子证据系列立法的名称及其主要内容。
8. 电子证据保存、收集与审查的基本规则有哪些？
9. 试评价我国电子商务在线争议解决机制的现状、存在的问题及完善的建议。

四、案例分析题

广州市诚信电脑有限公司于 2009 年入驻浙江天猫技术有限公司、浙江天猫网络有限公司经营的网上商城（现名为天猫商城），开设名为“诚信数码专营店”的网店。各方签订《天猫服务协议》，且诚信公司向天猫技术有限公司、天猫网络有限公司交纳保证金人民币 5 万元。根据该协议，首先，商家承诺遵守该协议、《淘宝服务协议》、《线上支付服务协议》、《集分宝服务协议》以及所有公示于天猫的规则和流程。其次，商家承诺接受天猫对其出售商品是否具有合法进货来源的不定期检查，其有义务保留其商品具有合法进货来源的相关凭证。对于无法提供合法进货来源凭证的，天猫将根据实际情况对商品的真伪作出判断并根据该协议以及天猫相关规则进行处理，商户对此承担举证不力的后果。商家承诺接受天猫基于商品品质控制需求对其在售商品进行的质量抽检，检测报告由专业的第三方质检机构出具，其承诺对天猫选择的第三方质检机构作出的检测结果不持有异议。对于经检测证明存在质量瑕疵的商品，检测费用由商户承担。再次，如因商户未履行消费者保障承诺义务而导致买家权益受损，天猫有权通知支付宝公司自商户的支付宝账户直接扣除相应金额保证金款项，或使用天猫消费者保障基金赔付给买家。除此之外，天猫享有单方解除权：如商户违反天猫的任何规则或该协议中的任何承诺或保证，包括但不限于该协议项下的任何约定，天猫都有权立刻终止协议，且按有关规则对商户进行处罚。如商户销售假冒他人商标（版权）的商品、外贸商品、二手商品，或第三方多次投诉其商品质量或服务质量，则天猫除有权立即终止或中止该协议外，还有权自商户支付宝账户全额划扣其所有保证金，作为商户的违约金。

2012 年 7 月 25 日，申请人为“品控忘忧”的账号提交鉴定申请，抽检编号为 sm-12-7-4463，提交类型为假货，商品名称为“金士顿 ddr313332g 金士顿 2gddr31333 台式机内存条正品”，商家昵称为“诚信数码专营店”，商品价格为 67 元，商铺 ID 为

3628175428，商品所属类目为电器，商品品牌为 kingston/金士顿，建议鉴定渠道为品牌，鉴定内容为是否正品行货，购买原因为“其他”，备注为金士顿授权商家普抽。判定结论为假货。2012 年 9 月 25 日，美国金士顿科技公司北京代表处出具鉴定书一份，认定编号为 sm-12-7-4463 的内存条属于假冒“kingston”注册商标的产品。

根据浙江天猫技术有限公司、浙江天猫网络有限公司提交的处罚记录，2012 年 12 月 3 日，浙江天猫技术有限公司、浙江天猫网络有限公司对诚信公司作出扣除 48 分的处罚。此后，浙江天猫技术有限公司、浙江天猫网络有限公司于 2012 年 12 月 3 日从诚信公司的支付宝账户中扣除保证金人民币 5 万元。2013 年 5 月 1 日，诚信公司将其对浙江天猫技术有限公司、浙江天猫网络有限公司享有的人民币 5 万元的债权和索赔的权利转让给卢某某。2014 年 1 月 14 日，浙江天猫技术有限公司、浙江天猫网络有限公司收到上述债权转让通知书。2014 年 3 月 27 日，卢某某诉至原审法院要求判令：(1) 浙江天猫技术有限公司、浙江天猫网络有限公司退还保证金人民币 5 万元，并重新开通诚信数码专营店；(2) 浙江天猫技术有限公司、浙江天猫网络有限公司承担本案全部诉讼费用。【案例摘自（2014）浙杭知终字第 209 号】

根据案例回答下列问题：

1. 两审法院均认定被告的产品抽检流程分工明确且存在相互制约及监督关系，并且有专门的电子系统将编码与抽检产品一一对应，因此能够保证所购商品与最终被检商品的同一性。对此，你认为原告要想获得胜诉的后果，需要做什么？

2. 被告的单方解除权是否公平？这一约定具有什么性质？能否依合同法的规定进行违约金调整？

3. 原告除了向法院起诉外，还有哪些救济方式？

4. 对于平台与平台内经营者之间的争议解决需要处理好哪些问题？

参考文献

[1] 高富平．从电子商务法到网络商务法．法学，2014 (10).

[2] 高富平．中国电子商务立法研究．北京：法律出版社，2015.

[3] 高富平．电子商务立法的出路：行为立法．上海法治报，2017-01-18.

[4] 郭鹏．电子商务法．北京：北京大学出版社，2017.

[5] 何家弘．电子证据法研究．北京：法律出版社，2002.

[6] 何炼红．"互联网+"时代我国电子商务平台法律定位之反思．重庆邮电大学学报，2016 (1).

[7] 黄进．电子商务与冲突法的变革．中国法学，2003 (2).

[8] 李佳．电子商务法中消费者权利的保障．网络法律评论，2001 (1).

[9] 李晓秋．电子商务法案例评析．北京：对外经济贸易大学出版社，2015.

[10] 刘颖．论电子合同成立的时间与地点．武汉大学学报，2002 (12).

[11] 刘颖．《国际合同使用电子通信公约》对我国电子商务立法的启示．暨南学报(哲学社会科学版)，2009 (4).

[12] 刘颖．我国电子商务法调整的社会关系范围．中国法学，2018 (4).

[13] 吕瑞祥，韩静．电子商务类平台型企业生态系统构建．商业经济研究，2015 (20).

[14] 齐爱民．电子商务法原论．武汉：武汉大学出版社，2010.

[15] 秦成德．电子商务法．北京：中国铁道出版社，2010.

[16] 邱业伟．电子商务诚信缺失与诚信的构建．政法论坛，2008 (1).

[17] 苏丽琴．电子商务法．北京：电子工业出版社，2015.

[18] 王峰．物流法律法规知识．北京：北京理工大学出版社，2007.

[19] 王利明．电子商务法律制度：冲击与因应．北京：人民法院出版社，2005.

[20] 王琳．电子商务中消费者权益的保护．山西省政法管理干部学院学报，2017 (3).

［21］王肃之．电子商务用户信息安全的法律保护．南京航空航天大学学报，2017（6）.

［22］王岳丽．从法律角度审视电子商务格式合同效力．边疆经济与文化，2017（8）.

［23］肖永平．ODR：解决电子商务争议的新模式．中国法学，2003（6）.

［24］徐海明．中国电子商务法律问题研究．北京：北京理工大学出版社，2017.

［25］薛冰鑫．B2C 模式下电子商务合同中的要约与要约邀请．上海商学院学报，2017（6）.

［26］薛军．电子商务立法中的几个核心问题．上海法治报，2017-02-08.

［27］杨坚争．经济法与电子商务法．北京：高等教育出版社，2011.

［28］杨文清．电子商务中的知识产权法律保护．上海师范大学学报，2014（9）.

［29］张楚．电子商务法．北京：中国人民大学出版社，2016.

［30］张夏恒．跨境电子商务生态系统研究．北京：经济科学出版社，2017.

［31］赵旭东．商法学．北京：高等教育出版社，2015.

［32］赵旭东．电子商务主体注册登记之辨．清华法学，2017（4）.

图书在版编目（CIP）数据

电子商务法/朱晓娟编著．—北京：中国人民大学出版社，2019.2
高等院校电子商务专业系列教材
ISBN 978-7-300-26539-1

Ⅰ.①电… Ⅱ.①朱… Ⅲ.①电子商务-法规-中国-高等学校-教材 Ⅳ.①D922.294

中国版本图书馆 CIP 数据核字（2019）第 000066 号

高等院校电子商务专业系列教材
电子商务法
朱晓娟 编著
Dianzishangwufa

出版发行	中国人民大学出版社		
社　　址	北京中关村大街 31 号	**邮政编码**	100080
电　　话	010－62511242（总编室）		010－62511770（质管部）
	010－82501766（邮购部）		010－62514148（门市部）
	010－62515195（发行公司）		010－62515275（盗版举报）
网　　址	http://www.crup.com.cn		
经　　销	新华书店		
印　　刷	北京七色印务有限公司		
规　　格	185 mm×260 mm　16 开本	**版　　次**	2019 年 2 月第 1 版
印　　张	14.25 插页 1	**印　　次**	2022 年 12 月第 7 次印刷
字　　数	330 000	**定　　价**	39.00 元